The Ballet Stance

本気でうまくなりたい人のための
ダンス解剖学教室

# バレエの立ち方 できてますか?

佐藤 愛 著

東洋出版

正しいスタンス（姿勢）——

バレエでは正しいスタンスを必ず身に付けなくてはならない。バレエを始めて一年以内に習得する。スタンスが正しくないと技術的に上達しない（ケガの原因ともなる）。さらに、身体をコントロールする技術も身に付かず、動きも自由でなくなる。

『クラシックバレエテクニック』より

# バレエで「立ち方」を練習しなければいけない理由

電車の中や舞台裏でバレエダンサーを見たことがありますか？　髪型がお団子になっていなくても、レオタードを着ていなくても、何か素敵な雰囲気の人を見かけて、「バレリーナみたい」と感じたことがあるかもしれません。

しなやかな筋肉がジャケットに隠れていても、素晴らしく伸びる足の甲がブーツの中にしまわれていても、バレエダンサーの立ち姿は目につくものです。

今回、私がお伝えする**バレエスタンス（立ち方、姿勢）とは、ダンサーが一番最初に会得しなければいけない「技術」です。**「正しい姿勢」というものはバレエを習ったら勝手に身につくものではなく、練習を積まなければ身につかないテクニックなのです。

バレエを習っている人たち、もしくはほかのジャンルの踊りをしている人たちの中には「立ち方なんて技術じゃないわよ。脚はできるかぎり上がったほうがいいし、たくさん回れて飛べたらいいんだから」なんて思う人もいるかもしれませんね。

でも、バレエスタンスが正しく身についていれば、そのようなテクニックがより簡単に、安全に、そして早く身につくようになっていくのです！　逆に、ベースとなる「正しい姿勢」を理解していないままでテクニックの練習だけに時間を使っていても、上達は遅く、ケガの原因にもなってしまいます。

バレエを習っているはずなのに、「バランスの悪い筋肉がついてきた」とか、「何年もレッスンを続けていて、難しいステップもこなせるのに、オーディションに受からない……」という悩みがある人は、このバレエスタンスが正しく身についているかどうか、ここでしっかりとチェックする必要があります。

「基本が大事」、これはバレエでなくても言えることですが、スタンスというのは、立って行われるすべての動きの土台になっています。立って行われる動き、つまり踊りのすべてです。ですからバレエはもちろん、さまざまなダンスをはじめ、新体操やフィギュアスケートなどのバレエの要素を含んでいるスポーツでも、バレエスタンスが大切になってくるのです。

## バレエスタンスができると、あなたの踊りはみるみる変わる！

とはいえ、みなさんは現に立って生活をしていますから、どうして今さら立ち方なんて練習しなければいけないのかと、まだ腑に落ちない人もいるでしょう。

舞台で輝くためには、ただ「立っている」だけでなく、常に正しい姿勢で立ち、踊り続ける必要がありますよね。正しい姿勢を保つということは、筋肉を使うということ。日常生活でも正しい姿勢を意識し続けることができたら、正しい筋肉を育て、強化することができるのです。つまりバレエスタンスをレッスン以外でも心がけることができたら、それだけでバレエの上達にもつながるのです。

海外の伝統的なバレエ学校のレッスンの様子を、ＹｏｕｔｕｂｅやＤＶＤなどで一度見ていただくとよいのですが、そのような学校の生徒たちは、幼い頃からバレエスタンスを確認しながらじっくりレッスンしていることがわかります。

長い時間をかけて行うプリエ、脚の高さを90度の角度で厳密に保つバーレッスン……。このようなレッスンのおかげでバレリーナの卵たちはバレエスタンスにフォーカスしていくことができます。

バレエスタンスを強く保ったまま、少しずつ関節を大きく動かしていく。そうすることで超人的な柔軟性や強くしなやかな筋肉を安全に、そして確実に体得していくことができます。これが伝統あるバレエ学校が時間をかけてシンプルなアンシェヌマン*を指導し続けている理由です。

残念ながら、このような基礎が欠けているダンサーは、土台となる強いバレエスタンスができていないまま難しいテクニッ

**＊アンシェヌマン** パを組み合わせて一連の動きにまとめたエクササイズのこと

クの練習に進んでしまうため、アンバランスな筋肉がついてしまうことがあります。「どうして太ももだけムキムキになってしまうの？」とか、「ふくらはぎがパンパンになってしまう……」と思い悩んでいる人は、この本と一緒にバレエスタンスというベースが身についているか厳しくチェックしてみてください。

見た目の問題だけでなく、筋肉のアンバランスや偏った負荷がかかる踊り方は、長期にわたるケガにもつながりやすくなります。バレエスタンスという基礎ができていないまま回転やポワントに進んでしまうと、難しいステップをどうにかこなそうとするあまり、間違った体の癖がついてしまうことは、簡単に想像することができます。一度ついてしまった癖を直すのはとても大変。この本で紹介するエクササイズを参考に、レッスン以外の時間でもバレエスタンスの練習を続けてください。

この本のゴールは、みなさんにこのバレエスタンスという一見甘く見られがちなテクニックを手に入れてもらうこと。そのために、まずは解剖学をベースに、バレエの基本的なポジションでのバレエスタンスを説明していきます。また実際にバレエスタンスを踊りの中でも使えるように、自宅でできるエクササイズやストレッチなども紹介します。

簡単な解剖学がわかると「どうして（why）」その形や動きの必要があり、体の「どこ（where）」を注意したらいいかがわかってきます。さらにバレエの動きの中でバレエスタンスが感じられると「いつ（ｗｈｅｎ）」「どうやって（ｈｏｗ）」バレエレッスンでこの本の内容を応用していいのかもわかります。そしてエクササイズがわかると「何を（ｗｈａｔ）」すればバレエスタンスに近づいていけるかがわかります。

解剖学だけではレッスンに直結しないし、バレエレッスンだけではちょっとあやふや。だけど、立ち方なんて基本すぎて他人に質問するのは恥ずかしい……。この本が、そんな悩みを一緒に解決していける、あなたの頼れるレッスン仲間になってくれますように。

佐藤　愛

# 本書の構成

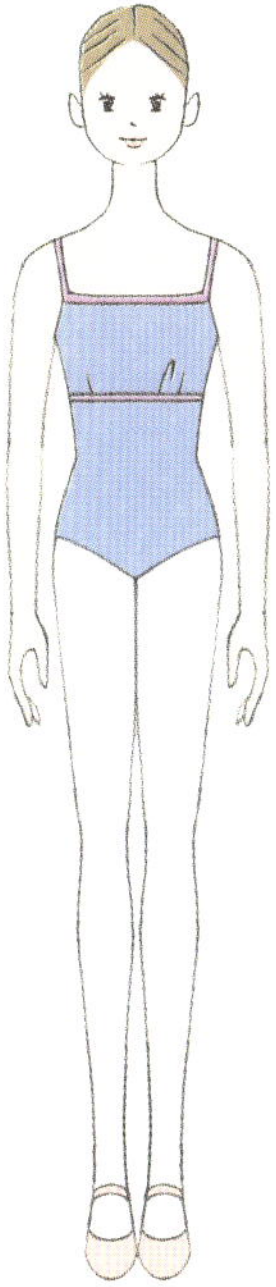

Chapter.1

## 立ち方の理解を深める

まずは、“頭” でバレエスタンスを理解して。「正しい立ち方」がどういうものか知ることからスタート。

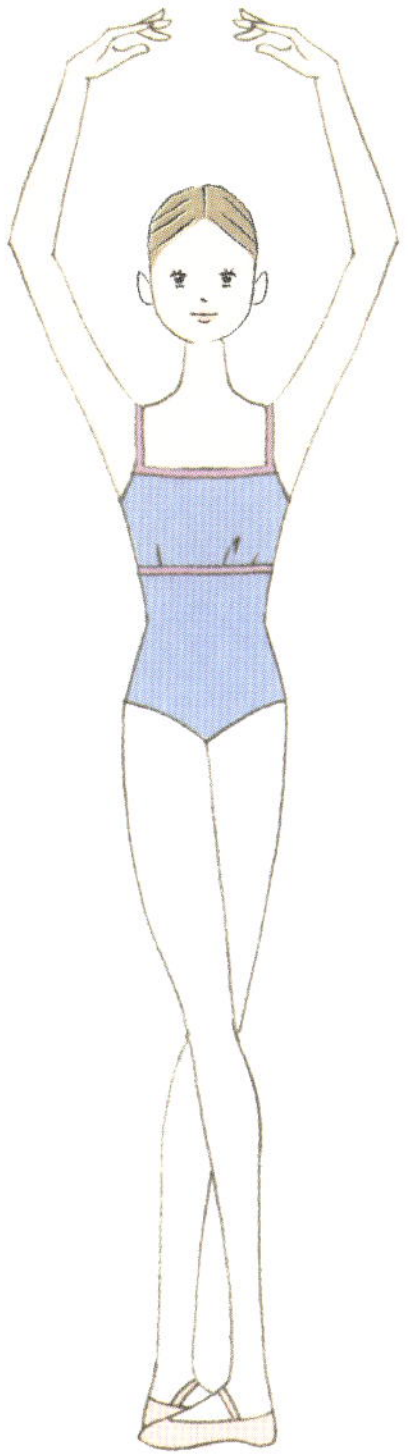

Chapter.2

## 実際のポジションの中で

実際のバレエの動きの中で、バレエスタンスをキープする方法を学んでいきます。

Chapter.3

## 具体的なエクササイズ

バレエスタンスをつくるエクササイズを実践しましょう。ダンサーによくある悩みにも対応しています。

# もくじ

# 美しいバレエスタンスをつくる筋肉と骨

バレエスタンスに欠かせない、筋肉や骨を知っておきましょう。読んでいる途中でどこの筋肉や骨を指しているかわからなくなったときは、このページに戻って確認してみましょう。

## 筋肉《きんにく》～前～

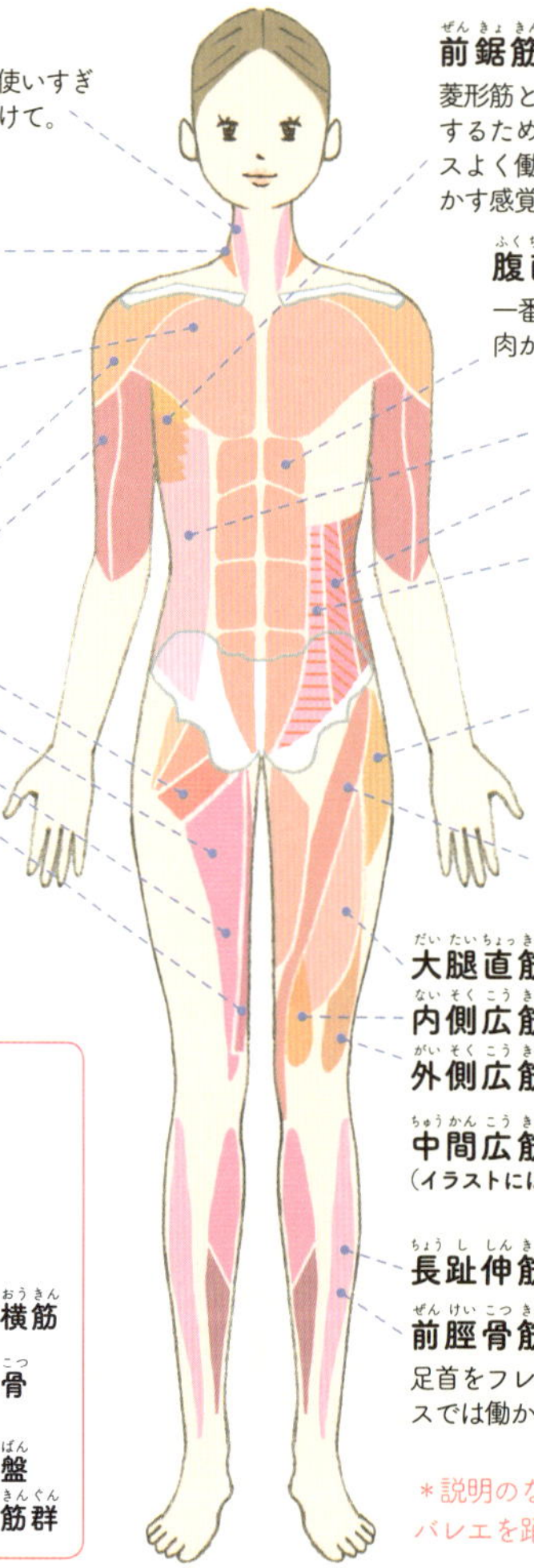

**胸鎖乳突筋《きょうさにゅうとつきん》**
エポールマンに大事な筋肉ですが、使いすぎると首が前に出てしまうので気をつけて。

**僧帽筋《そうぼうきん》**
肩甲骨の安定に大事な筋肉ですが、すぐに緊張して固くなってしまうので要注意。

**大胸筋《だいきょうきん》**
胸の前にある筋肉。パドドゥで必要なのでパートナリングの前には鍛えておきたいところ。

**三角筋《さんかくきん》**

**上腕二頭筋《じょうわんにとうきん》**

**内転筋《ないてんきん》**
大腿骨を内転させ、ターンアウトした軸足を安定させてくれる。

- **恥骨筋《ちこつきん》**
- **長内転筋《ちょうないてんきん》**
- **大内転筋《だいないてんきん》**
- **薄筋《はっきん》**
- **短内転筋《たんないてんきん》**
（イラストにはない）

**前鋸筋《ぜんきょきん》**
菱形筋とペアで反対の動きをするため、この2つがバランスよく働くと腕を背中から動かす感覚がわかる。

**腹直筋《ふくちょくきん》**
一番皮膚に近い部分にある腹筋。この筋肉が割れている＝体幹が強いではない。

**外腹斜筋《がいふくしゃきん》**
**内腹斜筋《ないふくしゃきん》**
体をひねる動きをつくりアラベスクやポーデブラで活躍する筋肉。

**腹横筋《ふくおうきん》**
腹筋群の一番深い部分にある筋肉。コアマッスルの一部で、体の安定のためには欠かせない。

**大腿筋膜張筋《だいたいきんまくちょうきん》**
短く小さいが非常に力の強い筋肉。骨盤を前傾にし、外ももで踊ってしまうダンサーはこの筋肉を使いすぎる傾向がある。

**縫工筋《ほうこうきん》**

**大腿四頭筋《だいたいしとうきん》**
膝をしっかりと伸ばし、膝のお皿を持ち上げる筋肉。ジャンプの着地の安定や、フォンジュのためにも必要。

- **大腿直筋《だいたいちょっきん》**
- **内側広筋《ないそくこうきん》**
- **外側広筋《がいそくこうきん》**
- **中間広筋《ちゅうかんこうきん》**
（イラストにはない）

**長趾伸筋《ちょうししんきん》**
**前脛骨筋《ぜんけいこつきん》**
＊外在筋の例
（足首の上から脚へついている筋肉）
足首をフレックスさせる筋肉。ただし、バレエスタンスでは働かないことを確認して。

### 〈コアマッスル〉

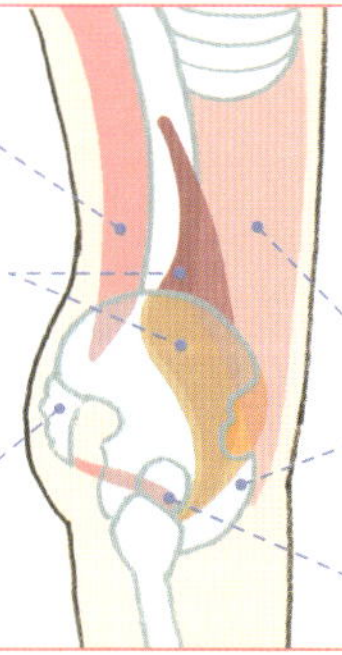

**多裂筋《たれつきん》**

**腸腰筋《ちょうようきん》**
腰椎をサポートしつつ、90度以上のデヴァンに脚を上げるために大事な筋肉。

**仙骨《せんこつ》**

**腹横筋《ふくおうきん》**

**恥骨《ちこつ》**

**骨盤《こつばん》底筋群《ていきんぐん》**

＊説明のないものは、今回のバレエスタンスには大きく関わってきませんが、バレエを踊るうえで位置を知っておくとよい筋肉や骨です。

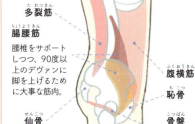

## 解剖学の超基本用語
～この本をもっと理解するために～

【骨と骨格】

「骨」は簡単ですよね。魚の骨やフライドチキンの脚の骨で見たことがあるはずです。骨格とは、「骨が組み合わさって体の支えをなすもの」、つまり、骨組のことです。

【関節】

関節は骨と骨が結合する部分。指先の骨のように2つの骨が結合してできているところや、肩関節のように3つの骨が結合してできているところもあります。関節は動きが生まれるところ。人間の体が動くのは、この関節があるからこそです。

【筋肉】

筋肉は体の組織が動くために必要な収縮する器官のことです。この本では「骨格筋」という骨と関節を動かす筋肉を指します。レッスン中に意識したり、注意されたりする筋肉がこれにあたります。

### 〈足の固有筋《こゆうきん》〉

内在筋《ないざいきん》と呼ばれる筋肉群。アーチを支え、つま先のラインをつくり、ジャンプの着地で衝撃を吸収する大事な筋肉。

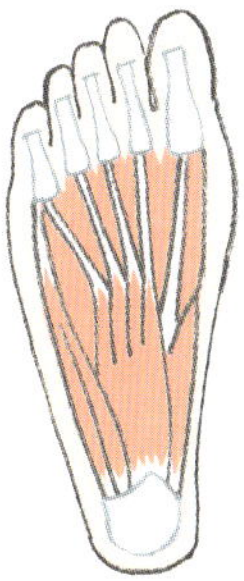

## 筋肉 ～後ろ～

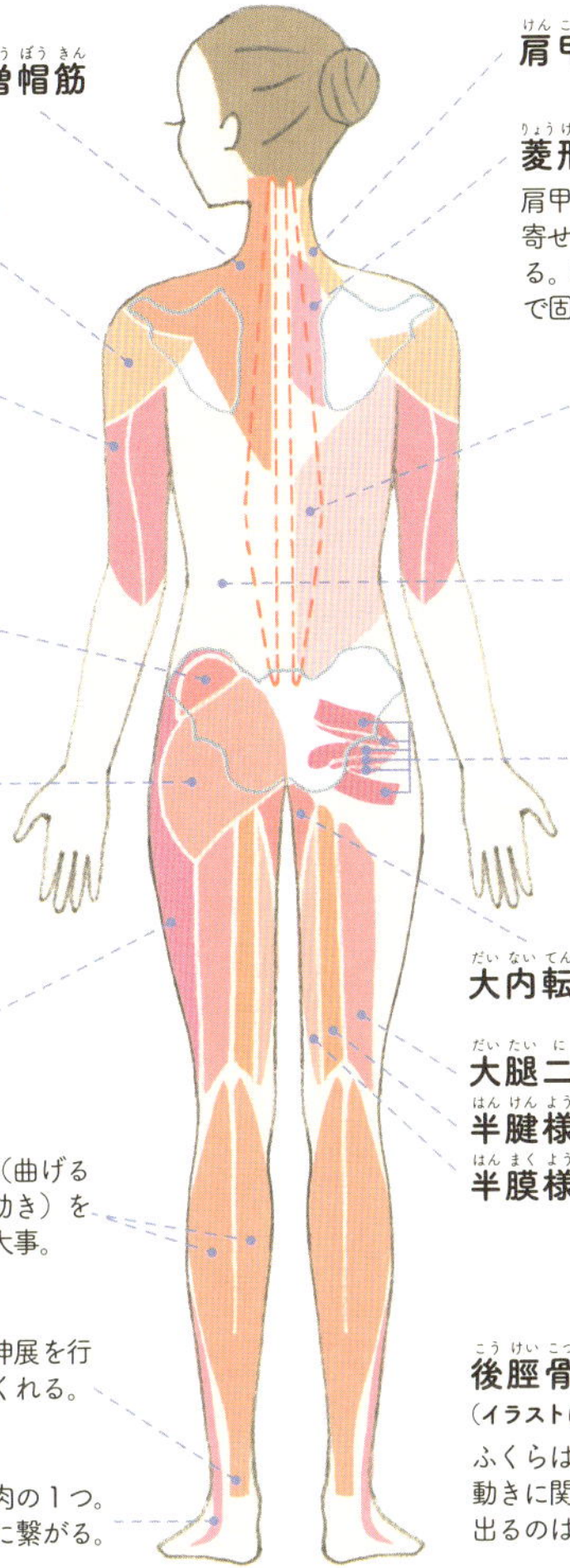

**僧帽筋《そうぼうきん》**

**三角筋《さんかくきん》**

**上腕二頭筋《じょうわんにとうきん》**

**小臀筋《しょうでんきん》**
（イラストにはない）

**中臀筋《ちゅうでんきん》**
お尻の筋肉の一部。中臀筋は片脚立ちで骨盤を安定させるが、使いすぎてしまう傾向あり。

**大臀筋《だいでんきん》**
アラベスクなど股関節を伸展させる動きのほか、デリエールでのターンアウトも助けてくれる。ジャンプの着地でも大事。

**腸脛靭帯《ちょうけいじんたい》（ITB）**

**腓腹筋《ひふくきん》**
ふくらはぎの大きな筋肉。膝の屈曲（曲げること）と足関節の伸展（ポワントの動き）をつくり、ルルベやジャンプで非常に大事。

**ヒラメ筋**
腓腹筋の深部にある筋肉。足関節の伸展を行い、ジャンプの着地などで活躍してくれる。

**長腓骨筋《ちょうひこつきん》**
足首や足のアーチを支える大事な筋肉の１つ。使いすぎると足の変型、足首の痛みに繋がる。

**肩甲挙筋《けんこうきょきん》**

**菱形筋《りょうけいきん》**
肩甲骨を背骨のほうに引き寄せて安定させる働きがある。猫背の人は伸びた状態で固くなってしまいがち。

**脊柱起立筋《せきちゅうきりつきん》**
姿勢を作る大事な筋肉。背骨を支え、背中を反る動き（アラベスクやカンブレなど）を助けてくれる。

**広背筋《こうはいきん》**
背中の中で一番広く大きな筋肉。僧帽筋に不必要な緊張がかかるのを防ぎ、肩甲骨を安定させてくれる。

**外旋六筋《がいせんろっきん》**
お尻の下部の深いところにある筋肉群。骨盤を安定させ、ターンアウトもつくってくれる。

**大内転筋《だいないてんきん》**

**大腿二頭筋《だいたいにとうきん》**
**半腱様筋《はんけんようきん》**
**半膜様筋《はんまくようきん》**

**ハムストリングス**
大腿骨の後ろ側にある筋肉。膝を曲げる動きやアラベスクのような股関節の伸展のほかに、立っているときもある程度働いている。

**後脛骨筋《こうけいこつきん》、長趾屈筋《ちょうしくっきん》、長母趾屈筋《ちょうぼしくっきん》**
（イラストにはない）
ふくらはぎの筋肉の下にある筋肉で、足首の動きに関与。つま先を伸ばしたときに痛みが出るのは、これらの働きすぎが原因の一部。

# 骨

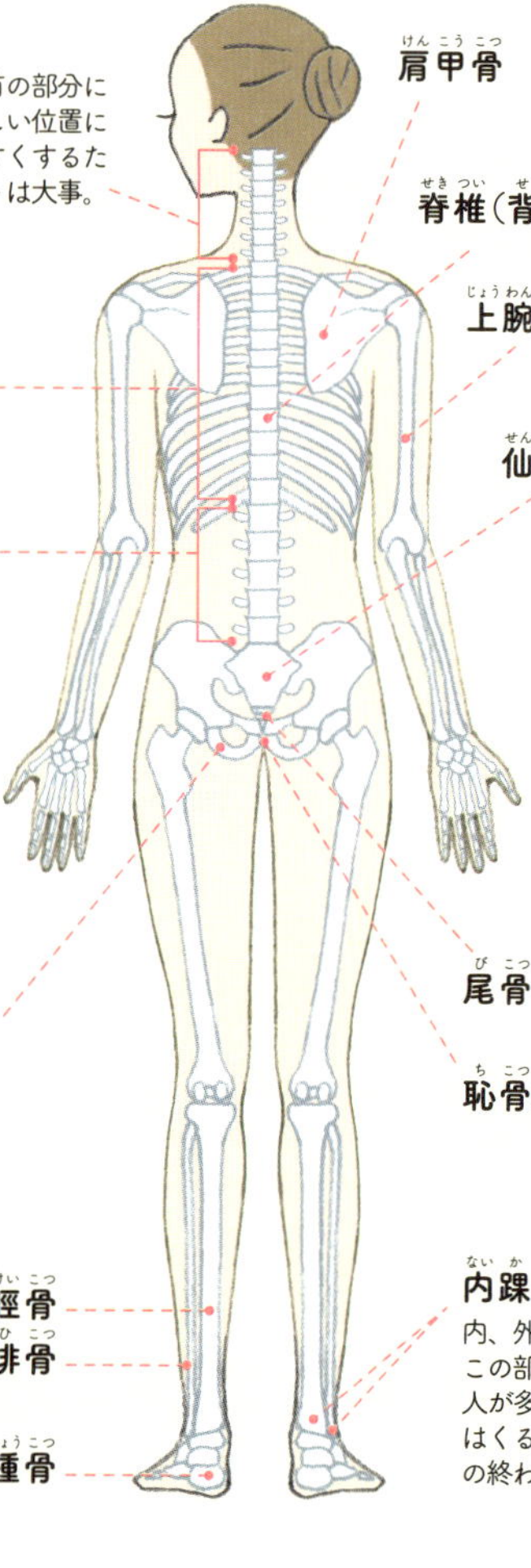

〜後ろ〜

**頸椎《けいつい》**

7個の骨でできている首の部分にある背骨。頭蓋骨を正しい位置に保つため、呼吸をしやすくするために、このアライメントは大事。

**胸椎《きょうつい》**

12個の骨でできている胸郭の部分にある背骨。肋骨がついているため、位置をしっかりと理解し、滑らかに使える練習が大切。

**腰椎《ようつい》**

5個の骨でできている腰の部分にあたる背骨。動きやすく、ダンサーがケガをしやすいエリアでもあるため、この周りをしっかりと鍛えて強い体をサポートすること。

**坐骨《ざこつ》**

骨盤の下の出っ張りで、固い床などに座ると簡単に感じられる。骨盤の一部であるため、坐骨の向きを正しい方向に保つと、骨盤を正しく保つこともできる。

**脛骨《けいこつ》**

**腓骨《ひこつ》**

**踵骨《しょうこつ》**

**肩甲骨《けんこうこつ》**

**脊椎《せきつい》（背骨《せぼね》）**

**上腕骨《じょうわんこつ》**

**仙骨《せんこつ》**

**尾骨《びこつ》**

**恥骨結合《ちこつけつごう》**

**内踝《ないか》、外踝《がいか》**

内、外くるぶしのこと。この部分を足と考える人が多いのですが、実はくるぶしはすねの骨の終わりの出っ張り。

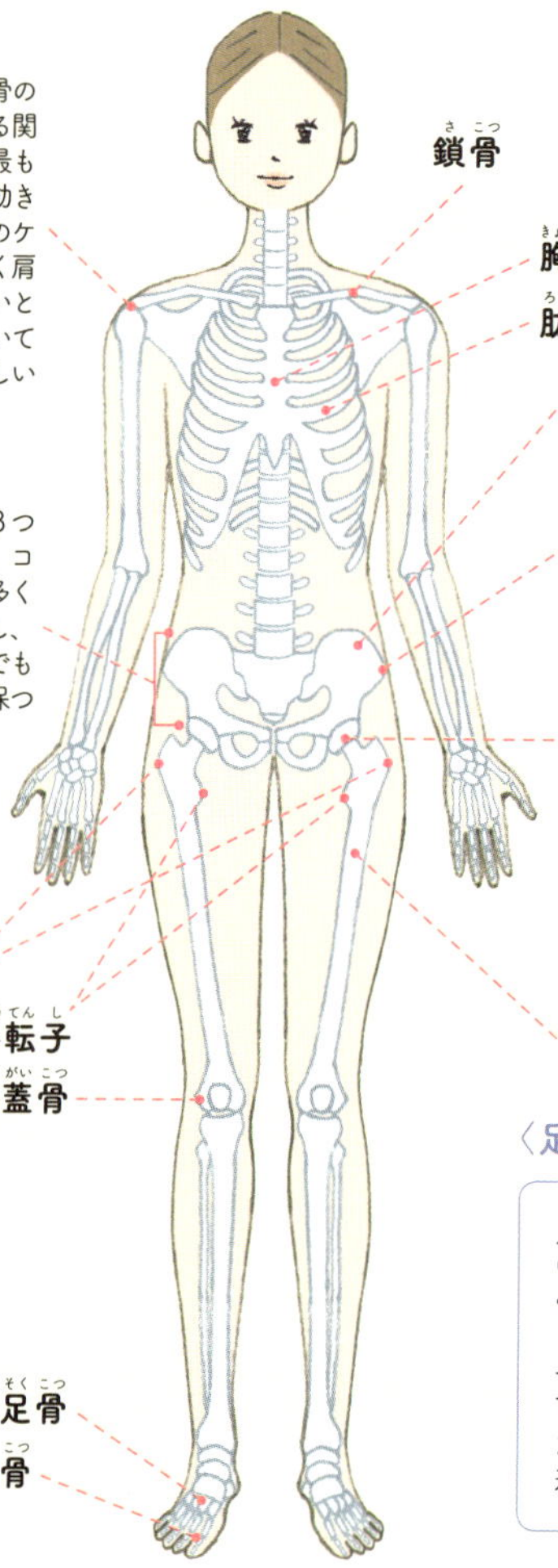

〜前〜

**肩関節《かたかんせつ》**

上腕骨、鎖骨、肩甲骨の３つの骨でできている関節。球関節の１つで最も可動域が広い部分。動きやすいため脱臼などのケガもしやすく、正しく肩周りの筋肉を使わないと安定しない。肩を開いてホールドするのが難しいのもこのため。

**骨盤《こつばん》**

２つの腸骨と仙骨の３つの骨でできた骨の塊。コアマッスルをはじめ多くの重要な筋肉が付着し、重心を決定する場所でもある。正しい位置に保つことがとても重要。

**大転子《だいてんし》**

**小転子《しょうてんし》**

**膝蓋骨《しつがいこつ》**

**中足骨《ちゅうそくこつ》**

**趾骨《しこつ》**

**鎖骨《さこつ》**

**胸骨《きょうこつ》**

**肋骨《ろっこつ》**

**腸骨《ちょうこつ》**

**上前腸骨棘《じょうぜんちょうこつきょく》**

骨盤の前の出っ張り。骨盤のプレースメントを感じるために重要なランドマークになるほか、さまざまな筋肉が付着している。

**股関節《こかんせつ》**

骨盤と大腿骨でできている関節。球関節の１つで、お椀型の骨にボール型の骨が納まっている。大腿骨を関節の中で回す、とイメージするとターンアウトがしやすくなる。

**大腿骨《だいたいこつ》**

〈足のエリア〉

足は14個の趾骨、５つの中足骨、７つの足根骨（踵骨、立方骨、距骨、舟状骨、そして３つの楔状骨）と種子骨という親指の付け根の下にある骨（平均的に２つ、ただしこの骨の数には個人差がある）でできている。

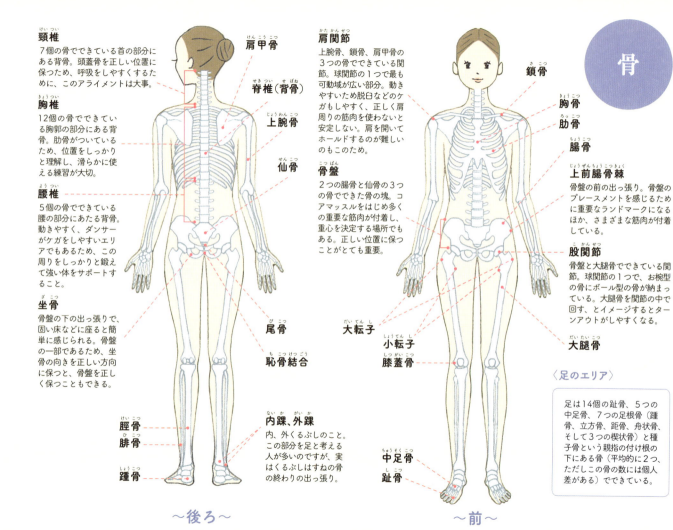

Chapter.1

# バレエの立ち方の基本

## ～バレエスタンス理論編～

バレエスタンスへの理解を“頭”から深めましょう。

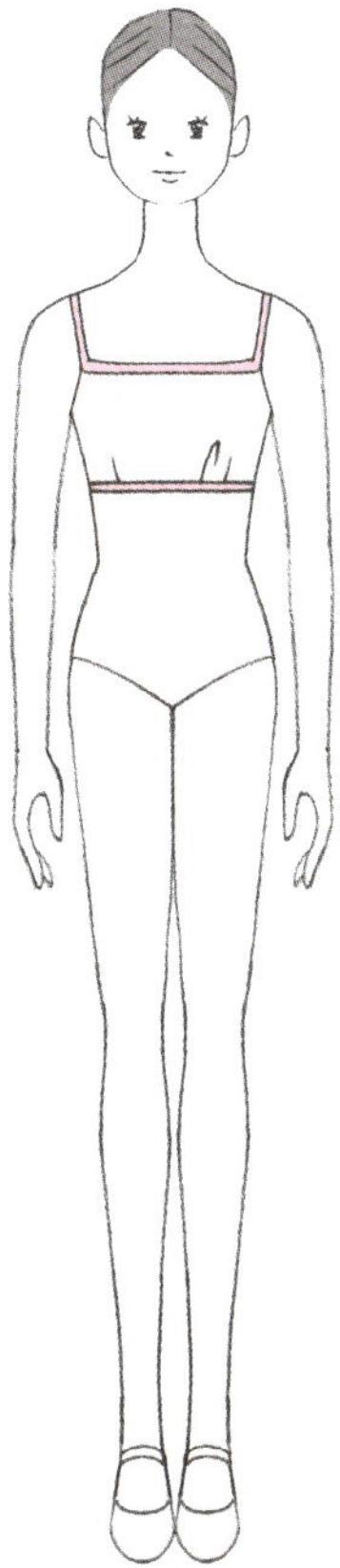

# 目指せ！これが正しいバレエスタンス

これがバレエスタンスの基本になる立ち方です。毎日のレッスンで使えるチェックリストにもなっています。

【前】

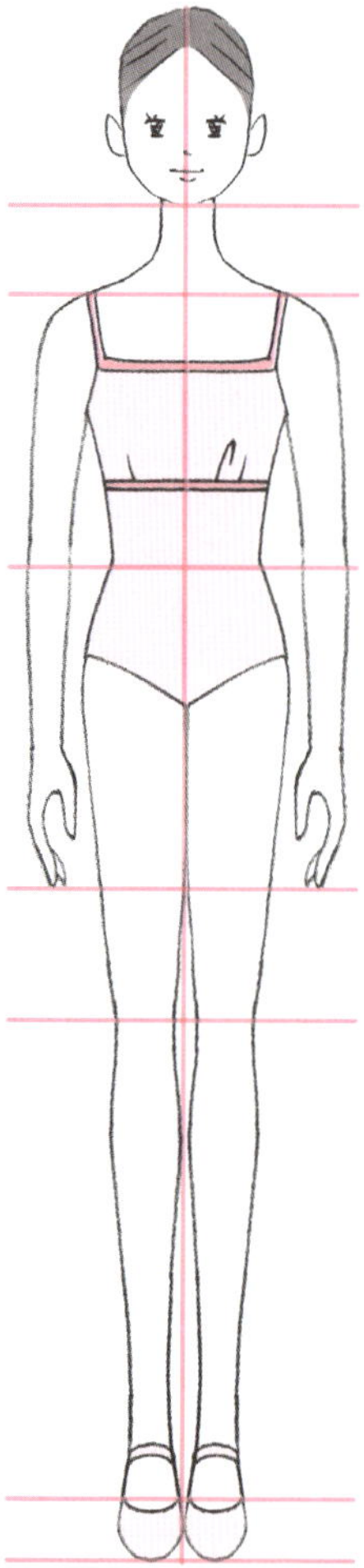

Check List

- □ 鼻、胸骨、恥骨結合を結ぶ線がまっすぐでその線は両脚の間に落ちる
- □ 両方の肩の高さが一緒
- □ 両方の骨盤の高さが一緒
- □ 両膝がつま先のほうを向いている
- □ 足首、足の指はリラックスしていて、足のアーチがサポートされている

## 【横】

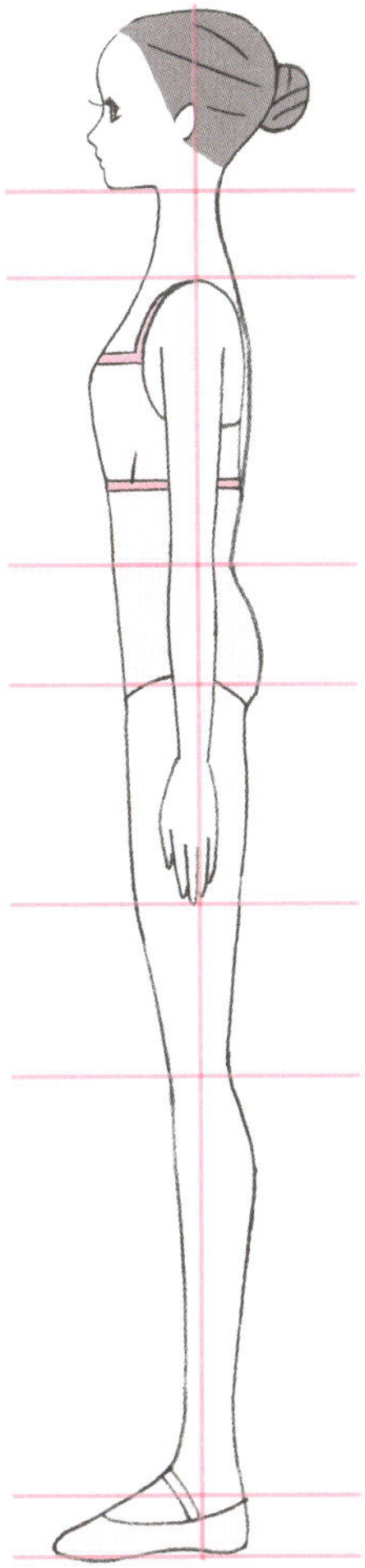

Check List

- □ 脊柱のカーブがゆるやかに描かれている（決して真っ平らな背骨ではない）
- □ 骨盤の前の出っ張り（上前腸骨棘）と恥骨結合が床に対して垂直になっている
- □ 耳、肩、大転子、膝関節の前方、足関節の前方が一列
- □ 足の小指が床から浮いていない

## 【後】

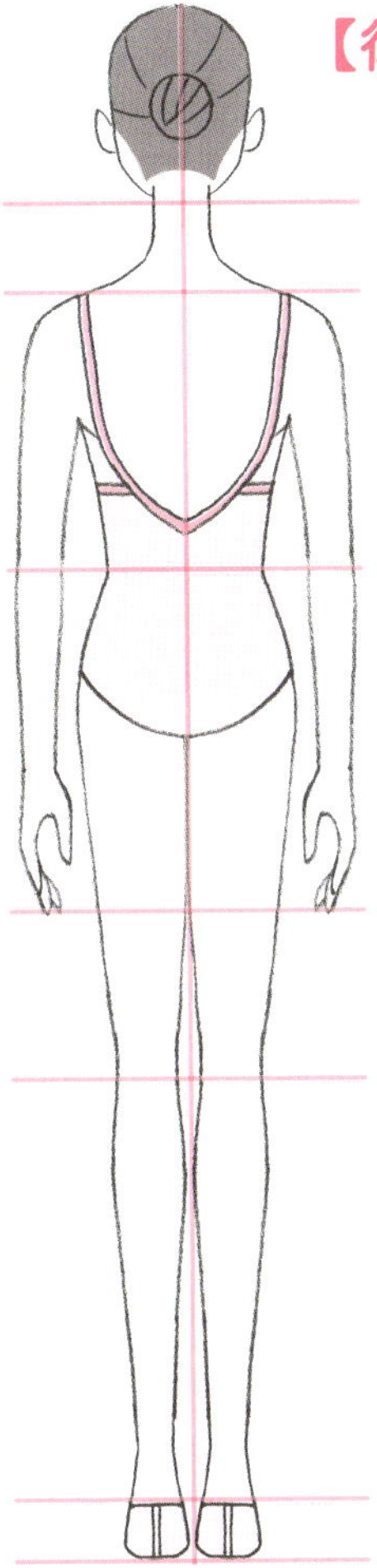

Check List

- □ 頭部は体の中心にある
- □ 脊柱はまっすぐ、体は左右対称である
- □ 肩甲骨は肋骨の上に静かに収まっている（出っ張っていない）
- □ 脚、足は前から見たバレエスタンスと同じ
- □ 腰、お尻は横から見たバレエスタンスと同じ

# 立ち方の基本【前】

## 前から見た正しいバレエスタンス

では早速、前から見たバレエスタンスをチェックしてみましょう。パラレルで（つま先をそろえて）立ちます。

□鼻、胸骨、恥骨結合を結ぶ線がまっすぐでその線は両脚の間に落ちる
□両方の肩の高さが一緒
□両方の骨盤の高さが一緒
□両膝がつま先のほうを向いている
□足首、足の指はリラックスしていて、足のアーチがサポートされている

意識的に鏡を見ると、肩の高さが違ったり、足首に力が入っていたりということに気づくかもしれません。この姿勢で立つとすごく疲れる人もいるでしょう。それは正しい姿勢を保つための筋肉がまだ弱いからと考えられます。でも大丈夫。まずは自分の体を知るところから始めましょう。

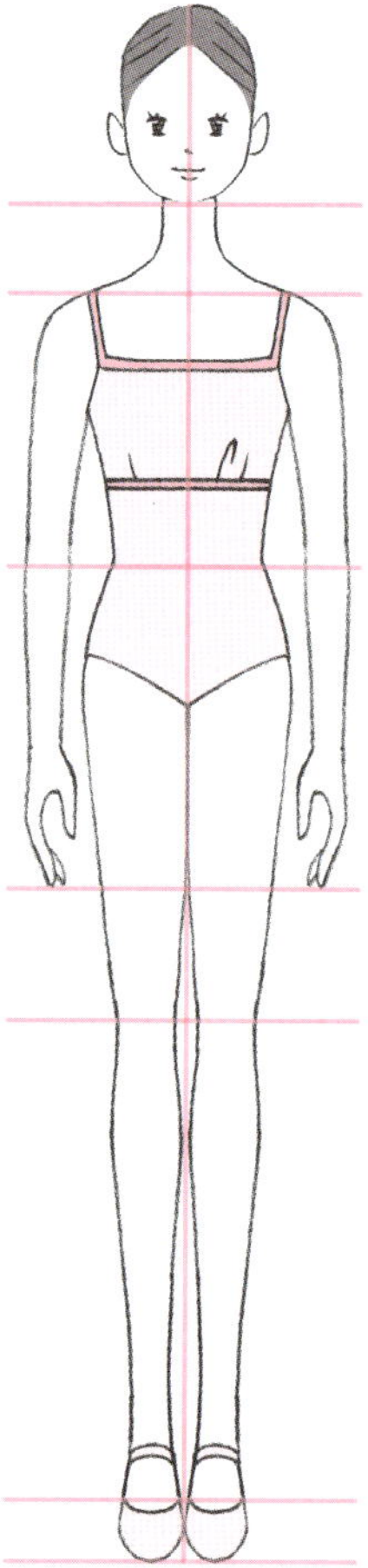

## 足に注目！

# 足指の力は抜けていますか？

まずは立ち姿勢を支える土台、足元から見ていきましょう。理想はパラレルで立ったとき、足の指に力みがなく、足裏のアーチ3点（P19）に均等に体重がのっている状態。

バレエスタンスでは確かに筋肉を使いますが、それは正しい姿勢を保つ必要最低限の力で、それ以上の力は入りません。特に見逃されがちなのがシューズに隠れている足先。この地面との唯一の接地点である足に力みがあると、その上に積み上げる骨や筋肉もしっかりと働きません。日常生活でも意識してみましょう。

### 足の指の間違った例

バレエスタンスの土台となっている部分です。よくありがちな3つの例を見てみましょう。

1

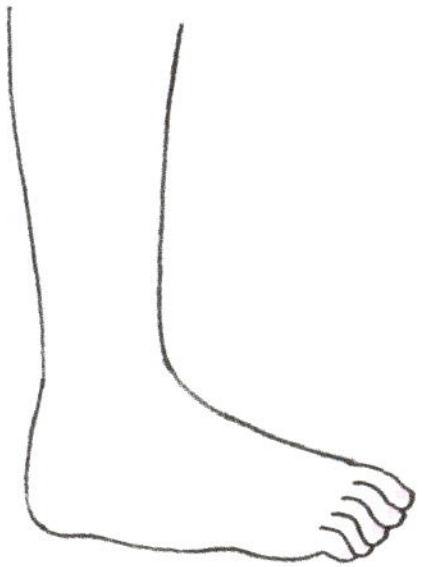

**指が丸まっている**

足の外在筋が働いてしまうとなりやすい。

2

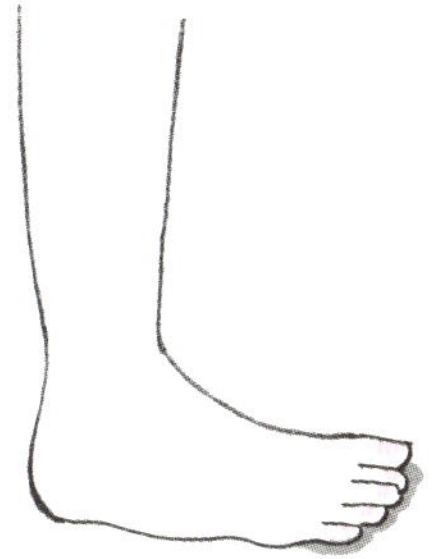

**地面から指が浮いている**

重心がかかとにのってしまっている。

3

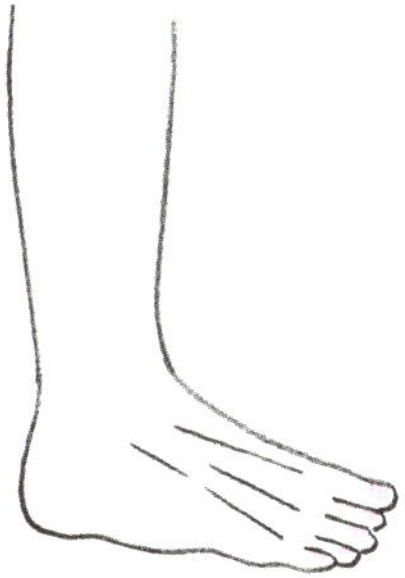

**甲に筋《スジ》が入っている**

足首に力が入っている。スジは一般用語。解剖学的には「腱」を指す。

# 足のアーチは落ちていませんか？

「足のアーチをつぶさないように！」もしそう注意されたら、あなたはどうしますか？

この注意を理解するためには、足裏にあるアーチを知る必要があります。アーチとは、足裏にある３つのアーチを指します（次ページ上の図の①②③のラインです）。

①土踏まずのアーチ（親指の付け根からかかとの骨のでっぱり）②小指側のアーチ（小指の付け根からかかとの骨のでっぱり）③横のアーチ（親指の付け根から小指の付け根）

「バレエスタンスで立つ」というのは、この①②③に等しく体重がのっている状態。重心がかかとの前側にある状態です。この３つのアーチをつくる骨自体は、そもそも弧を描くような形で形成されており、それをしっかりと支えるために靭帯《じんたい》と内在筋（P11、20）がサポートしています。

「アーチをつぶさない」と言われると、ダンサーの多くは体重を小指のほうにかけ、土踏まずのアーチを救出しようとします。確かに、その注意をされたときはほとんど土踏まずのアーチがつぶれてしまっているのですが（その原因は無理やりのターンアウトです）、足のアーチは土踏まずだけではありません。

土踏まずのアーチを救うために、ほかの２つのアーチをつぶしてしまっては元も子もありません。バランスよく３つのアーチを引き上げることが大事です。

# 足のアーチが上がっている足と落ちている足

バレエスタンスの土台となる足が正しく使えているかを確認するため、足のアーチと足首の状態、重心の位置を確認してみましょう。

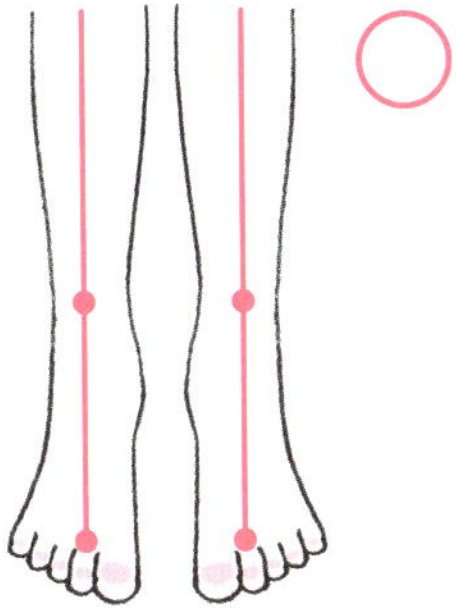


### 足のアーチの形が上がっているときの足

足の内側（土踏まず）、足の小指側、親指付け根から小指付け根３つのアーチのバランスがとれた状態。

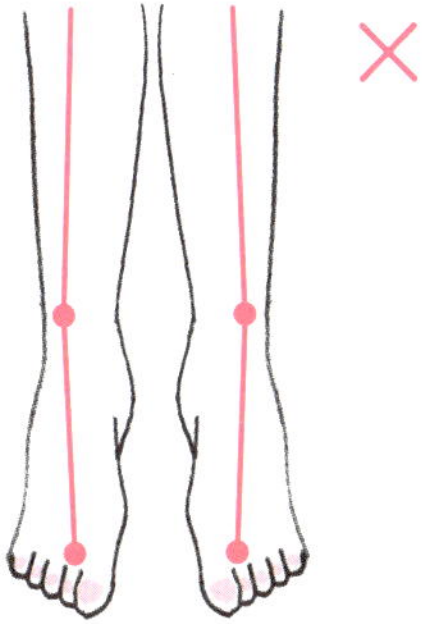


### 小指側のアーチがつぶれている足

小指側に体重がかかった状態です。

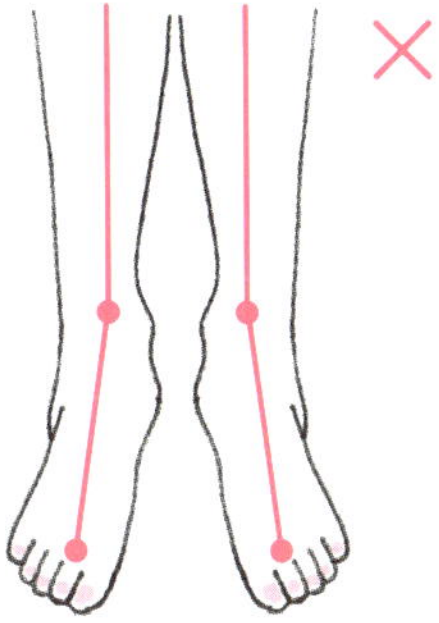


### 土踏まずのアーチが足首の内側に落ちている足

無理やりのターンアウトや重心の位置が間違っているため土踏まずのアーチが崩れています。

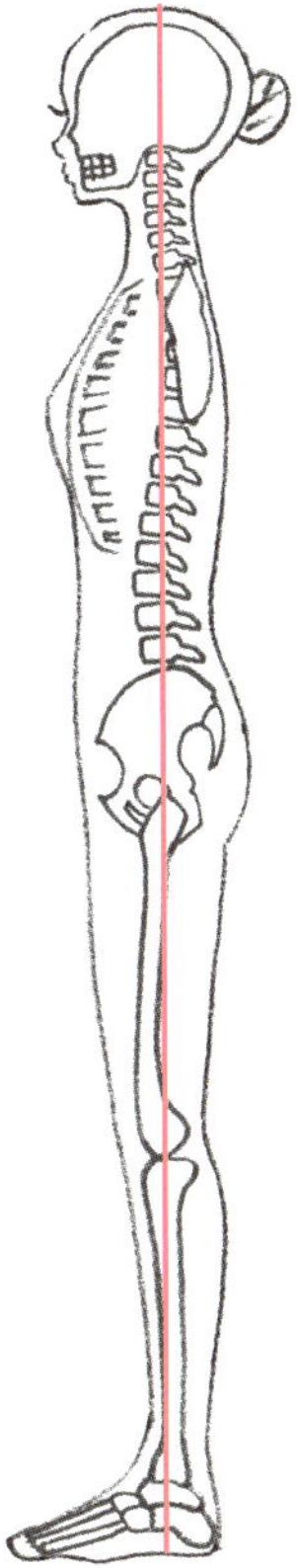

### 重心はかかとの前側

足のアーチのバランスがとれているとき、体を横から見ると、重心はかかとの前側にあります。

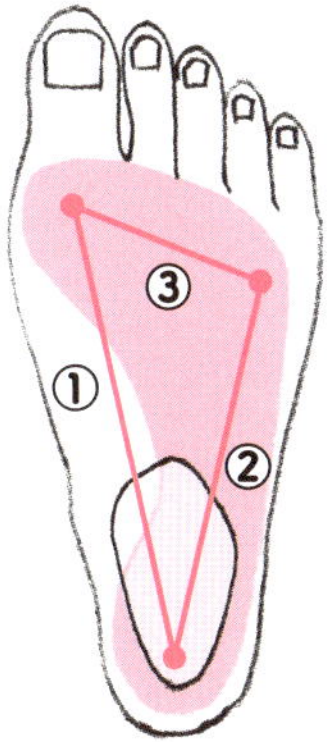


### 体重にかかる３点の位置

３つのアーチに均等に体重をのせることによって、アーチを保つ筋肉がしっかりと働いてくれます。

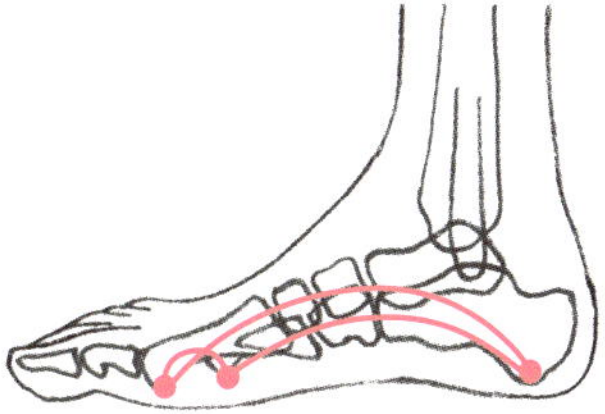

### 足のアーチを横から見た場合

足首や足指はリラックス。足のアーチは内在筋がサポート。これがバレエスタンスの土台です。

# 足裏の筋肉の重要性
## ～バレエスタンスは内在筋でつくる～

ダンサーにとって足先はとても大事なツールです。

足裏には大きく分けて2種類の筋肉のグループがあります。外在筋《がいざいきん》と内在筋《ないざいきん》です。

**外在筋**　すねあたりの骨から始まって、足裏や足指についている筋肉

**内在筋**　足の中にだけついている筋肉。足の固有筋《こゆうきん》と呼ぶことも

バレエスタンスでフォーカスする足裏の筋肉は内在筋です。ダンサーにとってこの筋肉は、軸足を安定させてくれたり、アレグロの着地で衝撃を吸収してくれるなど、ケガ予防の面からも大事な筋肉といえます。安全にトウシューズで立って踊るために、つま先を最大限に伸ばすために、必要な筋肉でもあります。

一方、外在筋は足の指で地面をつかむなどの「動き」をする筋肉です。踊るために必要な筋肉ではありますが、ただ立っているときに地面をつかんでいたらおかしいですよね？　つまりアテール*で立っているときに外在筋が働いていたら、しっかりとバレエスタンスで立てていない証拠になります。

外在筋は足首より上から始まっている筋肉なので、足首に緊張した筋肉や腱が見えていたら外在筋を使っている証拠。足の指が曲がってしまうのも外在筋がオンしているときに見られます。正しいバレエスタンスで立つためには、外在筋でなく内在筋で体をサポートするようにしましょう。

**＊アテール**　足裏を床につけて立った状態

# 外反母趾の人は？

「バレエを始めたら外反母趾になりました」「外反母趾がひどくなりました」という声を時々聞きます。外反母趾は正しいレッスンを行っていれば悪化することはありません。ダンサーにおける外反母趾、もしくは、レッスン内で痛くなる外反母趾は〝無理やりターンアウト〟が大きな原因といえます（そのほかに、シューズが足に合っていないという原因もありますが）。

足首だけをひねり、無理に足のポジションをつくり続けると足の横アーチを支えている靭帯がゆるんでしまい、親指そのものが人差し指のほうへ曲がっていきます（靭帯性《じんたいせい》外反母趾《がいはんぼし》）。さらに、曲がった親指部分に体重がのり、ジャンプの着地や片足ルルべから降りてくるときなどに過剰にその部分へ衝撃が加わると、体のほうが「守らなきゃ」と骨を変形させてしまうのです（仮骨性外反母趾《かこつせいがいはんぼし》）。

ターンアウトをする前に正しいバレエスタンスがつくれるようにならなくてはいけない理由の1つは、このような変形を防ぐためです。「遺伝だから」「バレエをやっているから」と言い訳をしてはダメだということ。今までの癖を直し、ターンアウトをしてもキープできるようになるには時間がかかるかもしれませんが、手遅れになる前に大事な足を守ってあげてください。

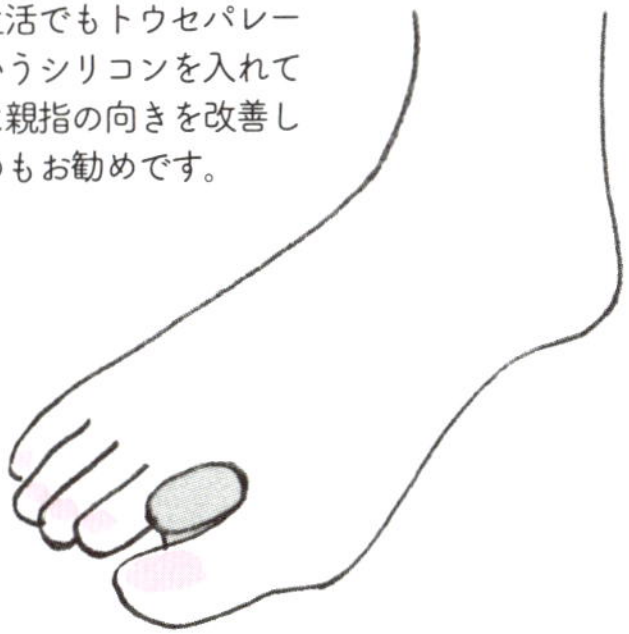

普段の生活でもトウセパレーターというシリコンを入れて物理的に親指の向きを改善していくのもお勧めです。

▶外反母趾の人のためのストレッチ&エクササイズ（P122～124）

## 脚の形に注目！

# 膝は前を向いていますか？

バレエスタンスでは、両膝はつま先のほうを向いていることが理想ですが、それが難しい脚の形も存在します。ただどのような形でも、できるかぎりバレエスタンスに近い形へ、筋肉を使って骨を動かしていく必要があります。筋肉を使って体の癖を修正していくことは可能ですし、安全に踊り続けるためにはそれが欠かせません。

特に幼いダンサーの場合、筋肉がサポーターとなり、骨の正しい成長を助けてくれることもありますので、先生はその子の脚の形だからと諦めず、しっかりと指導を続けてください。

## 〈O脚〉

O脚とは、両足のかかとをつけて立ったとき、太もと膝が離れた状態の脚の形を指します。足先だけでターンアウトしているように見せるフィッシュや、足首がロールインしている場合、すねの外側の筋肉が肥大して、実際の骨の形以上にO脚に見えることもあります。また、O脚が長期にわたると膝関節が変形してしまうこともあります。

ほとんどのO脚は太ももの骨がターンインして膝蓋骨が内側を向いています。よって、膝のお皿の向きを意識できるバレエスタンスはO脚にも有効なのです。

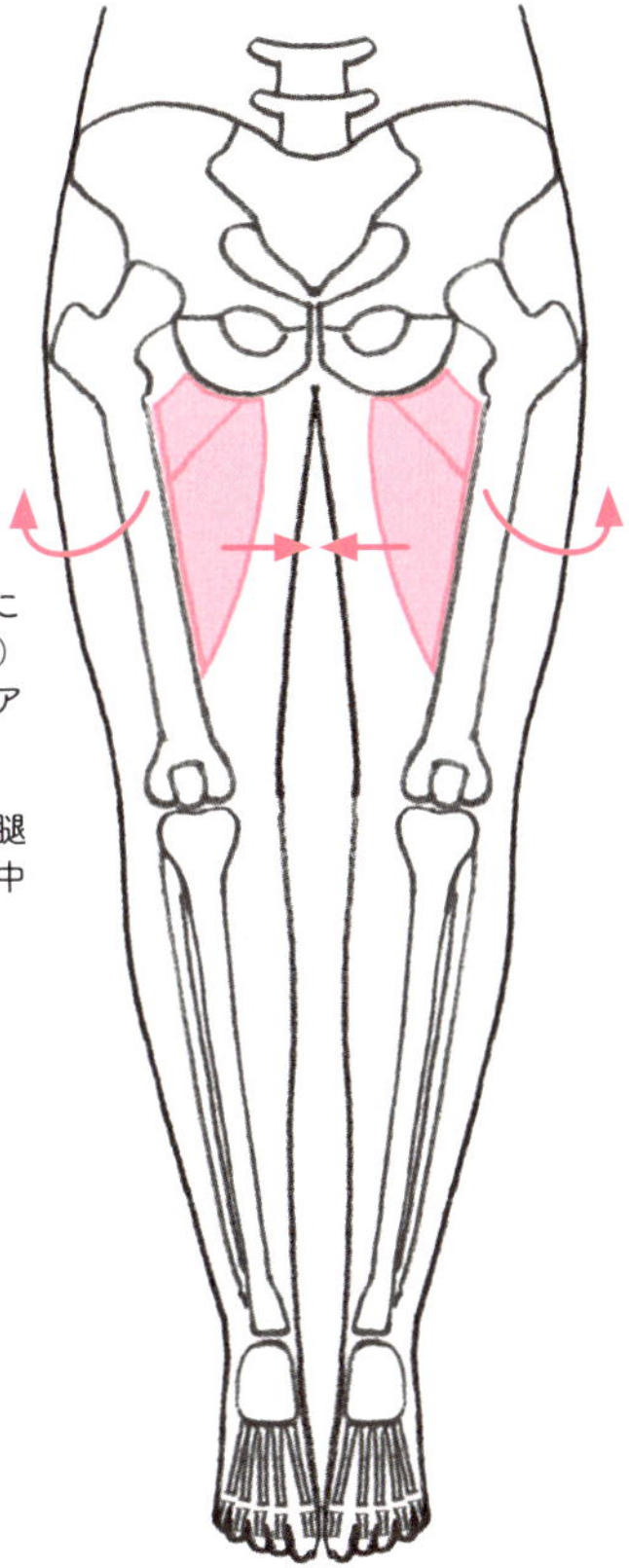

①お尻の下部分の深いところにある外旋六筋（P51）を使って大腿骨をターンアウトします。

②正しい方向を向いた大腿骨を内転筋を使って真ん中に引き寄せます。

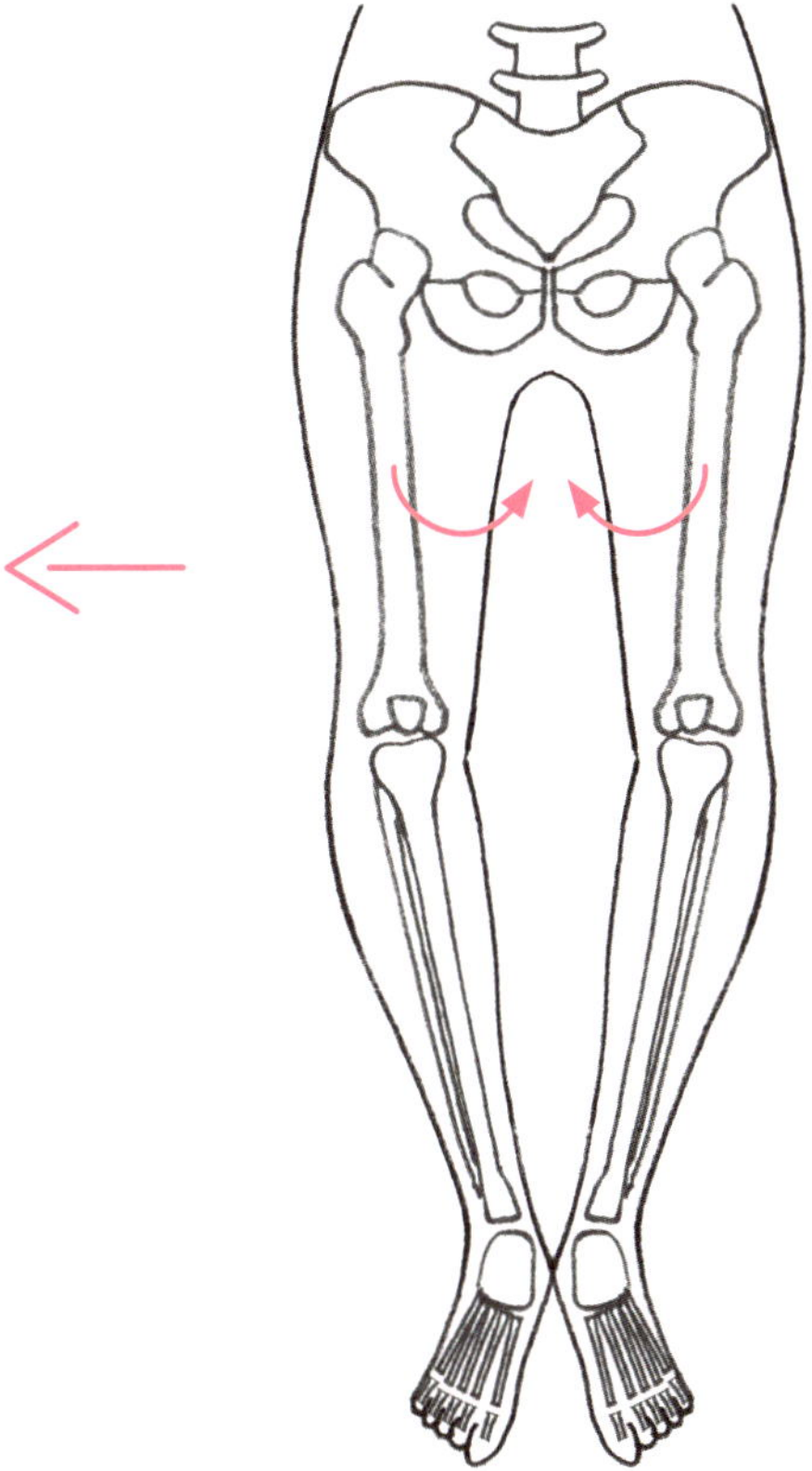

O脚の脚は大腿骨が元々ターンインしています。バレエスタンスを正しく保つこと、つまりまっすぐ立ったときに膝のお皿が前を向くように大腿骨を少しターンアウトさせることを意識して、脚のラインを改善していきましょう。

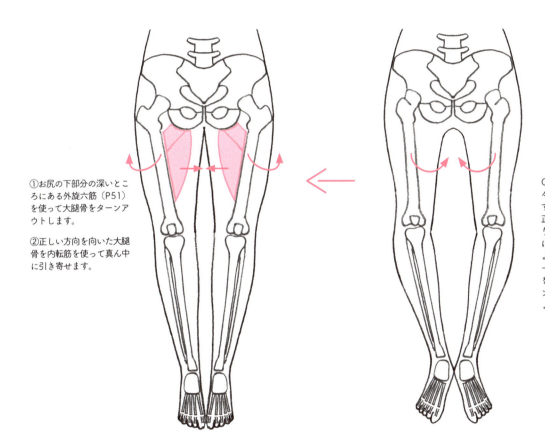

## 〈X脚〉

まっすぐに立ったとき、両膝はくっついているものの、膝下がハの字に開いてしまう脚の形を指します。O脚と比べ、脚のラインが崩れて見えることはあまりないと思われがちですが、特にジャンプの着地で膝関節に大きな負担がかかります。

足の親指の付け根（土踏まずの部分ではなく）でしっかりと床を押し、そこから骨盤の真ん中までの距離を常に長く保つように意識しましょう。そうすることで、膝関節を守る筋肉も、着地に必要な脚のアライメント（各関節や骨の並び）も育っていきます。

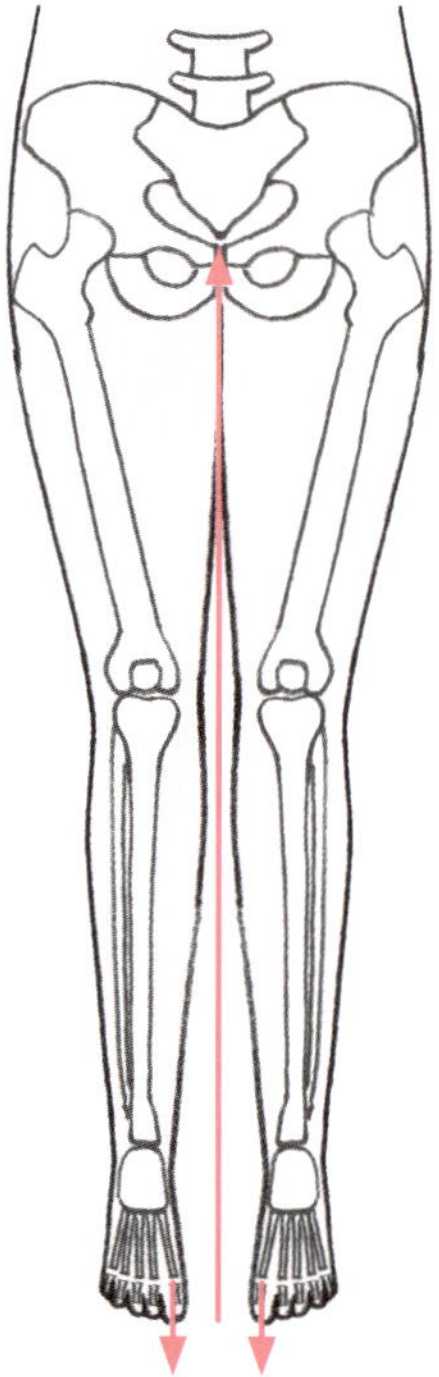

親指の付け根で強く床を押し、骨盤を引き上げるようにします。

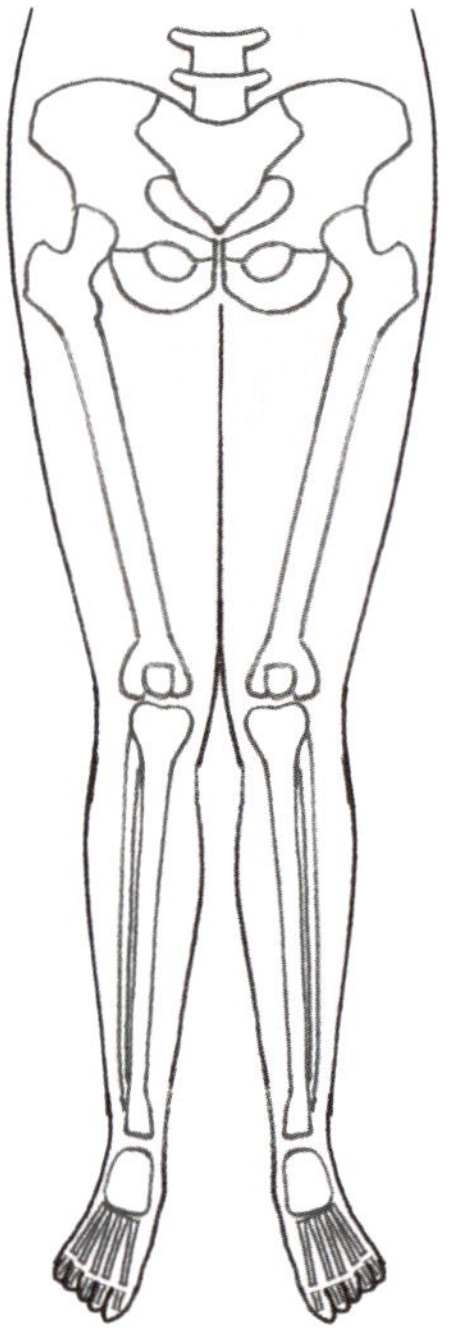

一見ターンアウトして見えますが、足首が内側に落ち、膝の内側にも負担が。

# 〈反張膝〉

反張膝《はんちょうしつ》をX脚と思っている人が多くいますが、この2つは違う脚の形です。反張膝の状態を膝関節の過《か》伸展《しんてん》と呼ぶことも。文字通り伸びすぎている関節を指します。膝関節を押しこんでいるため関節に負担がかかるほか、重心も後ろに落ち、100％まっすぐ脚を伸ばして立っているとはいえません。つまりバレエスタンスができていません。「まっすぐに見えるように膝をゆるめて立てばいい？」と聞かれますが、それでは筋肉がゆるみ、関節を守ることができず危険です。普段の生活から膝蓋骨を引き上げ、できるだけ自分の筋肉で正しい位置にもってくる努力を続けましょう。

＊反張膝は、P34（コラム）、P52（立ち方）も参考に。

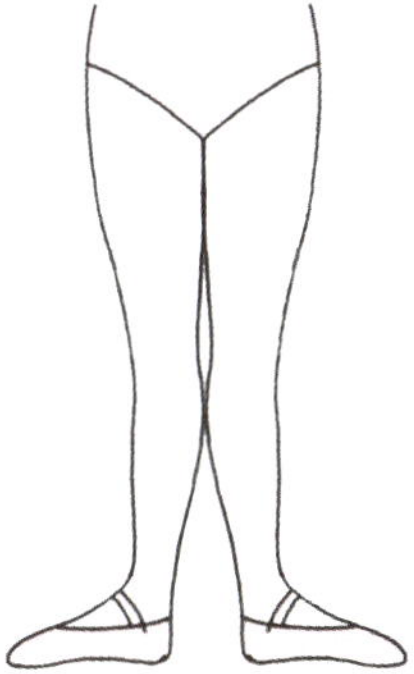

反張膝は膝関節に座っている。つまり脱力して立っており、膝の負担が大きい。

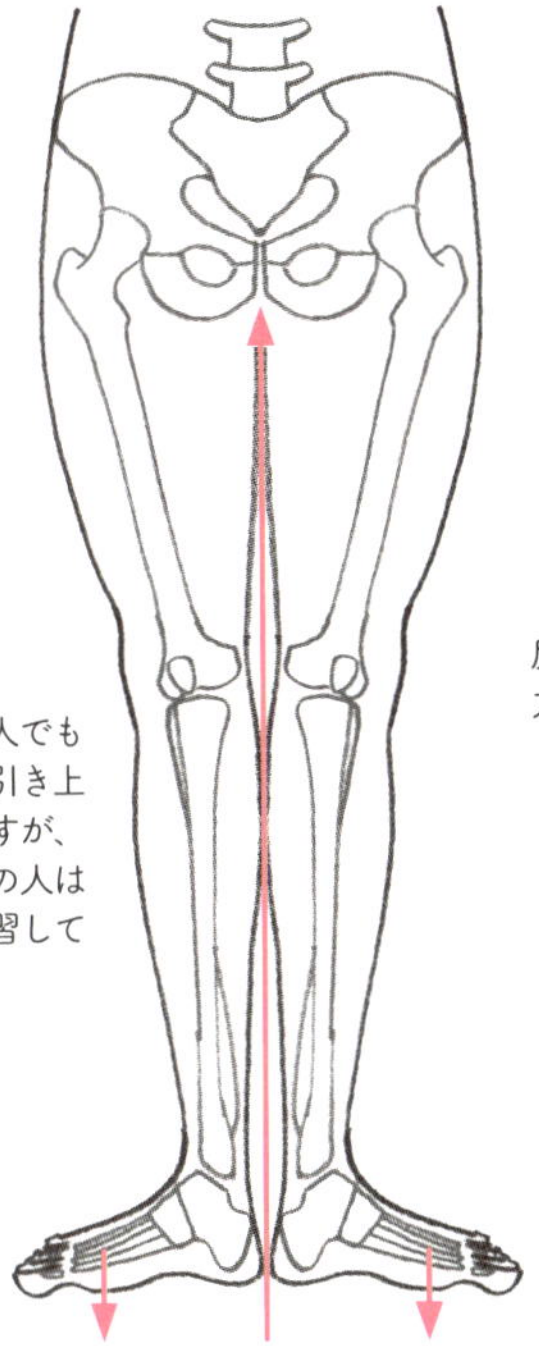

どんな脚の人でも膝のお皿の引き上げは必要ですが、特に反張膝の人はしっかり練習してください。

膝のお皿は上下左右に動きます。膝のお皿を股関節のほうへ持ち上げてみると、大腿四頭筋が引き上がります。膝を押し込むのではなく、引き上げる感覚が大切です。さらに、親指の付け根でしっかりと床を押します。

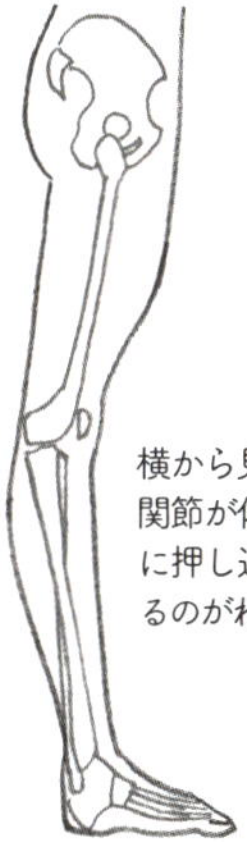

横から見ると、膝関節が体の後ろ側に押し込まれているのがわかります。

# 立ち方の基本【横】

## 横から見た正しいバレエスタンス

続いて、横からバレエスタンスを見ていきましょう。

バレエスタンスを一番直しやすいのはバーレッスンのとき。レッスン前半で行うバーレッスンでは自分の体を横から見て注意することができますね。

チェック項目を見てみると、難しい言葉が並んでいる気がして気持ちが萎えてしまうかもしれませんが、大丈夫。一緒に1つずつ確認していきましょう。

□脊柱のカーブがゆるやかに描かれている（決して真っ平らな背骨ではない）

□骨盤の前の出っ張り（上前腸骨棘）と恥骨結合が床に対して垂直になっている

□耳、肩、大転子、膝関節の前方、足関節の前方が一列

□足の小指が床から浮いていない

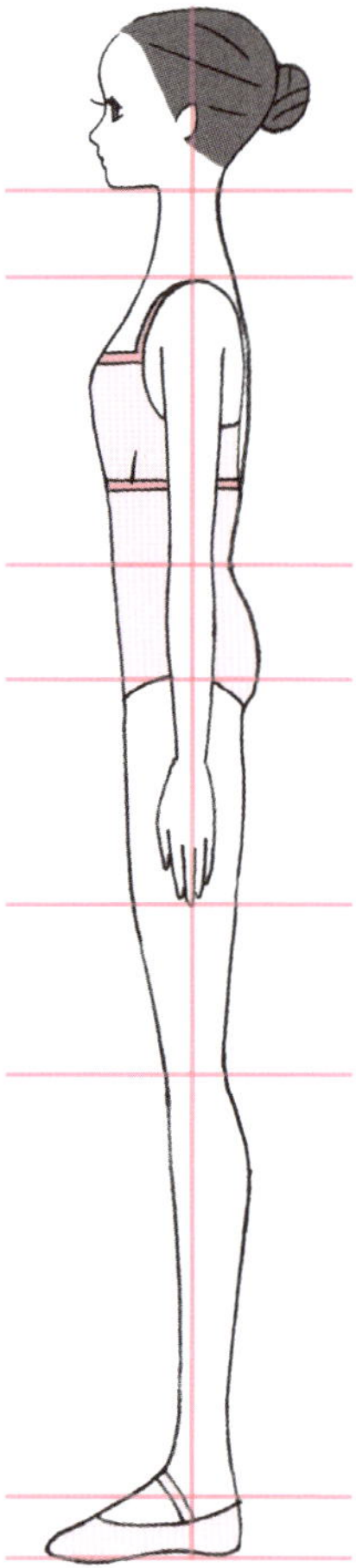

背骨のラインに注目！

# 背骨のカーブはゆるやかに伸びていますか？

レッスン中に絶対言われる言葉、「引き上げ」。この場合、背骨のカーブを引き伸ばしなさい、あるいは背骨に付着している骨、たとえば頭蓋骨や骨盤を持ち上げなさい、という意味で使われることがほとんどです。

でも、いくら引き上げてと言われても、背骨のカーブを完全になくしてはいけません。背骨のカーブには衝撃吸収をしてくれる大事な役目があるからです。車のサスペンションのようなもので、歩いたり、走ったり、もちろん舞台で高くジャンプするときの衝撃も吸収し、分散してくれるのです。

衝撃吸収をするためには、固い棒ではなく猫の背中のようなしなやかさが必要です。

ダンサーは、背骨のカーブを完全には失くしませんが、できるかぎり上下に引き伸ばすことを目指しましょう。ゆるやかな背骨のカーブを保つメリットをまとめておきます。

- 背骨のケガを防ぐ（背骨のカーブの方向が変わる場所は傷つきやすいため）
- 重心が上がり、すばやい踊りが可能になる
- 見た目が軽くなる
- 軸がとりやすくなる（グランフェッテ*のようにトウシューズで回転を続けたり、ダブルトゥール*のように空中で2回転したりするテクニックをこなすことができます）

**＊グランフェッテ**　片脚で立ち、もう片脚を鞭のように振りながら回転するパ。32回転のように連続して回転することが多い。正式にはフェッテ・ロンデジャンプ・アントールナン・アンデオール。

**＊ダブルトゥール**　両脚で踏み切って5番ポジションで飛び、2回転するパ。正式にはダブル・トゥール・アンレール。

## 正しいバレエスタンスの背骨のライン

ダンサーに必要な背骨の引き上げとはどういうものでしょうか？確認してみましょう。

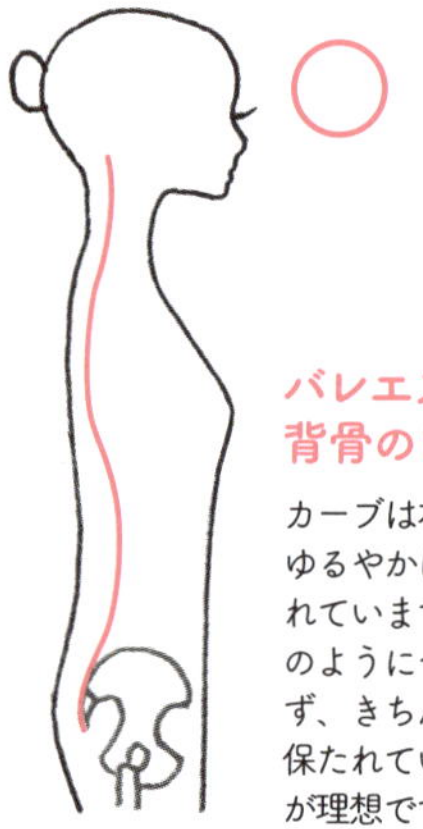

**バレエスタンスの背骨のS字ライン**

カーブは右下の図よりゆるやかに引き伸ばされていますが、下の図のようにつぶれておらず、きちんとカーブが保たれています。これが理想です。

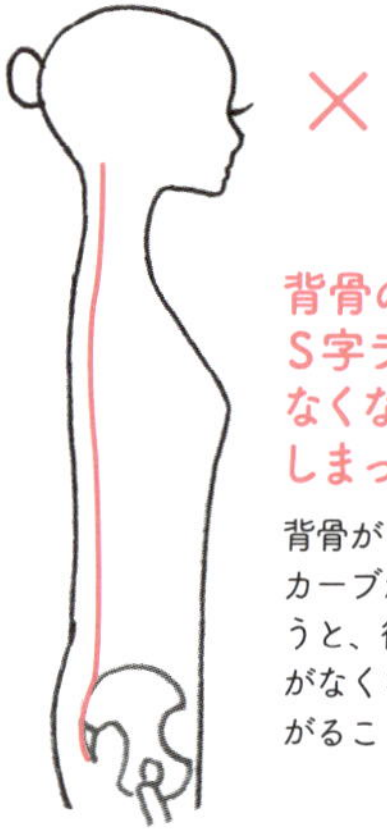

**背骨のS字ラインがなくなってしまった場合**

背骨がまっすぐすぎてカーブがつぶれてしまうと、衝撃吸収の役目がなくなりケガにつながることもあります。

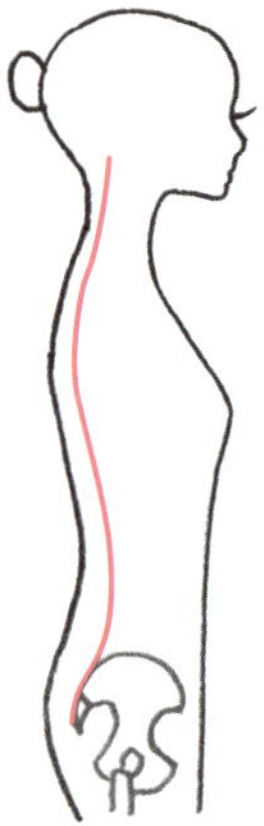

**普通の姿勢のときの、背骨のS字ライン**

この湾曲により、重たい頭を支えたり、走ったり飛んだりする衝撃や体重の負担を和らげています。

### 背骨だけではない〝引き上げ〟
### 〝引き上げ〟はバレエスタンスでマスターできる！

先生に「引き上げなさい！」と言われたとき、背骨以外の骨や筋肉の使い方について注意されることもあります。たとえば骨盤をできるかぎり高い位置へもってくるとか、膝のお皿を引き上げるだとか。でも、これらの注意はバレエスタンスで心がけてほしい部分とイコールなのです。

この本でバレエスタンスをマスターすれば、背骨以外の引き上げだってマスターできるんです！

# ダンサー特有のストレートネックとは？

高く上がる脚やポワントでバランスをとるような派手さはありませんが、クラシックバレエダンサーの首の動きは表現力豊かに踊るために必要な部分です。小さい頃にエポールマンをしっかりと学ぶのも、ポーデブラ*に決まった首のつけ方があるのもそのため。首と頭の動きはダンスの動きの中でとても重要であり、エレガントでなければいけません。

ストレートネックという言葉を聞いたことがあるかもしれませんが、それは俗語で、頸椎の生理的前彎、つまり、首エリアの自然な背骨カーブが失われた状態を指します。

バレエをしていない普通の人がストレートネックになってしまう多くの原因は姿勢の悪さ、特に頭や首が前に出っ張る猫背姿勢のためです。バレエダンサー特有のストレートネックは、「引き上げよう」「姿勢を正しくしよう」と背骨のカーブをつぶしてしまうために生まれます。P28でお伝えしたように、背骨のカーブを引き伸ばすことは大切ですが、まっすぐすぎてカーブをつぶしてしまうと首の骨にとっては負担になります。

ダンサーのストレートネックは一見よい姿勢なので注意されることがほとんどありませんが、肩こりや頭痛という日常生活への支障のほか、上半身の動きにしなやかさがなくなりポジションのラインが崩れたり、回転のスポットがつけにくいというテクニック的な問題が起こります。上半身の固さをかばって腰をたくさん使うため、腰痛や腰の疲労骨折の引き金になることもあります。バレエスタンスを見直して、レッスンで改善していきましょう。

**＊ポーデブラ** ポールドゥブラとも呼ばれる。腕の運び、という意味で腕の動きを指す。

顎を不必要に引いていないか、首に無駄な力が入っていないかなど、レッスンで確認しましょう。

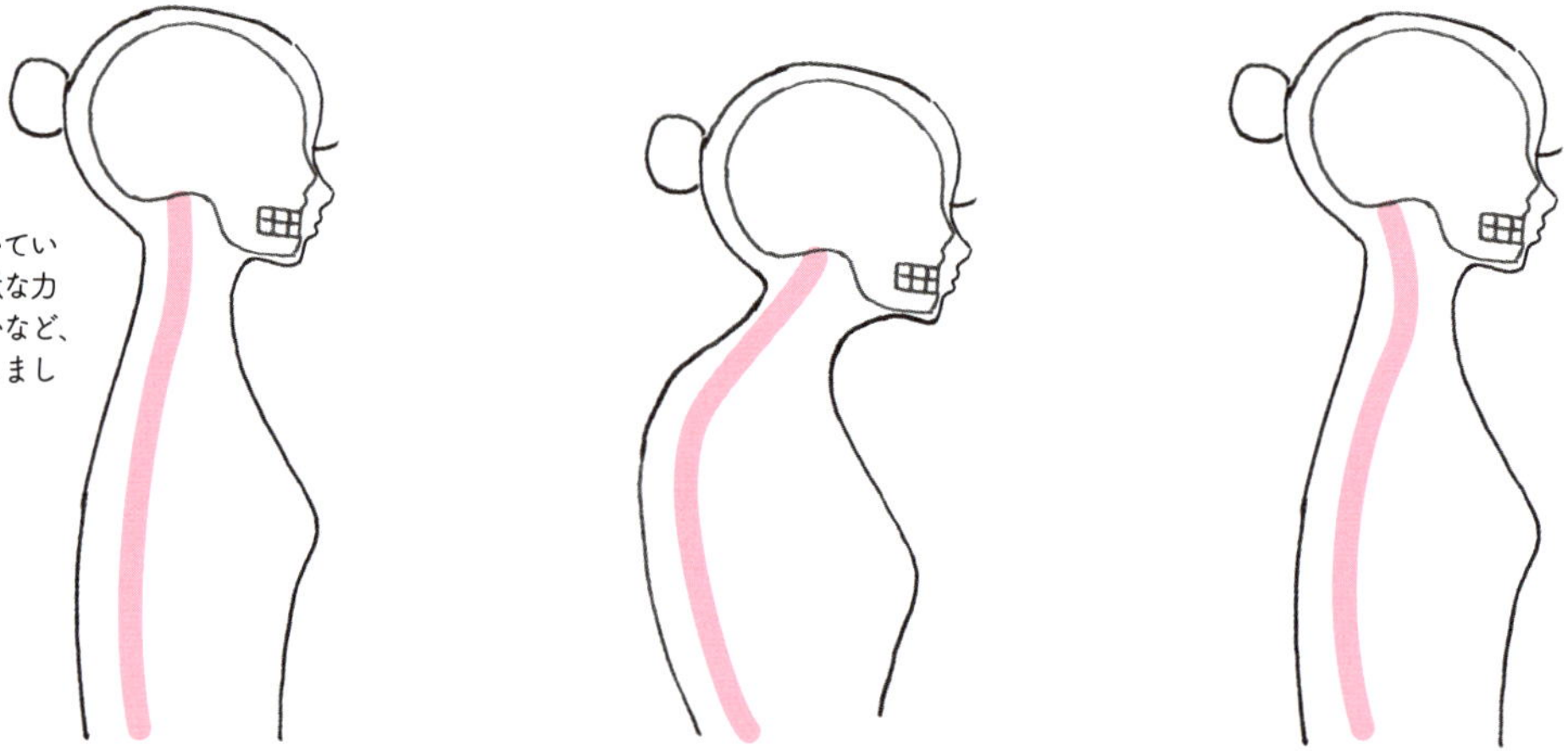

## ダンサーによく見られるストレートネック

無理に背骨を引き上げようとすることなどから、背骨カーブが失われた状態になります。

## 一般的に言われるストレートネック

いわゆる猫背が原因であることが多く、首が前方にまっすぐ伸びて湾曲がなくなり、顔が前に出ているように見えます。

## バレエスタンスのネックライン

ゆるやかに引き伸ばされた背骨の延長にありS字を保っています。

▶ストレートネック改善エクササイズ（P125〜129）

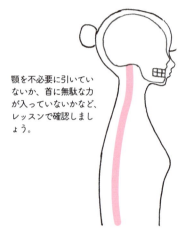

## 骨盤に注目！

# 骨盤のプレースメント（配置）は正しいですか？

プレースメントという言葉を聞いたことがありますか？　placementという単語は「配置」という意味があります。バレエで使う場合、「体の一部分の姿勢」という意味で使われ、おもに骨盤や肋骨など、大きな骨の塊がある場所を指します。大きな骨ということは重いですから、それらの骨が正しい位置になければバレエスタンスをつくることはできません。

骨盤は背骨の延長線上にあり、バレエスタンスをつくるうえでも非常に大事。ここでは、骨盤の三角形というメソッドを使ってわかりやすく見ていきます。

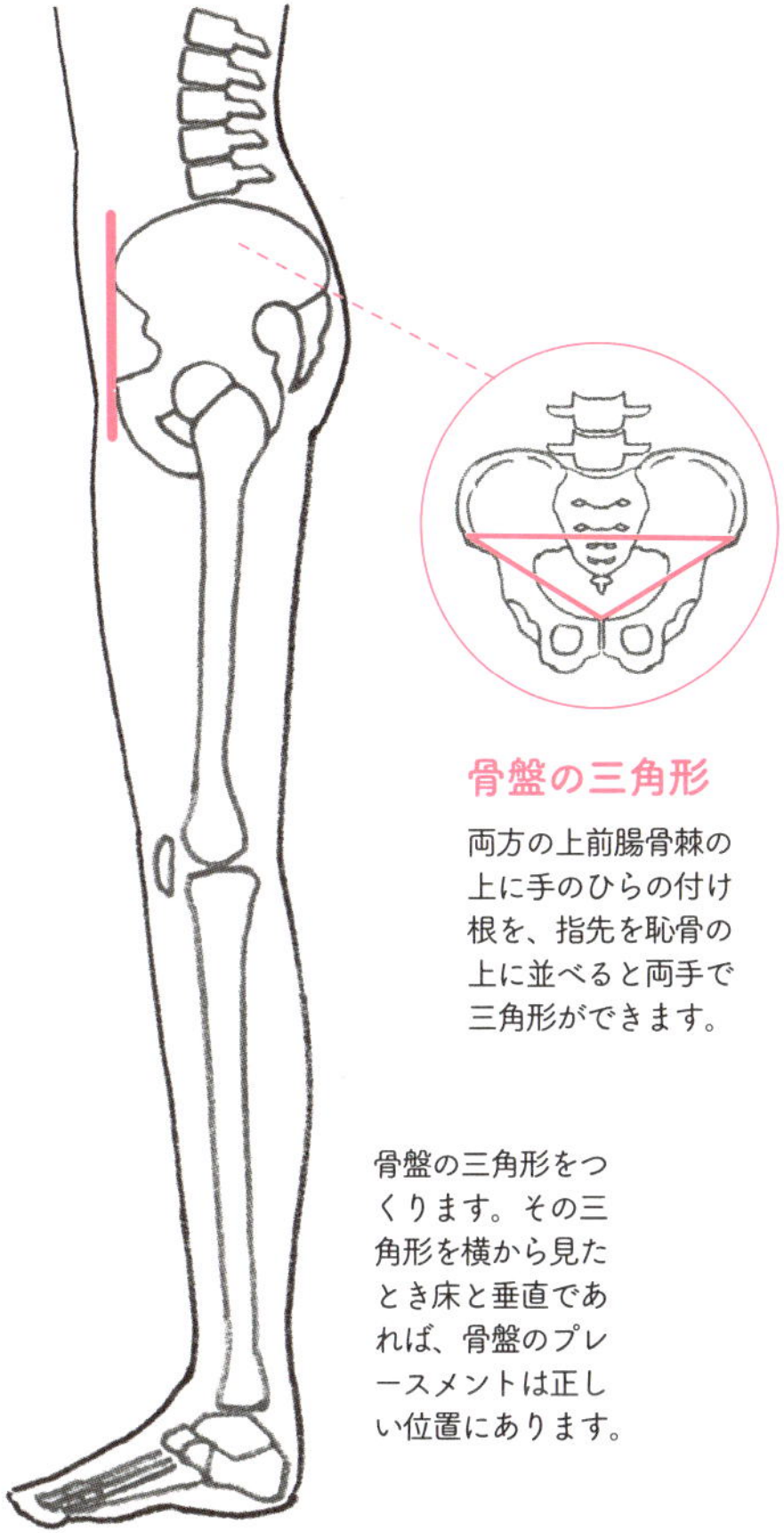

**骨盤の三角形**

両方の上前腸骨棘の上に手のひらの付け根を、指先を恥骨の上に並べると両手で三角形ができます。

骨盤の三角形をつくります。その三角形を横から見たとき床と垂直であれば、骨盤のプレースメントは正しい位置にあります。

# 骨盤がダックちゃんになってしまう人

骨盤の上に手を置いて三角形をつくったとき、その三角形が床と垂直であることが正しい骨盤のプレースメントになりますが、もしあなたの骨盤の三角形が垂直ではなく、指先が手の甲よりも後ろにいっていて、横から見たとき、お尻がアヒルのように出っ張っているように見えたとしたら、骨盤が前に倒れてしまっています。解剖学的にいうと、恥骨結合の部分が、体の後ろに出っ張っている「骨盤前倒《こつばんぜんけい》」の姿勢となるのですが、本書では「アヒルみたいなお尻」ということから、ダックちゃんと呼んでいきます。

〈ダックちゃんになってしまう人の傾向〉

□バレエスタンスが理解できていない
□骨盤を正しいプレースメントに保つ筋肉（コア、外旋六筋など）が弱い
□腰の筋肉が固い
□腹筋が弱い
□ハムストリングスが弱い
□重心が前にいきやすい

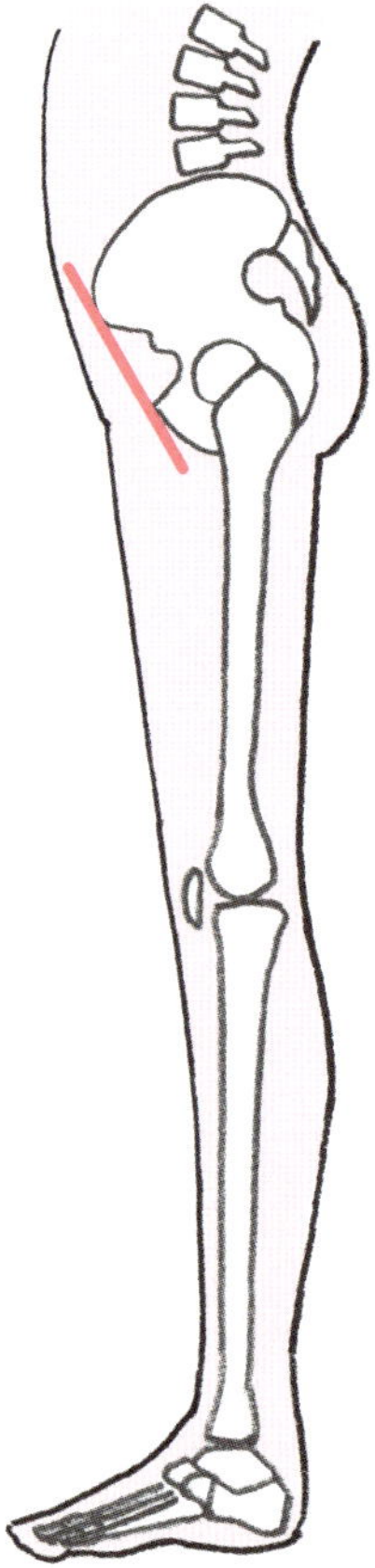

# 骨盤がタックちゃんになってしまう人

一方、骨盤の三角形をつくったとき、指先が手の甲よりも前に出てしまう人もいると思います。これは長年レッスンを積んできたダンサーに多く見られます。解剖学では骨盤後傾《こつばんこうけい》と言いますが、本書ではタックちゃんと呼んでいきます。

背骨に比べ、骨盤の前の三角形はレッスン中でも目につくため、正しい位置に置きやすいと思います。ただ、正しい位置で骨盤を安定させておくには筋肉のサポートが必要です。その筋肉を強く育てるエクササイズはＣｈａｐｔｅｒ３で紹介していきますが、まずここでは横から見たときに骨盤が正しいプレースメントにあるか？　をしっかりと確認してください。

**〈タックちゃんになってしまう人の傾向〉**

□バレエスタンスが理解できていない
□骨盤を正しいプレースメントに保つ筋肉（コア、外旋六筋など）が弱い
□腰椎をキープする背中の筋肉が使えていない
□腹筋が硬い
□ハムストリングスが硬い
□重心が後ろに落ちてしまっている

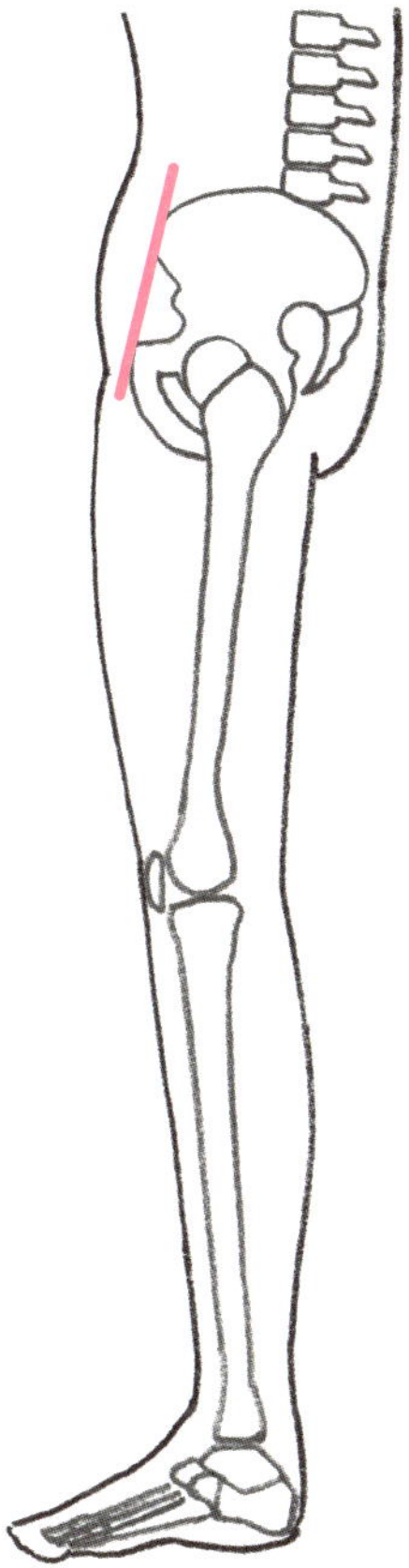

# しなる脚は本当に恵まれているの？

すでにP25で説明しましたが、過伸展の脚は過剰に伸びてしまっているため、解剖学的によいものではありません。ただ、ダンサーはこのような「しなる脚」をほしがる傾向があります。

確かに、少々膝が中に入ったラインは美しいと言われますが、それはコントロールができていることが前提。

たとえば、タンジュ*デヴァンとグランバットマン*デヴァンのコントロール、どちらのほうが難しいでしょうか？　関節の動く幅（可動域）の大きなグランバットマンのほうが断然難しいですよね。

このようにしなる脚はコントロールが難しく、筋力がなくてはホールドできないし、ケガもしやすい諸刃の剣なのです。

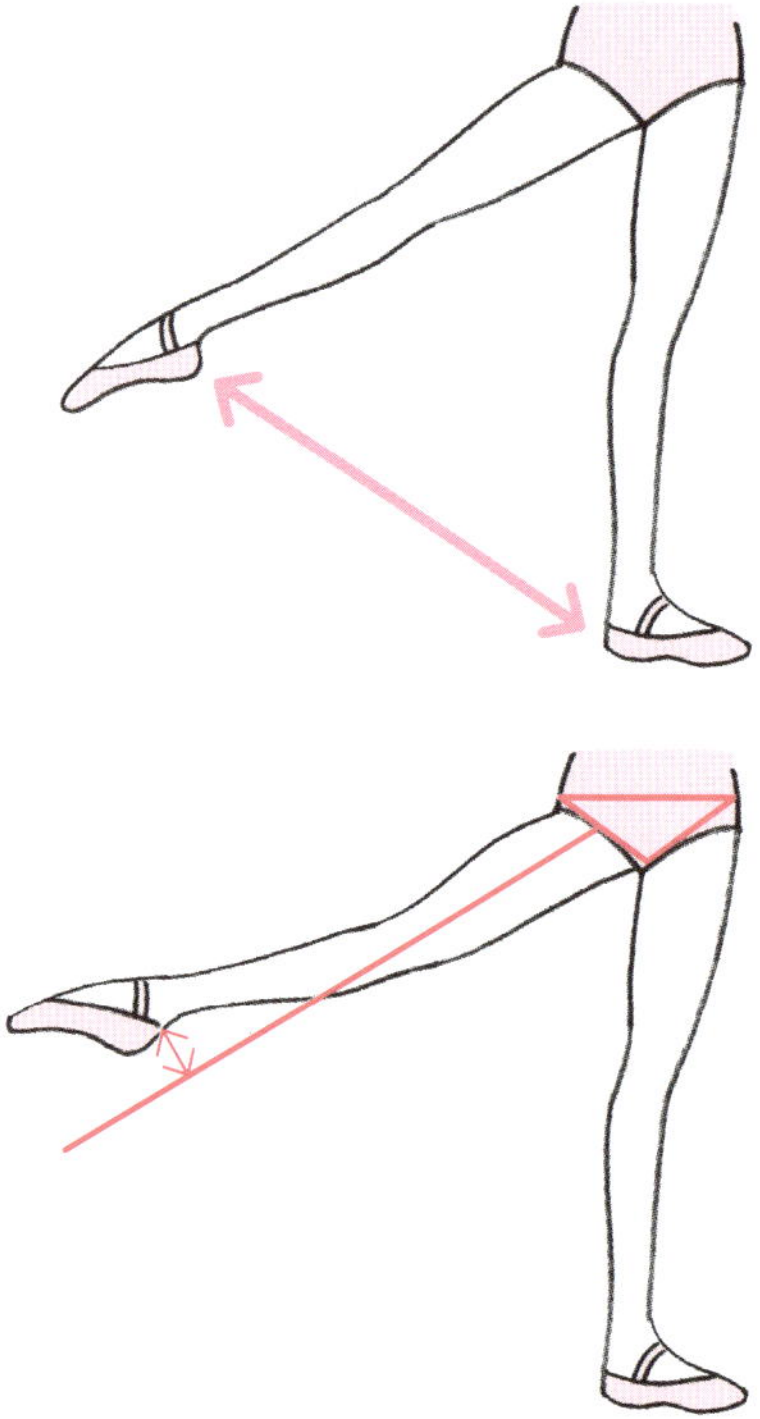

過伸展により可動域が広くなればなるほど、コントロールは難しくなり、筋力も必要になります。過伸展に限らず、O脚やX脚のダンサーも、一番長い脚の状態で立っていない、つまり一番引き上がった状態で踊っていないことになります。

＊反張膝は、P25（立ち方）、P52（脚の形）も参考に。

**＊タンジュ**　フランス語で「張る」。脚を伸ばすだけでなく、ポジションから床を滑らせて脚を出し、戻ってくる一連の動作を指す。

**＊グランバットマン**　「大きく打つ」という意味。膝をまっすぐに伸ばしたまま、前、横、後ろのいずれかのポジションに脚を蹴り上げる動きを指す。

# 立ち方の基本【後ろ】

## 後ろから見た正しいバレエスタンス

最後は、後ろから見たバレエスタンスについて説明していきましょう。

後ろから見たとき、脊椎（背骨）が体の中心にあるかどうかがとても重要になります。ここでは脊椎や肩甲骨について重点的にお伝えしていきます。なお、下半身についてはここまでお話した、前から見たバレエスタンスや横から見たバレエスタンスを参考にしてください。

□頭部は体の中心にある
□脊柱はまっすぐ、体は左右対称である
□肩甲骨は肋骨の上に静かに収まっている（出っ張っていない）
□脚、足は前から見たバレエスタンスと同じ
□腰、お尻は横から見たバレエスタンスと同じ

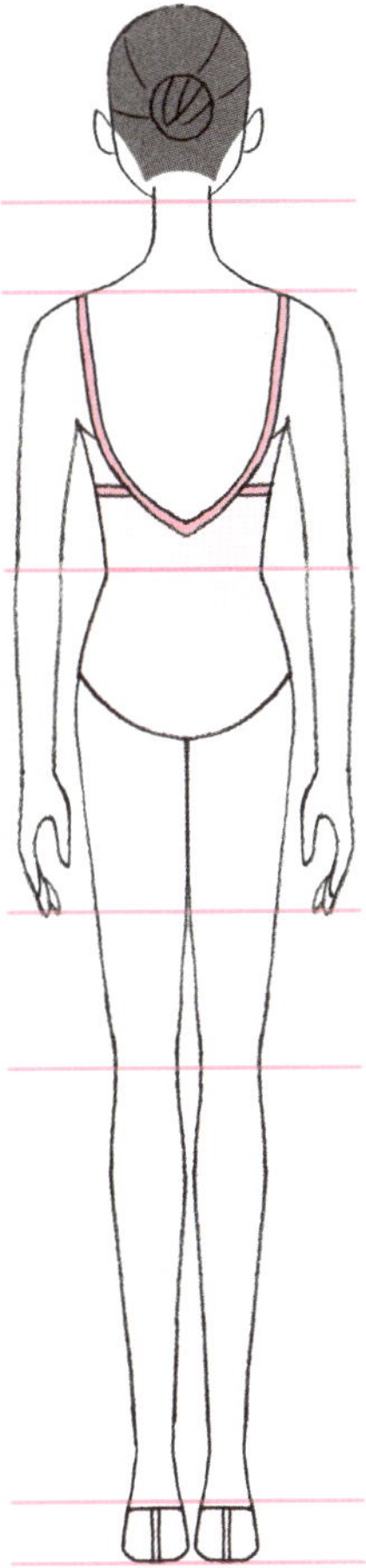

## 背骨のバランスに注目！

# 背骨はまっすぐですか？

バレエスタンスでは、後ろから見たとき背骨が体の中心にあることが望ましいのですが、私たち人間はそんなに左右対称にはできていません。日頃の体の使い方でどちらかに偏ってしまうことがあるので、レッスン中は意識し続ける必要があります。レッスン内容に偏りがあるとさらにひどくなりますので、成長期のダンサーは特に注意が必要です。

たとえば、コンクールの練習で同じバリエーションばかり繰り返していると、体は均等に使われなくなるため、上げる脚、回る方向などに偏りが出てきてしまいます。アラベスクでよく上げる脚側の背中の筋肉のほうだけが肥大してしまい、背中が曲がったように見えることもありますし、曲がったまま成長を続けてしまい取り返しがつかなくなることもあります。

だからこそ、体が成長過程の子供のダンサーは基礎レッスンを左右同じだけ繰り返す必要があるのです。

長期にわたるケガをしていたり、体のどこかに痛みがあるにもかかわらずそのまま放置しているダンサーも、背骨が曲がって見えるようになります。これは痛い部分を無意識にかばってしまうから。たとえば、ケガをしているほうの足でジャンプの着地をするのを避けたいのは当然で、もう一方の足ばかりで着地の練習をしていたりすると、筋肉のバランスが崩れてしまいます。ですから、そうやってレッスンを続けていると、

1つのケガがほかのケガにつながってしまうこともあるため、ダンサーはたとえ小さなケガでもしっかりと治しておく必要があるのです。

また、ダンサーだけの問題ではありませんが、重たいバッグをいつも同じ肩にかける、職場などで長時間、電話を耳と肩の間に挟んで話す傾向がある、同じ足ばかりを組むといったことも、筋肉のバランスが崩れ、背骨がまっすぐに見えなくなることにつながります。

脊柱側彎《そくわん》症と呼ばれる症状は、背骨が曲がったり、ひねられたりしているものです。

側彎症の中でも特に多いのが、「突発性側彎症」と呼ばれるもので、思春期に入った頃の女子に発症しやすいと言われています。生徒が薄着で体のラインがわかりやすいバレエスタジオでは比較的発見しやすい症状です。

脊柱側彎症の場合、もしくはその疑いがある場合、専門家に相談することをお勧めしますが、正しいバレエスタンスは側彎症の素晴らしいトレーニングになると覚えておいてください。

側彎症でもプリンシパルとしてバレエ団で踊っている人もいますし、オリンピックのメダリストもいます。背骨が曲がっていたとしても、自分の体と向き合い、できるかぎりまっすぐになるよう、筋肉を育てていきましょう。バレエスタンスを続けることで、自分の筋力で自分の背骨をサポートし、よりよい方向に育てていくことは十分可能です。

## 肩甲骨に注目！

# 肩甲骨は出っ張っていませんか？

肩甲骨は三角形の薄い骨で、背中を見ればその形がわかります。正しいバレエスタンスでは、どんなに体が華奢で肩甲骨の形が見えていても、出っ張っていてはいけません。

肩甲骨は肋骨の上にのっています。また肩甲骨、鎖骨、上腕骨は、肩関節と呼ばれ、体の中で一番可動域が広い関節をつくっています。動きの幅（可動域）が広い関節の骨は大きく動きますよね。つまり、肩甲骨を肋骨の上に収めておくためには、正しい肋骨のプレースメントという土台と、その周りの筋肉がバランスよく働く必要があります。

若いダンサーによく見られるバレエスタンスの間違いとして、肩甲骨が飛び出た〝ウイング〟という状態があります。難しい名前では、これを翼状肩甲骨《よくじょうけんこうこつ》と呼びます。文字通り、翼のように肩甲骨が出っ張っていることを指します。名前だけ見ると、〝天使の羽〟が出ている感じでかわいらしいのですが、肩甲骨がのっている肋骨と、その周辺の筋肉が弱かったり、アンバランスだった場合に見られる症状なので、バレエスタンスができていない証拠の1つです。自分で確認するのが難しく、指導中も見逃されがちなエリアですから、レッスン中にしっかりと意識してください。

レッスンで難しいポーデブラを行う前に、まっすぐ立ち、1番ポジションを始めとする基本的な腕のポジションをする中で、肩甲骨がしっかりと体の中に収ま

▶側彎用エクササイズ（P130～134）

っているか、必ず確認するようにしましょう。

側弯症の人たちの中には、肩甲骨を平らに収めておくことが難しい人もいます。これは肩甲骨がのっている肋骨が側彎とともに動いてしまうからです。肩甲骨の位置も、バレエダンサーには必要なスタンスですから、レッスンの中で意識して平らに収める練習をしていかなければなりません。ただ、自分で肩甲骨をチェックするのはとても難しいので、先生たちの協力も必要ですね。先生たちは、このような生徒がいたら、注意深く、そしてしぶとく指導してあげてください。

＊ポーデブラについてはP75～83も参考に。

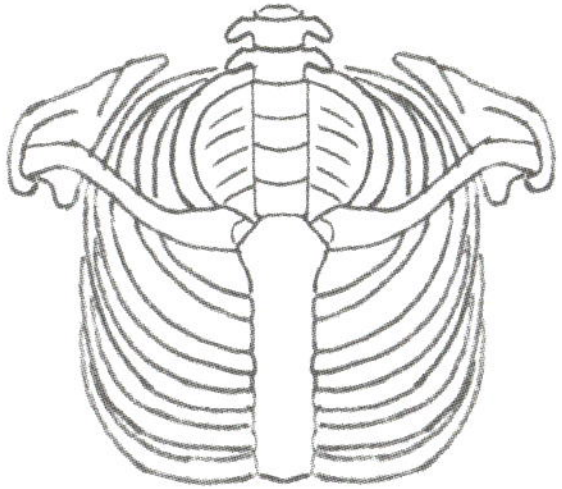
このように肩甲骨は肋骨の上にのっています。上半身の筋肉によって肩甲骨は支えられています。

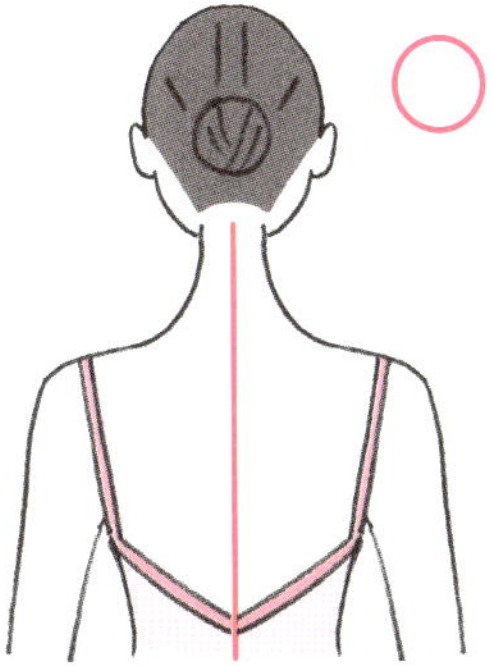
正しくはウイングが平らに収まっています。目に見えず可動域が広い、動きやすいエリアのためコントロールが難しい部分です。

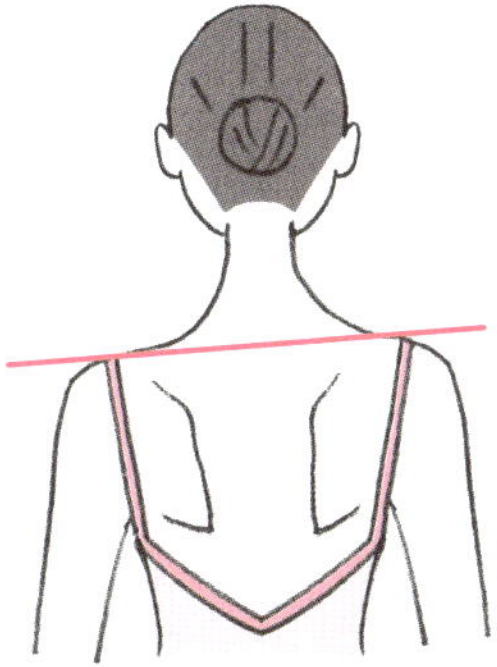
側彎症の人の肩甲骨は、高さ、位置が非対称に見えることがありますが、筋肉を育てることで見た目を改善することもできます。

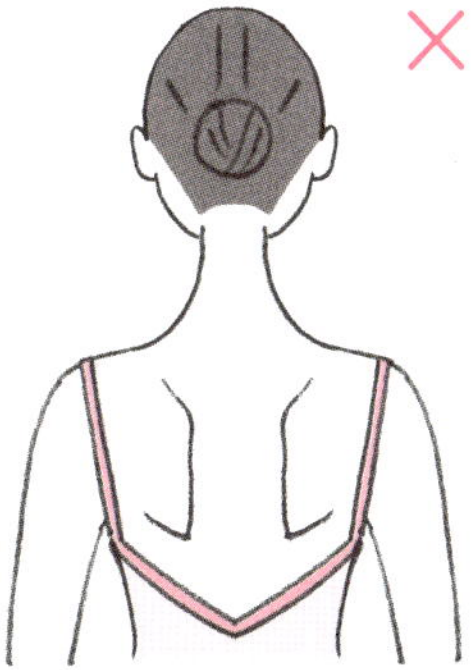
ウイングが出っ張っていると腕が安定せず、感情豊かなポーデブラができなかったり、回転で腕に振り回されてしまいます。

## よくあるお悩みQ&A

### Q 肋骨が開いてしまい、注意されます。

### A 肋骨と背骨の関係を理解することから始めましょう。

「引き上げよう」「よい姿勢にしよう！」と思えば思うほど、肋骨が持ち上がり、開いてしまう。「肋骨を閉じなさい」と言われたら背中が丸まったり、肩が前に落ちてしまったり……。どうしたらいいのかわからない！　という声はダンサーだけでなく、先生方からもよく聞きます。

この悩みを解決するには、まず肋骨と背骨の関係を知っておく必要があります。

肋骨は胸椎という背骨の一部分についています。ということは、背骨を動かさずに、肋骨を開く、もしくは前に押し出すことは不可能です（骨折や脱臼をしないかぎり）。

そういった理解がないままで背骨を伸ばそうとすると、胸椎のカーブを前に押し出すことで、背中がまっすぐになった〝感じ〟をつくってしまう人もいます。

P27で説明しましたが、背骨のアーチには意味があり、ダンサーの引き上げは、背骨のアーチをつぶすことでも真っ平らにすることでもありません。カーブをつぶさずに、最大限に背骨を引き伸ばすためには、カーブの両エンドを優しく引き伸ばす必要があります。この場合、胸椎を上下に伸ばすイメージです。

　このカーブを伸ばす感覚がもてると、むやみに胸椎を押し込む必要がなくなるため、そこについている肋骨が体の前に押し出されたり、開いてしまったりすることがなくなります。

　レッスンで「肋骨を閉じなさい」と言われたら、まず背骨がどの位置にあるのかを考えてみてください。もしかしたら、胸椎を前に押し出しているのかもしれません。そうしたら背骨を上に伸ばすかわりに、力んでしまっているんだなと気づくはずです。

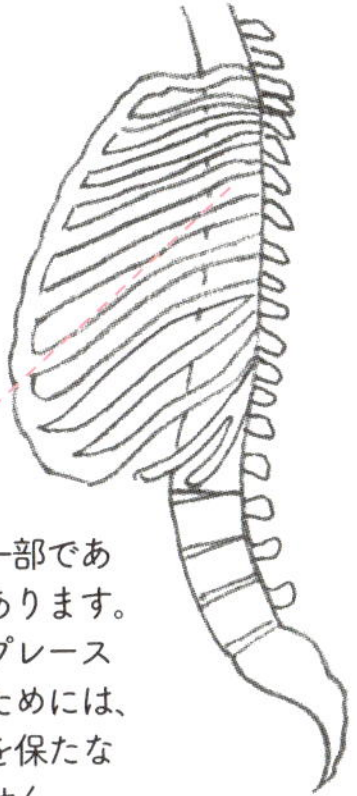

胸椎は背骨の一部であり、カーブがあります。肋骨を正しいプレースメントに置くためには、胸椎のカーブを保たなければいけません。

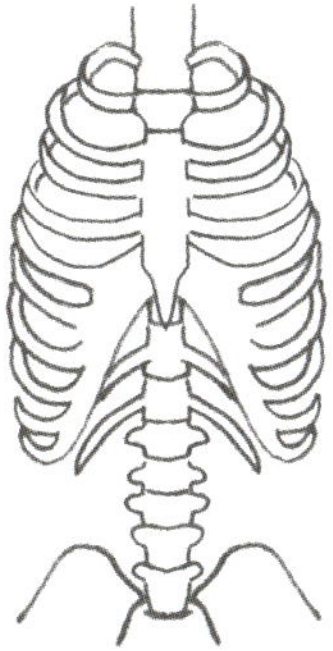

肋骨の後ろ側は背骨、上のほうは胸椎に付着し、かごのような形になっています。

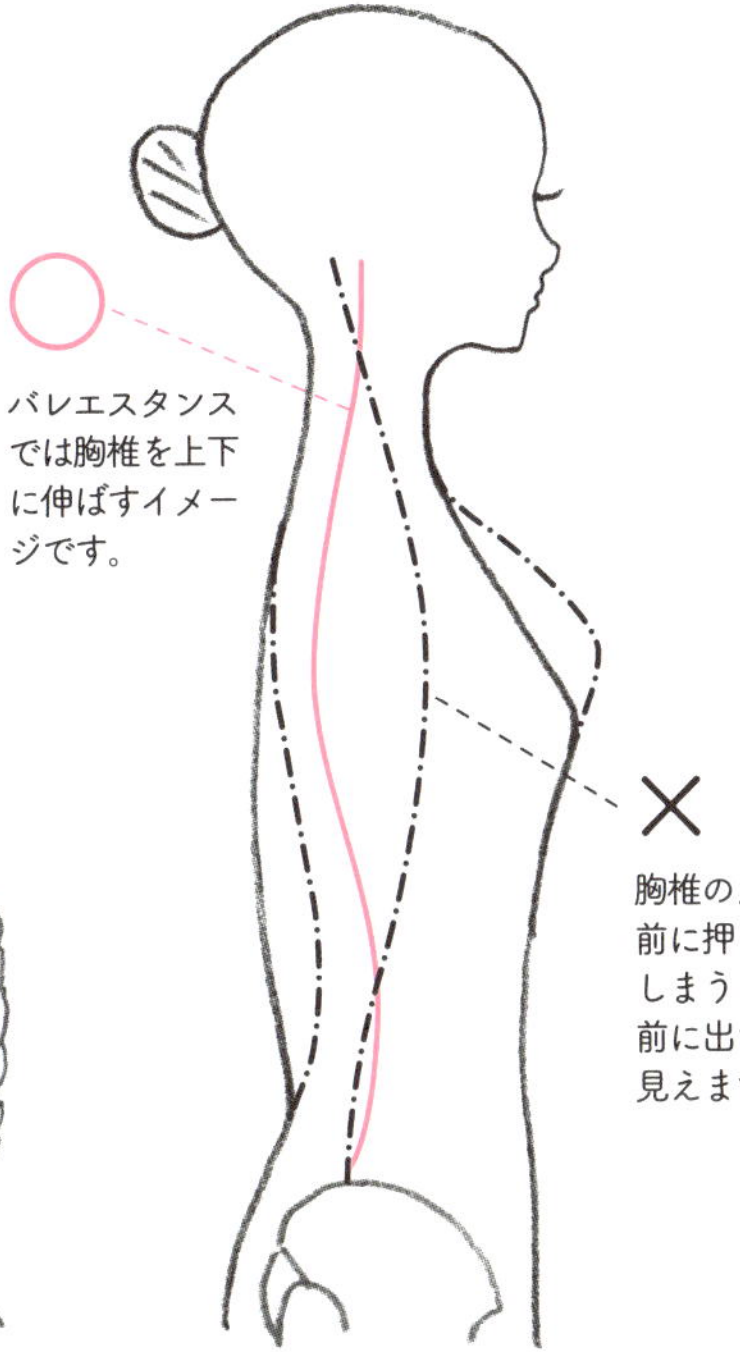
バレエスタンスでは胸椎を上下に伸ばすイメージです。
×
胸椎のカーブを前に押し出してしまうと肋骨が前に出て開いて見えます。

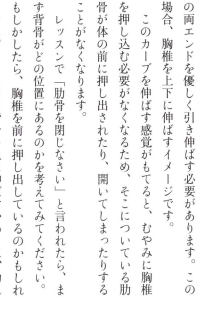

## Q 猫背がなかなか治りません。どうしたらいいでしょうか。

## A 日常から意識を変えてみましょう。

猫背もバレエスタンス初心者には大きな悩みです。バレエでは「胸を開きなさい」「肩を開きなさい」と注意されることがたくさんありますよね。先生に注意された瞬間は直すことができても、アンシェヌマンに集中したとたん猫背になってしまう人もいますし、ブラバーのときは大丈夫なのに、腕を1番ポジションや5番ポジションにしたとたん、ネコ化してしまうダンサーもいます。ピルエットやシェネを続けると、ネコになるダンサーもいます。

バレエスタンスをしっかりと身につけ、そのうえで正しく基本的なポーデブラの練習などをしていくと、猫背は自然と直っていくものですが、現代人の生活には猫背ハザードがたくさんあるのも事実です。パソコンや教科書などの重い荷物……。ストレスがたっぷりの生活で、帰宅の電車の中では背中が完全に丸まり椅子から滑り落ちそうな人もいますよね。

レッスンで気をつけるのはもちろんですが、週に3回1時間半のレッスンと、それ以外の日常生活の時間ではどちらが長いでしょう？　日常生活ですよね。猫背の改善はレッスンだけでなく日常生活からできるかぎり意識することが大切です。

▶猫背用ストレッチ＆エクササイズ（P116〜120）

# 自宅・オフィスでできる猫背対策法

私たちの暮らしでは、パソコン、タブレット、スマートフォンがもはや欠かせないものになっています。一日中踊っているバレエ学校の生徒でなければ、このようなデバイスを使っている時間のほうがレッスンの時間よりも長いでしょう。ということは、そのときの姿勢を正しく保つことができたら、バレエスタンスをより早く身につける近道になるはずです。

**マウス、キーボードは体の近くに置きましょう**

マウスやキーボードの位置が胴体から離れると肩が前に引っ張られ猫背の元に。体の近くに置くだけで、姿勢を保つのが楽になり、肩こりも軽減されます。

**パソコンはスクリーンを高く**

目線を上げるためにパソコンのスクリーンの下に参考書などを入れてリフトアップ。ノートパソコンの場合は、外付けのキーボード、マウスを準備して。目線が変わるだけで、頸椎への負担を改善することができます。

**足の下に靴箱などを入れて足を組めないようにしてみます**

脚を組んでしまう癖がある人や、座っているときに腰が落ちてタックになる人に向いているサポートです。足の裏全体が床についていると、骨盤を安定させることができるので、猫背も改善されていきます。

# バレエスタンスは日々の積み重ねから

バレエスタンスを前、横、後ろから分析してみましたが、いかがでしたか？

「姿勢を正しく！」と言われても、正しい姿勢というものが理解できていないと直すことはもちろん、自分の癖を見極めることも、生徒に説明することもできません。レッスン中の注意を理解し、解決するためには、バレエスタンスの重要性を理解していただけると嬉しいです。

P14〜15のチェックリストを、毎回のレッスンでぜひ活用してください。レッスン前に確認、自習の時間を使って1つずつ練習、もしくは「今日は足の指を意識する日！」など日常生活の中でテーマを決めてもいいかもしれませんね。

最初にお話したように、バレエスタンスは筋肉を使います。ですから、最初はバレエスタンスをするだけで疲れてしまう人もいるでしょうし、筋肉痛になることがあるかもしれません。でもがっかりしないでください。筋肉なので、鍛えれば強くなるポテンシャルがあるということなのです。諦めず、コツコツと努力してください。

Chapter.2

# 各ポジションでの正しい姿勢

## ～バレエスタンス実践編～

基本的なバレエのポジションから
バレエスタンスを実践してみましょう。

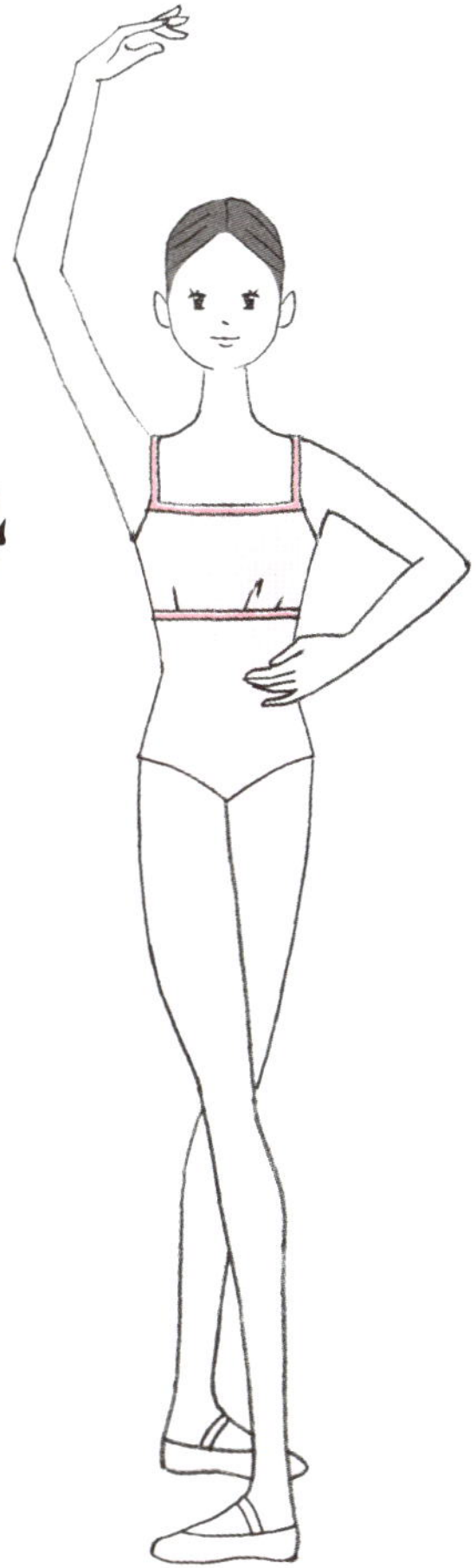

# バレエスタンスが保たれた正しいポジション

このページは「ポジション別早見表」にもなっています。毎日のレッスンで活用してください。

**1番ポジション**

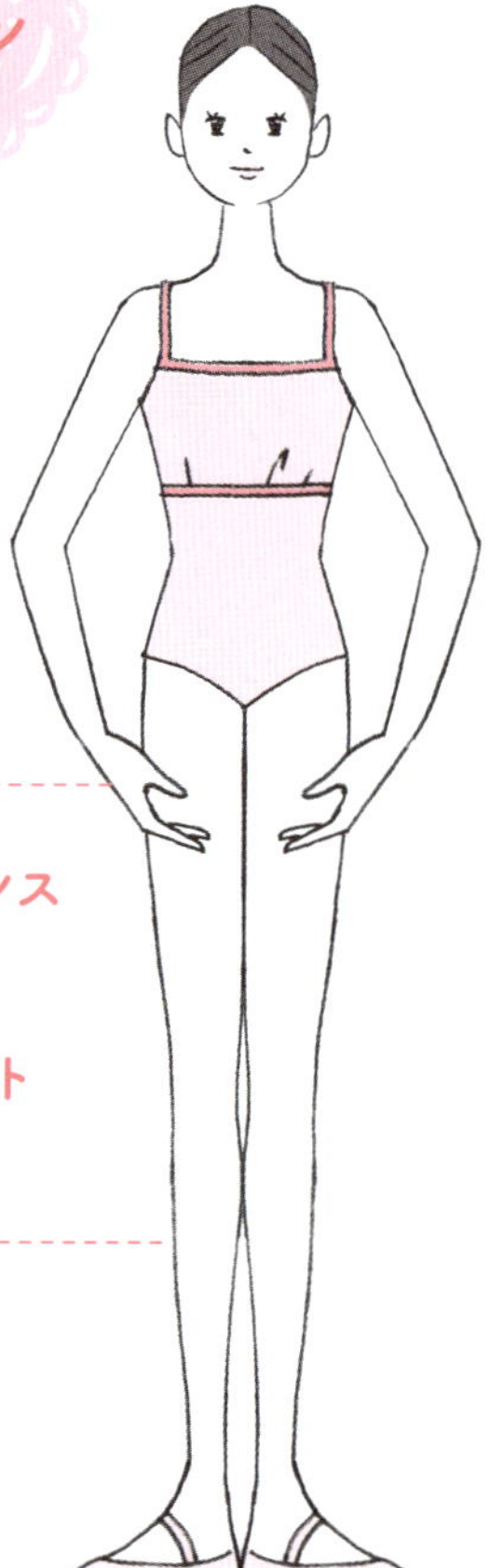

バレエスタンス
＋
脚を
ターンアウト
するだけ

**2番ポジション**

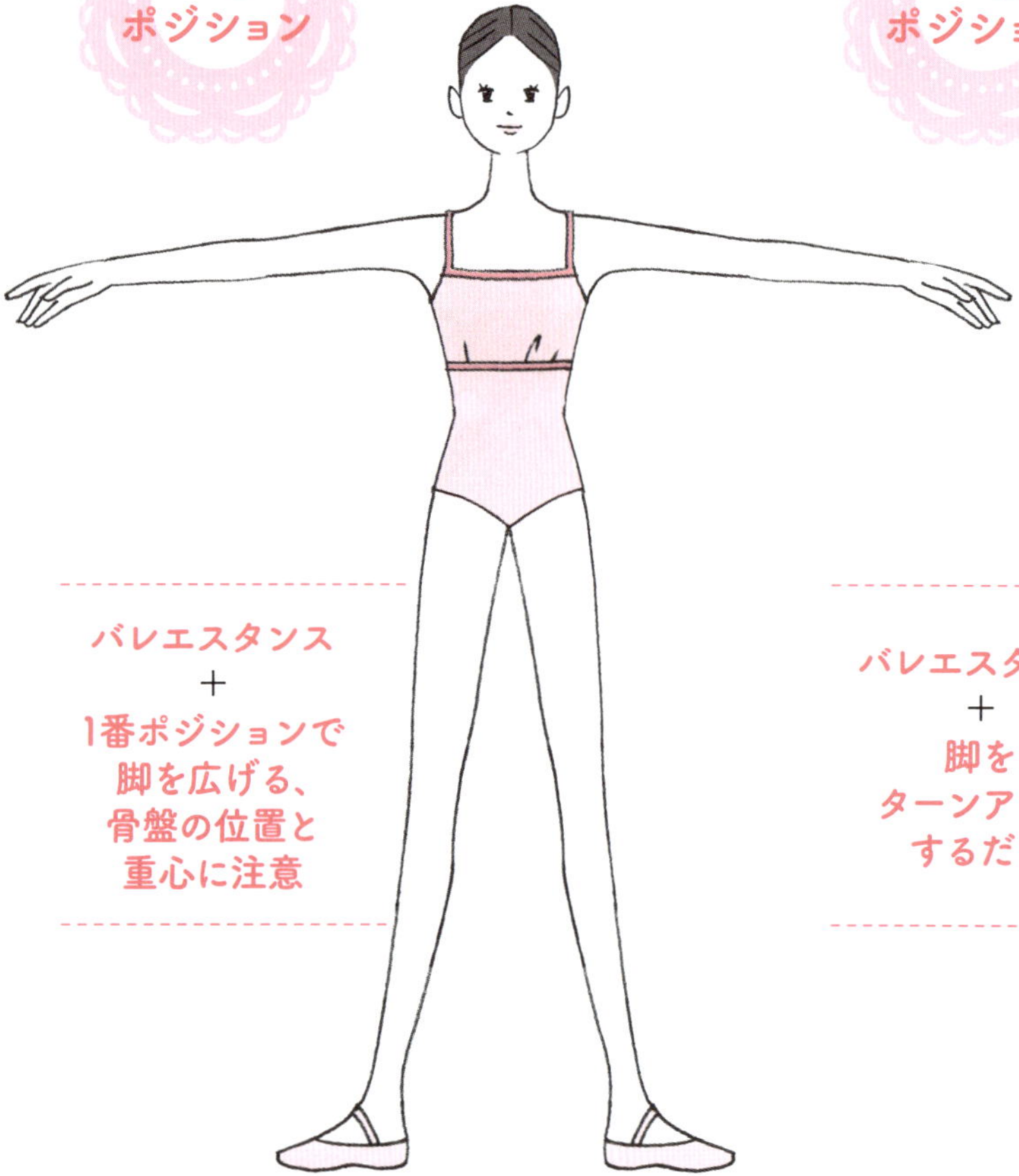

バレエスタンス
＋
1番ポジションで
脚を広げる、
骨盤の位置と
重心に注意

## 5番 ポジション

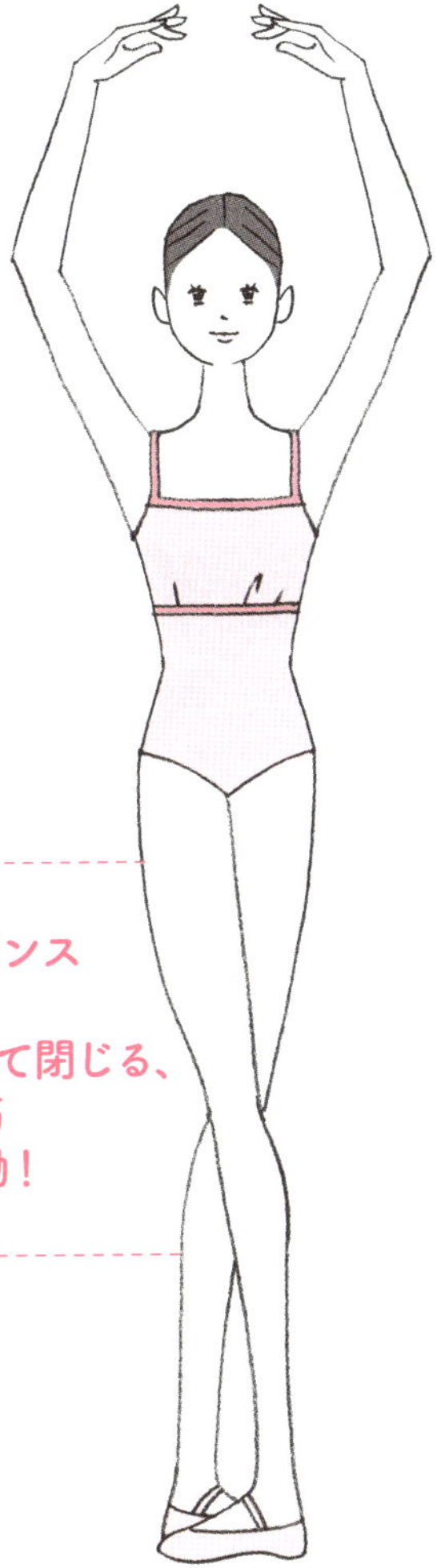

バレエスタンス
＋
両脚をクロスして閉じる、
内転筋
フル稼働！

## 4番 ポジション

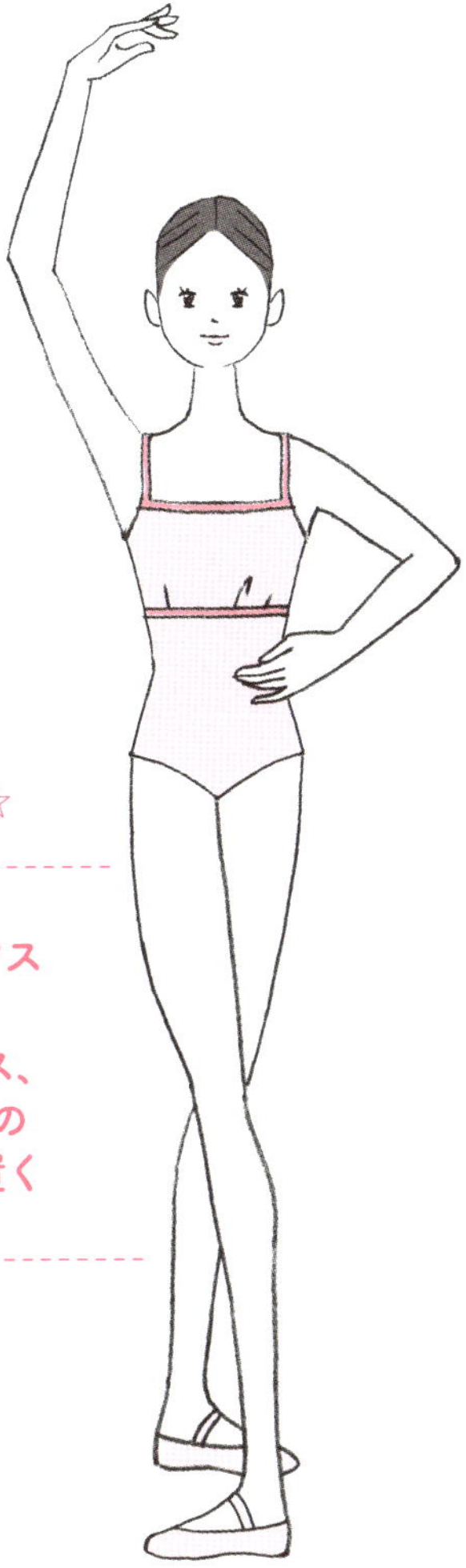

☆難易度高☆

バレエスタンス
＋
両脚をクロス、
重心を両脚の
センターに置く

# バレエスタンス＋脚をターンアウトするだけ

この章では実際にレッスンで使えるバレエスタンスを考えていきます。基礎的なポジションの説明をしていきますが、「わかってるよ」と読み飛ばさず、しっかりとチェックしてみてください。

バレエの基本のポジションといったらまずは1番ポジションです。この1番ポジションと、今まで説明してきたバレエスタンスとの違いは、両脚がターンアウトされているところだけ。「そこだけ」なのです。

つまり、足をターンアウトしたからといって、重心が変わったり、背骨アーチが変わったり、骨盤の三角形が崩れたりしないということ。本当に「そこだけ」なのですが、ターンアウトしたとたん、バレエスタンスを忘れてしまうダンサーはたくさんいます。1番ポジションになっただけでバレエスタンスが崩れてしまったら、踊り始める前からスタンスが崩れてしまっていることになりますよね。

1番ポジションになったとたん、バレエスタンスができなくなってしまう理由は2つあります。

1つは、実は基本のバレエスタンスができていないこと、もう1つは、ターンアウトができていないことです。

ターンアウトに苦手意識をもっているダンサーはとても多いので、「ターンアウトができていない」と言われると、「私はターンアウトができない骨格なんだ」と諦めてしまう人が多いのですが、バレエスタンスができていない人のほうが実際は大多数だと感じています。

バレエスタンスを正しく保つことができると、ターンアウトに必要な筋肉たちを一番使いやすい状態に置くことができ、結果的にターンアウトがしやすくなります。そう、立ち方を変えるだけで、ターンアウトが上達してしまうのです。素晴らしいですよね。

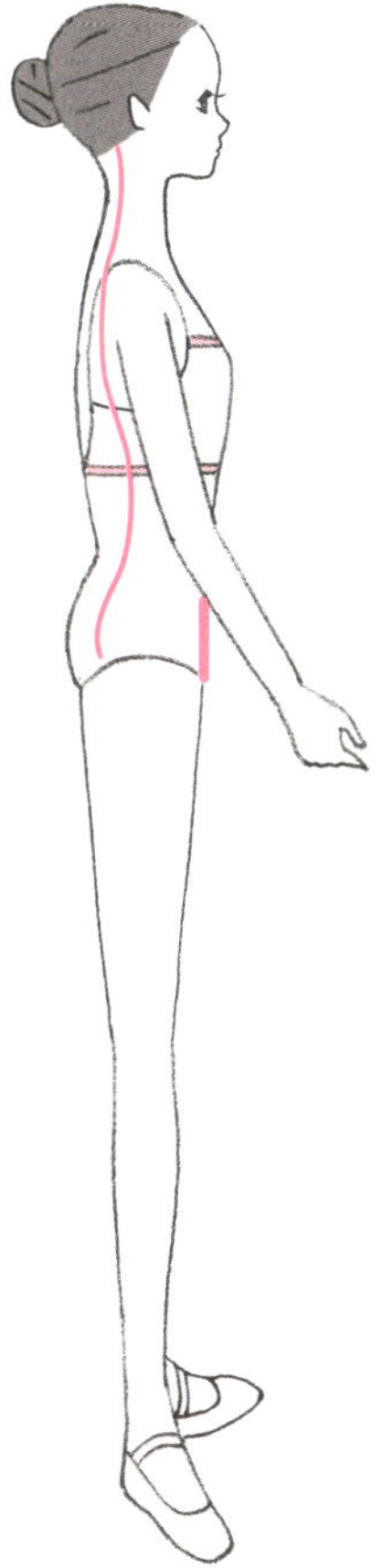

ターンアウトしても背骨のラインが崩れることはありません。

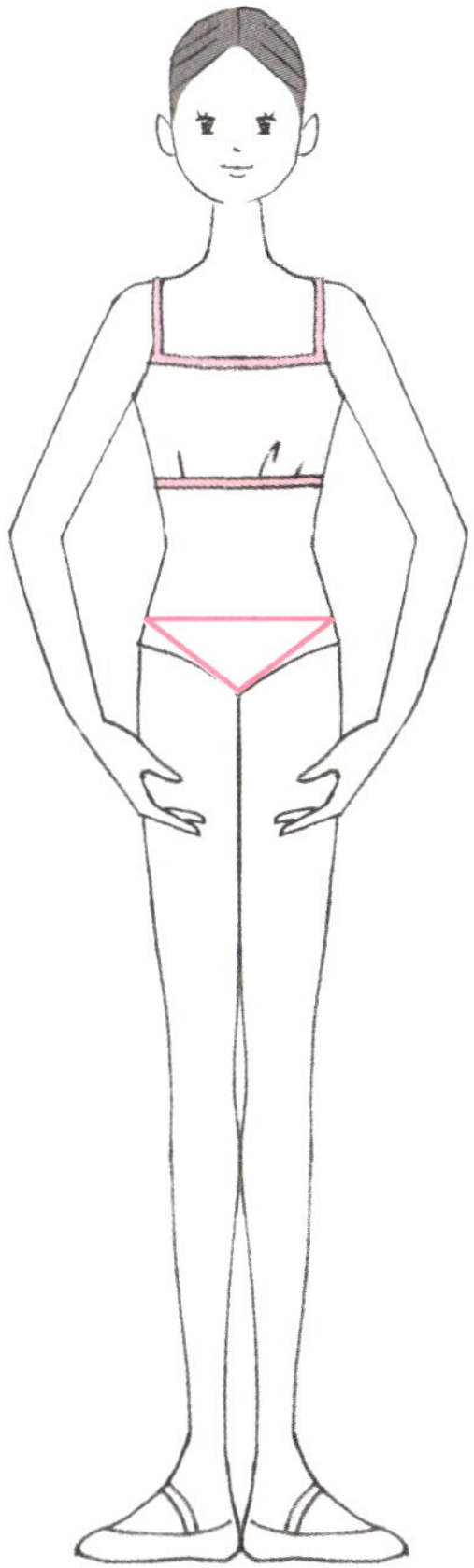

1番ポジションは、「バレエスタンス＋ターンアウト」。骨盤の三角形（P31）を意識して。

# ターンアウトとは？

ここで「ターンアウト」を掘り下げたいと思います。

ターンアウトのことを解剖学では、「大腿骨《だいたいこつ》（太ももの骨）の外旋《がいせん》（外に回すこと）」と呼びます。

P11の「解剖学の超基本用語」の説明で関節は2つ以上の骨の組み合わせにより、動きが生まれる場所とお伝えしました。股関節というのは骨盤と大腿骨（太ももの骨）でできている関節です。つまり、正しいターンアウトは股関節の中の動きになります。ということは、ターンアウトしたからといって、背骨のラインが崩れることも、肩の高さが変わることもないはずなのです。それらの関節とターンアウトする関節はまったく別物なのですから。

P12のイラストをもう一度見てください。大腿骨の上部と、上腕骨の上部の形が丸くなっています。このような関節を球関節《きゅうかんせつ》と呼びます。この形のおかげで、肩関節と股関節は自由にさまざまな方向へ動くことが可能なのです。よって、股関節からターンアウトをつくった場合、バレエスタンスが崩れることがないわけです。

バレエダンサーにとって股関節からのターンアウトはもちろん必要不可欠ですが、それだけでは十分ではありません。1番ポジションも含め、すべてのバレエのポジションでは、股関節のターンアウトをできるかぎり使い、そこにプラスして膝関節、足関節も動きます。ただ足首や膝は誰でも簡単にひねることができてしまうため、レッスンでは、「膝関節や足関節をひねりなさい」と注意することはほとんどありません。

股関節からのターンアウトが強調されるもう1つの理由は、股関節からのターンアウトをつくりだす筋肉たちがしっかりと働くと踊りが安定するからです。

この筋肉たちは「外旋六筋《がいせんろっきん》」と呼ばれ、お尻の深い部分にあります。骨盤と大腿骨を結んでいるこの筋肉たちの第一の仕事は、骨盤を安定させる、つまり体を安定させること。そう、正しいターンアウトができると、踊りも上達するということなのです！　外旋六筋を使う、という感覚は最初は難しいかもしれません。ですが、両方の坐骨を寄せて、お尻の下のほう（レオタードとタイツのラインあたり）の筋肉を引き締めたまま、腰骨のあたりやお尻の横、太ももなどに力が入っていないかを確認するだけでも最初はＯＫです。膝下だけをひねった見せかけのターンアウトでなく、お尻の深い部分にある外旋六筋をしっかり使い、強化していくようレッスン中は意識してください。

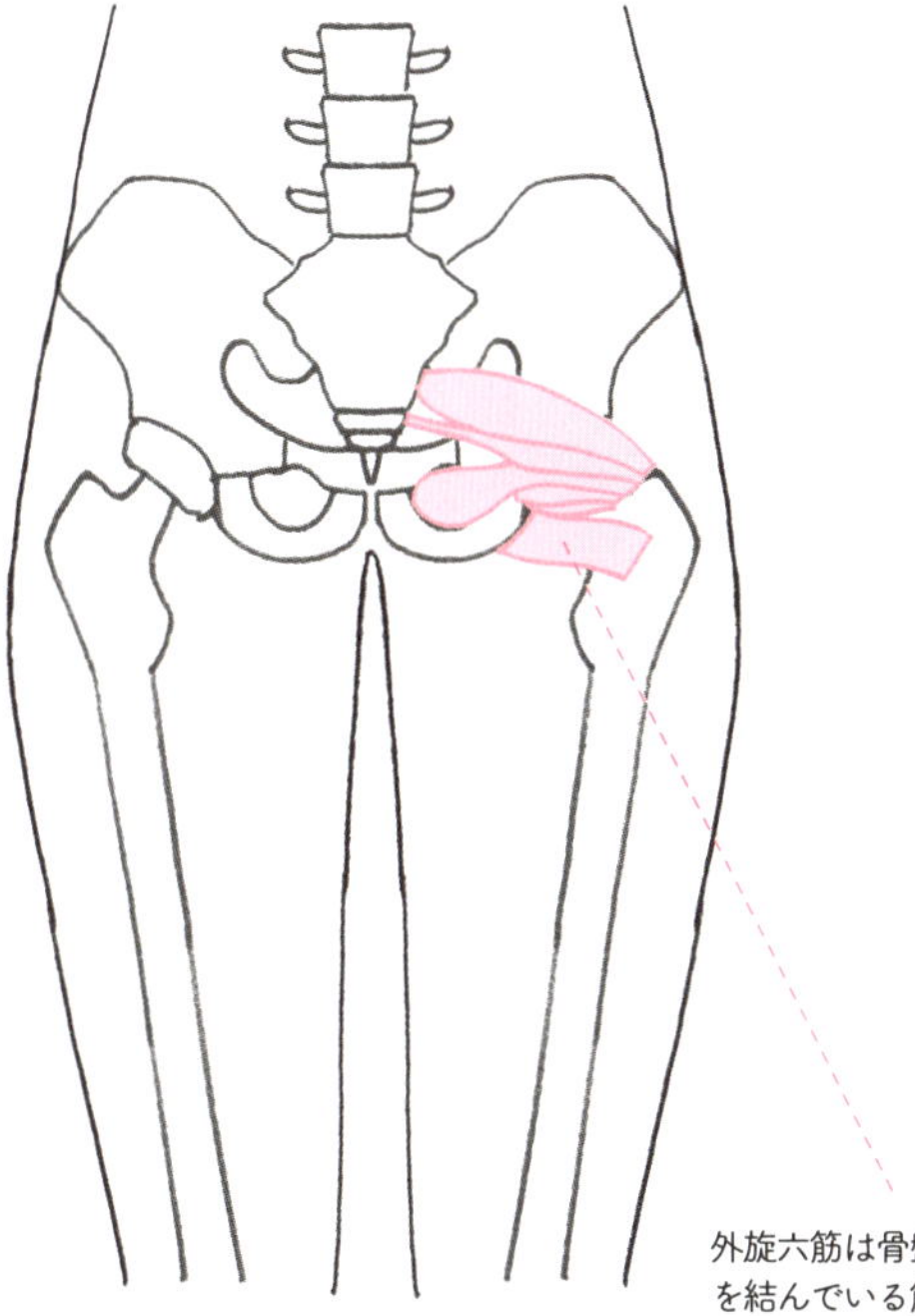

外旋六筋は骨盤と大腿骨を結んでいる筋肉。バレエスタンスができると体が安定し、効率的に「立つ」ことができます。すると外旋六筋は「体を支える」という仕事が減り、ターンアウトに力を注ぐことができます。

# 1番ポジションにすると膝がぶつかってしまう人（反張膝）

反張膝（P25）の人は、1番ポジションにするのが苦手です。なぜなら、後ろに入り込んだ膝同士がぶつかってしまうから。でも、少し膝が反張していたとしても、バレエスタンスをつくり、必要な筋肉を育てることによって1番ポジションでもかかとを閉じることはできるのです。

「私は膝がぶつかっちゃうから」と、かかとを閉じる練習を怠けていると、膝を押し込む癖がどんどんひどくなってしまったり、膝関節を守ってくれる靭帯に負荷をかけすぎてしまったりして、関節を痛める原因になります。

膝蓋骨《しつがいこつ》（膝のお皿）は上下左右に動きます。膝蓋骨を持ち上げるように意識すると、膝周りの筋肉が引き上がります。膝が中に入りすぎてしまう反張膝の人は、もともと膝周りの靭帯のサポートが少ないため、これらの筋肉を強化することがケガ予防や軸足のコントロールにとても役立ちます。バレエスタンスを練習する中で、しっかりと育てていきましょう。

逆に膝が伸びきらない人は、膝を押し込むことで膝を伸ばそうとしてしまうため、無駄な筋肉を育ててしまったり、スムーズにプリエができなくなってしまいます。「膝を伸ばす＝膝のお皿を引き上げる」と考えてレッスンをしてくださいね。膝を伸ばすストレッチはChapter3で紹介しています。

# 靭帯の仕事とは？

靭帯《じんたい》という言葉を聞いたことがない人はほとんどいないでしょう。靭帯は、骨と骨を結ぶひもの束のようなもので、関節を支えるという、とても大切な仕事を受け持っています。筋肉のように動きをつくるものではなく、サポートが仕事なので、ほぼ弾力性がなく、簡単には伸びないようにできています。

靭帯が長ければ骨と骨を結んでいるひもが長いということで、その関節の可動域が広くなります。つまりその関節の柔軟性があるということですが、いいことばかりではありません。

生まれつき靭帯が長い骨格は安定しにくいため、しっかりと筋肉を鍛えて関節を守らなければ、ケガにつながってしまいます。

体の柔らかいダンサーはほかの人たちよりももっと筋肉を鍛えるようにしましょう。ダンサーの体は強く、柔らかくなくてはいけません。どちらか1つではダメということを覚えておきましょう。

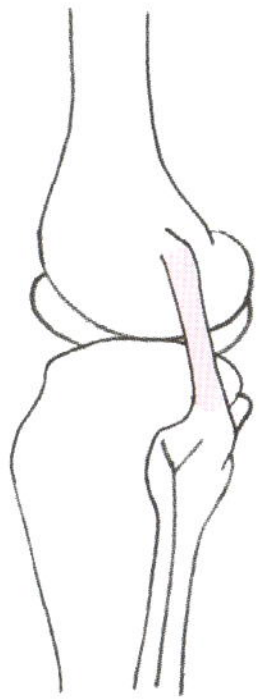

関節が伸びているとき、靭帯はピーンと張っています。これが関節を安定させてくれているのです。

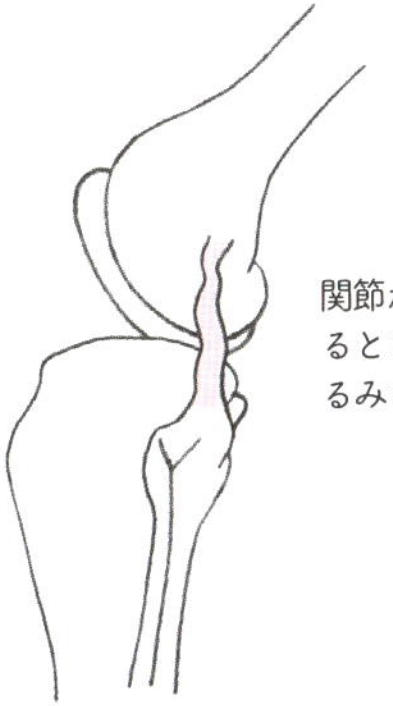

関節が曲がっているとき、靭帯はゆるみます。

# 関節の可動域とは？

靭帯が長いと可動域が広がるというお話をしましたが、その可動域について、一緒に考えていきましょう。

可動域は、関節が問題なく「動くことが可能〈可動〉」な「範囲〈域〉」を意味します。つまり可動域を超えて動かしてしまうとケガにつながってしまいます。

可動域を超えたことで起こるケガの代表が脱臼です。関節が動く方向や範囲を超えてしまい、骨が本来ある関節の位置からずれることで起こるケガです。またダンサーに多くある、甘く見られがちな捻挫も、足首の可動域を超えたことで起こる症状といえます。

体が柔らかいダンサーは、一般的な人よりも関節の可動域が広いものです。スプリッツ（前後開脚）をしても、体の柔らかいダンサーはケロッとしていますが、スプリッツ自体、普通にできる人はそんなにいないでしょう。

バレエのレッスンはよくできていて、バーレッスンという、サポートがある段階でまっすぐ立つところから始まり、タンジュ、ジュッテ*、デベロッペ*、グランバットマンとじょじょに股関節の可動域を大きくしていきます。こうしたレッスン構成は、無理なく、無駄なく体の柔軟性を上げるためのトレーニングになっているのです。

そこができて初めて、センターでバランスをとったり、グラン・パ・ド・シャ*などのジャンプの中で高く脚を上げる動きが入ってくるわけです。

もしデベロッペの脚が高く上がらなくて悩んでいる人がいた

ら、無理やりストレッチをする前に、バレエスタンスを再確認してください。バレエレッスンが何百年も同じ形で受け継がれていることには意味があるのです。

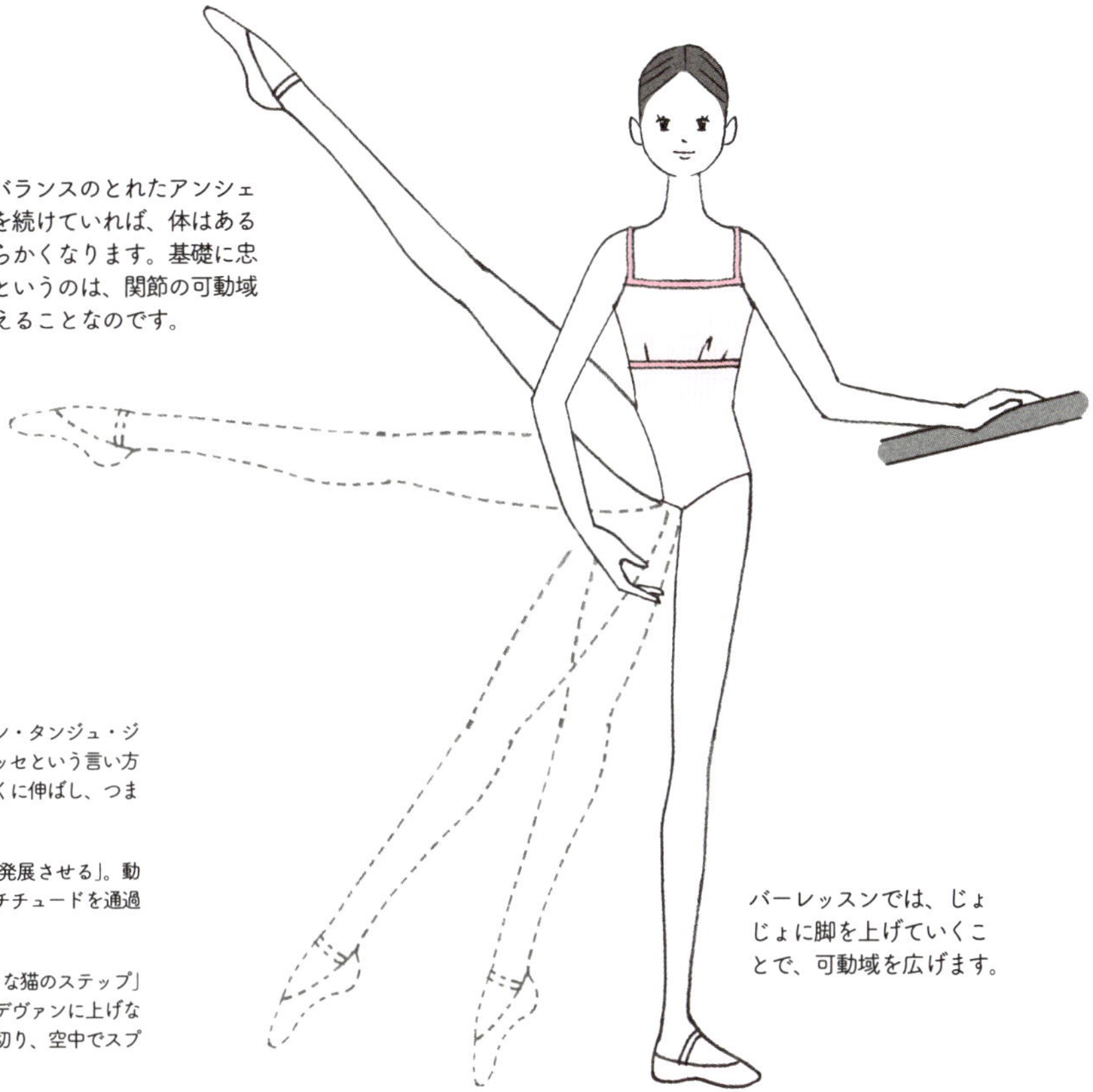

正しくバランスのとれたアンシェヌマンを続けていれば、体はある程度柔らかくなります。基礎に忠実に、というのは、関節の可動域でも言えることなのです。

バーレッスンでは、じょじょに脚を上げていくことで、可動域を広げます。

**＊ジュッテ** 正式にはバットマン・タンジュ・ジュッテといい、デガジェ、グリッセという言い方も。タンジュからさらに足を遠くに伸ばし、つま先を床から離すステップ。

**＊デベロッペ** フランス語で「発展させる」。動脚をクドゥピエ、ルティレ、アチチュードを通過させて伸ばしていく動き。

**＊グラン・パ・ド・シャ** 「大きな猫のステップ」という意味。片脚の膝を曲げてデヴァンに上げながら、もう片方の脚で床を踏み切り、空中でスプリッツになるジャンプ。

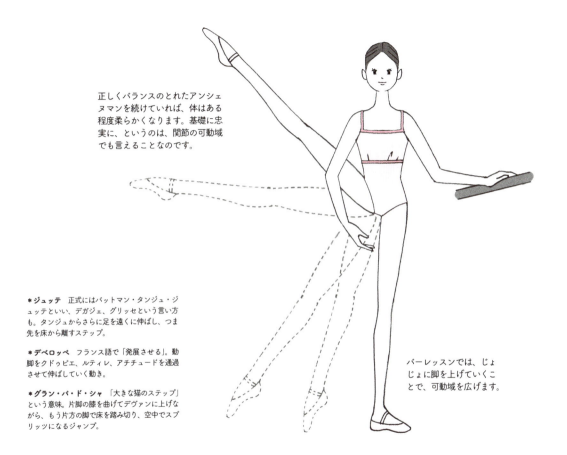

# バレエスタンス＋1番ポジションで脚を広げる、骨盤の位置と重心に注意

4番や5番のように脚をクロスさせる必要もなければ、1番のように両方の脚をしっかりと真ん中に集めておく必要もありませんから、2番ポジションの「形」をつくるのは簡単です。

脚をどれくらい開いて立つかは、メソッドや先生、そして2番ポジションがどこで使われているかによっても変わってきます。

たとえば、ポワントで2番ポジションからルルベする場合、広すぎると立つことができません。

タンリエで2番ポジションを通過する場合も、どれだけの距離を移動しなければいけない振り付けなのかによって、2番ポジションのサイズは変わってきます。ただどんな広さだとしても、バレエスタンスを応用するという点は変わりありません。

1番ポジションのときと同様に、骨盤から上は基本のバレエスタンスと完全に同じでなくてはいけません。

2番ポジションで難しいこと、それはプリエを始めたとたん骨盤が動いてしまう人がいることです。

もちろん2番ポジションでなくてもこの問題は出てきます。ただ2番ポジションは簡単に形になるために、ごまかしても気づかない、あるいは見えにくいポジションなのです。ここでしっかりと確認しましょう。

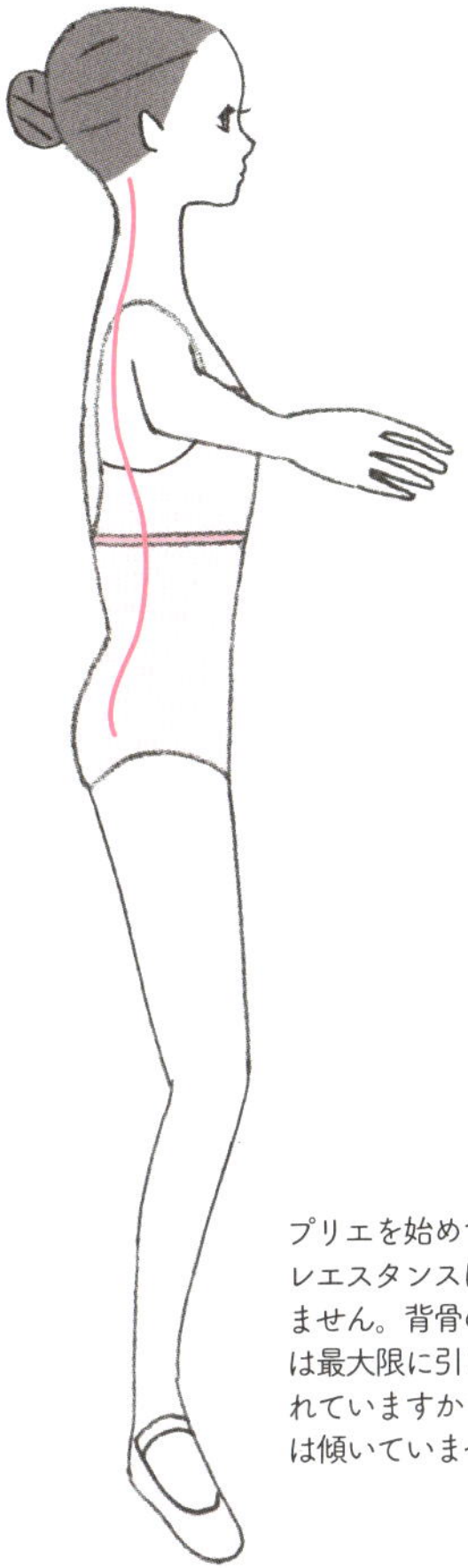

プリエを始めても、バレエスタンスは変わりません。背骨のカーブは最大限に引き伸ばされていますか？　骨盤は傾いていませんか？

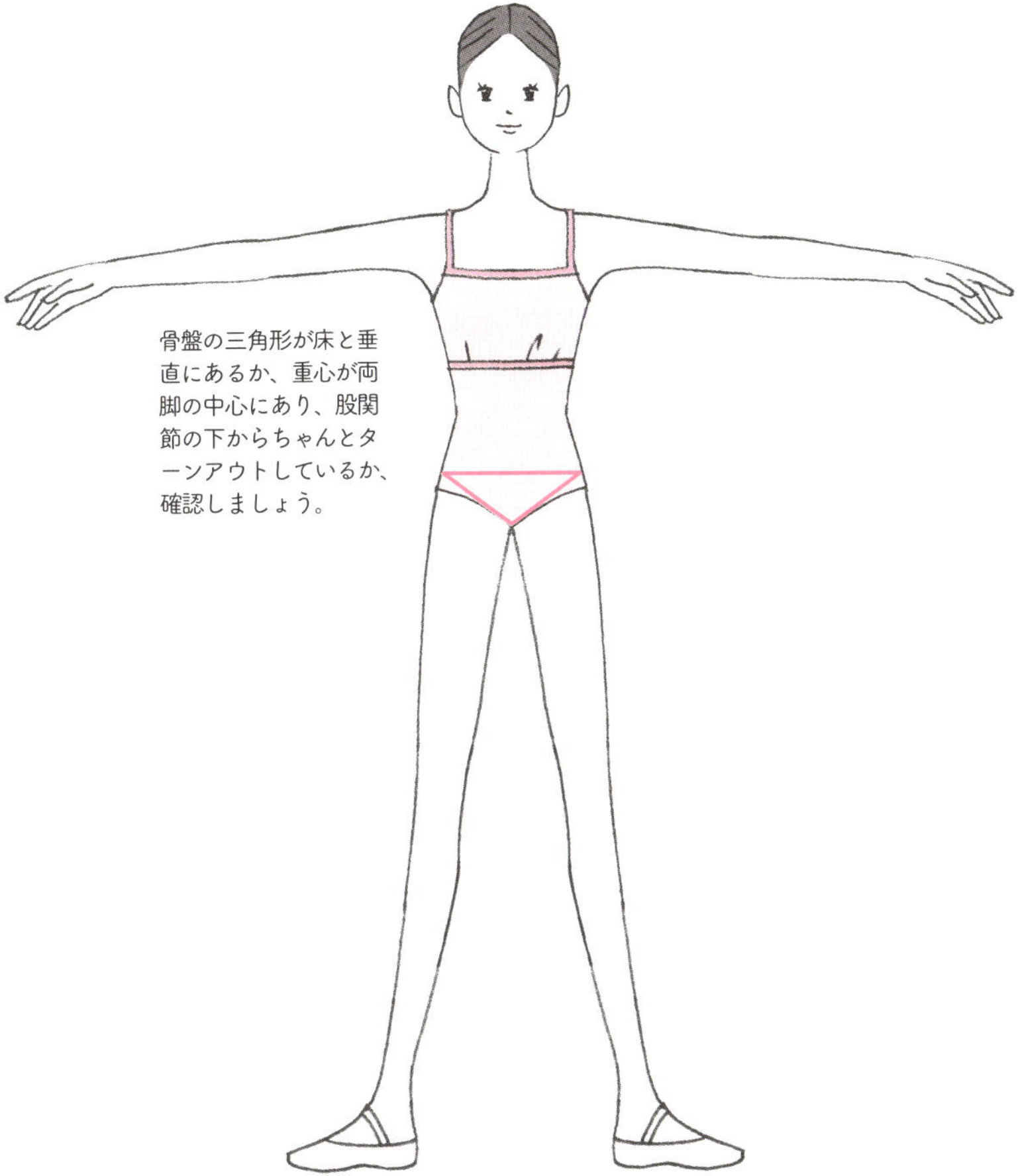

骨盤の三角形が床と垂直にあるか、重心が両脚の中心にあり、股関節の下からちゃんとターンアウトしているか、確認しましょう。

# プリエをしたとたん、タックちゃんになってしまう人

まず、タックちゃんとダックちゃんときいて頭に思い浮かばない人は、P32~33で説明していますので、復習してくださいね。

プリエに入ったとたんタックちゃん（骨盤後傾）になってしまう人は、プリエで膝が前に落ちてしまうことで、骨盤が大腿骨に引っ張られ、後ろに傾いてしまうケースが多いのです。なぜそうなるのか。それは、正しくターンアウトができていないからです。

外旋六筋を使わず、床の摩擦だけを使って「形だけの」2番ポジションをつくっている人は、たとえそれがデミプリエのように小さな動きだとしても、動きだすとすぐにばれます。2番ポジションが簡単だからといって、ターンアウトする筋肉を使うことを忘れてしまってはいけません。

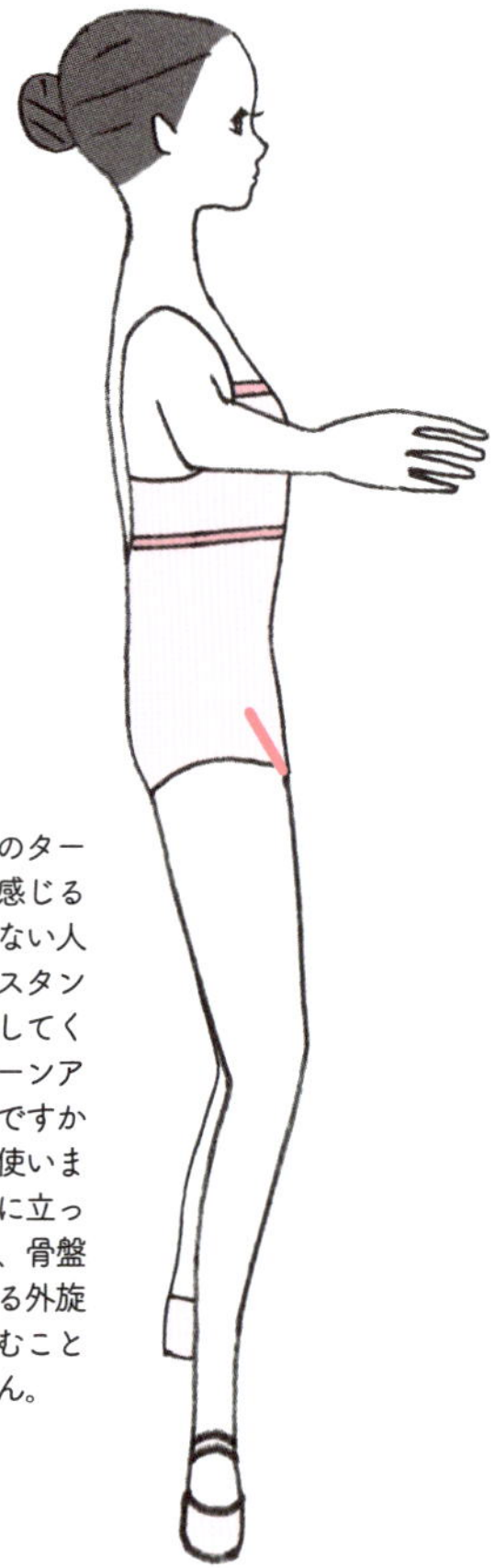

×

股関節からのターンアウトを感じることができない人は、バレエスタンスを再確認してください。ターンアウトは動きですから、筋肉を使います。意識的に立っているとき、骨盤を安定させる外旋六筋がゆるむことはありません。

# プリエから戻ってくるときダックちゃんになってしまう人

プリエから元の姿勢に戻ってくるときにお尻が出てしまうダックちゃん（骨盤前傾）も多く見られます。これはプリエから膝を伸ばすときに、上半身のバレエスタンスが失われてしまっていることが原因です。

当然ですが、プリエから戻るときに体は上に動きます。このとき、膝が伸びるためのスペースを、骨盤を持ち上げることでつくらなければいけません。

しかし上半身のバレエスタンスが保たれていないと、上半身を持ち上げる筋肉がゆるみ、プリエの動きと一緒に体を動かすことができません。でも、膝は伸ばさなければいけない。すると、下半身と上半身の間に挟まれた骨盤を逃がすことでスペースをつくろうとしてしまうのです。背骨のカーブをつぶし、骨盤を前に傾けてスペースを稼ぎ、膝を伸ばしているわけですね。

×

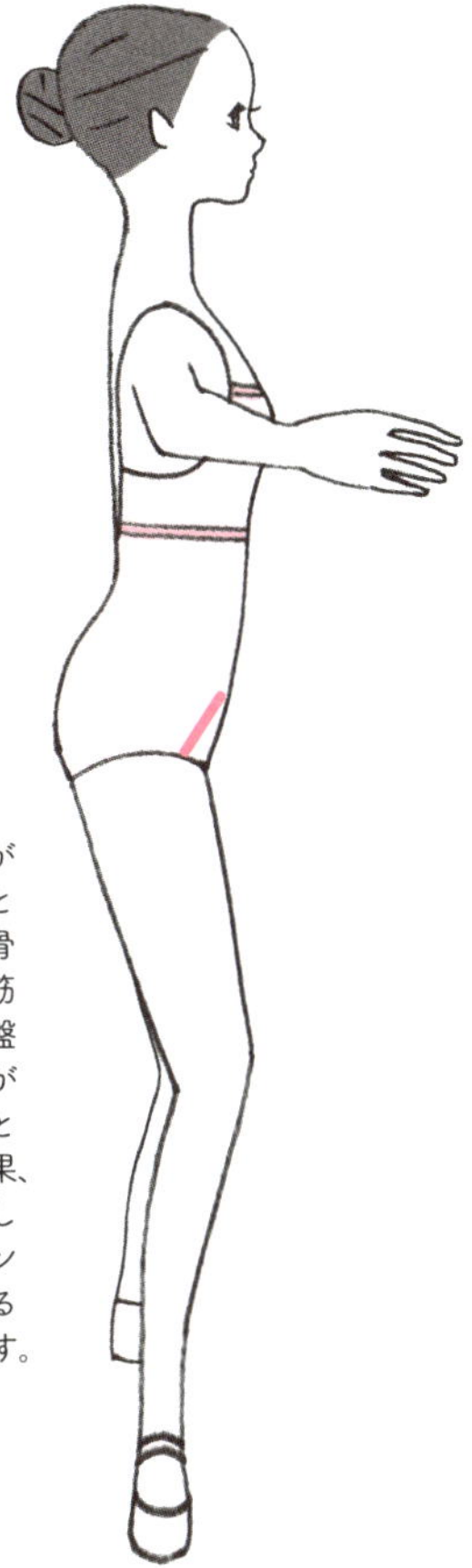

バレエスタンスが保たれていないということは、肋骨と骨盤を結ぶ腹筋や、大腿骨と骨盤を結ぶ外旋六筋が働いていないことになります。結果、おなかが抜けてしまったり、ターンアウトが失われる原因にもなります。

## 骨盤が傾いていませんか？

1番ポジションでのプリエが終わり、タンジュして2番ポジション……。あれ？　骨盤（正確には腰骨）の高さが違う、なんてことありませんか？　しっかりと重心移動ができていない、またはタンジュしたときに骨盤がすでにずれていて、そのまま2番になってしまった！　というのが原因です。ということは、1番と2番ポジションの間でバレエスタンスが失われてしまったということ。

脚のポジションによらず、両脚で立っているときは必ず左右の骨盤の高さが同じであることを忘れないでください。

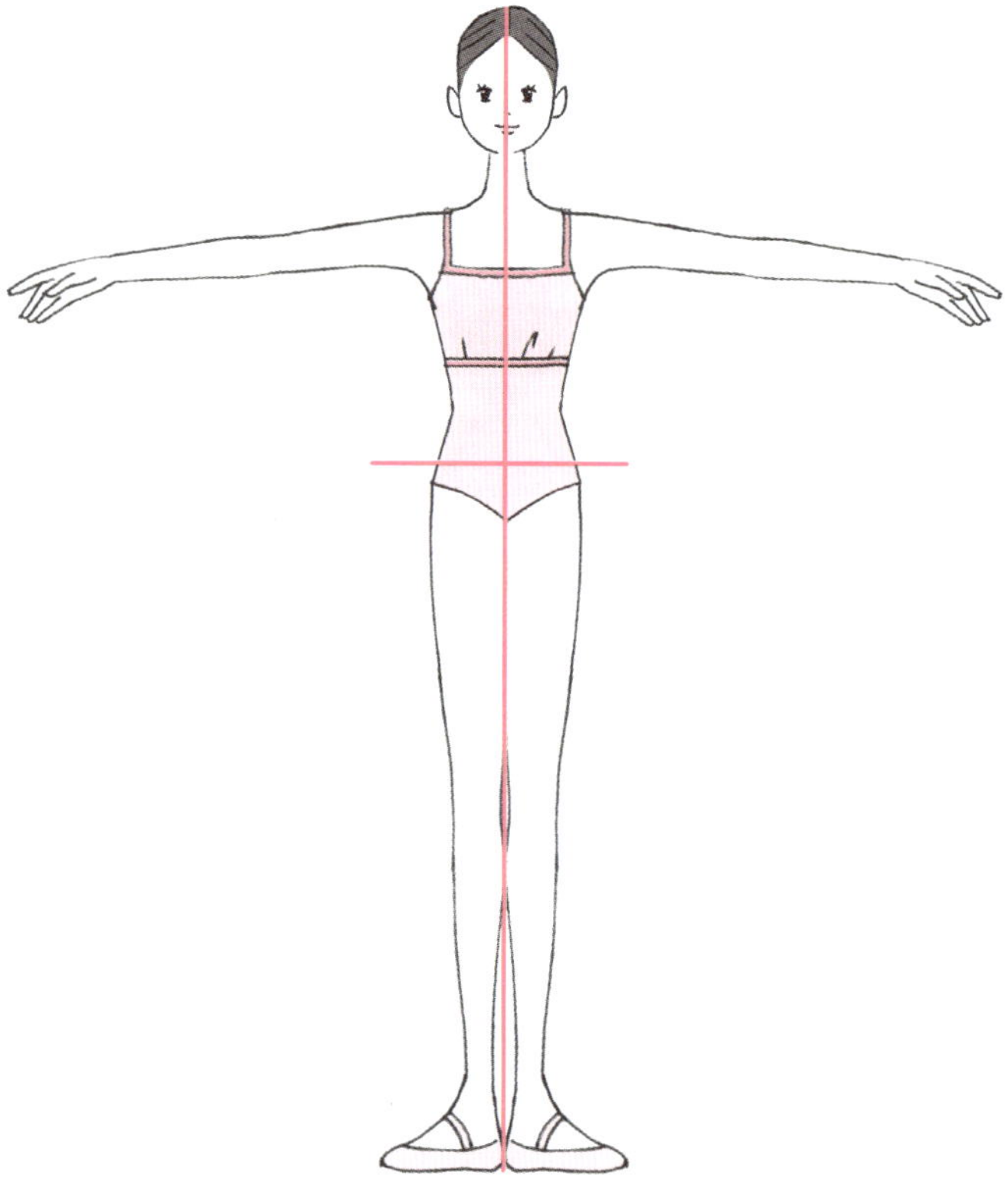

1番でプリエが終わったら、タンジュをする前、
骨盤の高さは同じ。重心はセンターです。

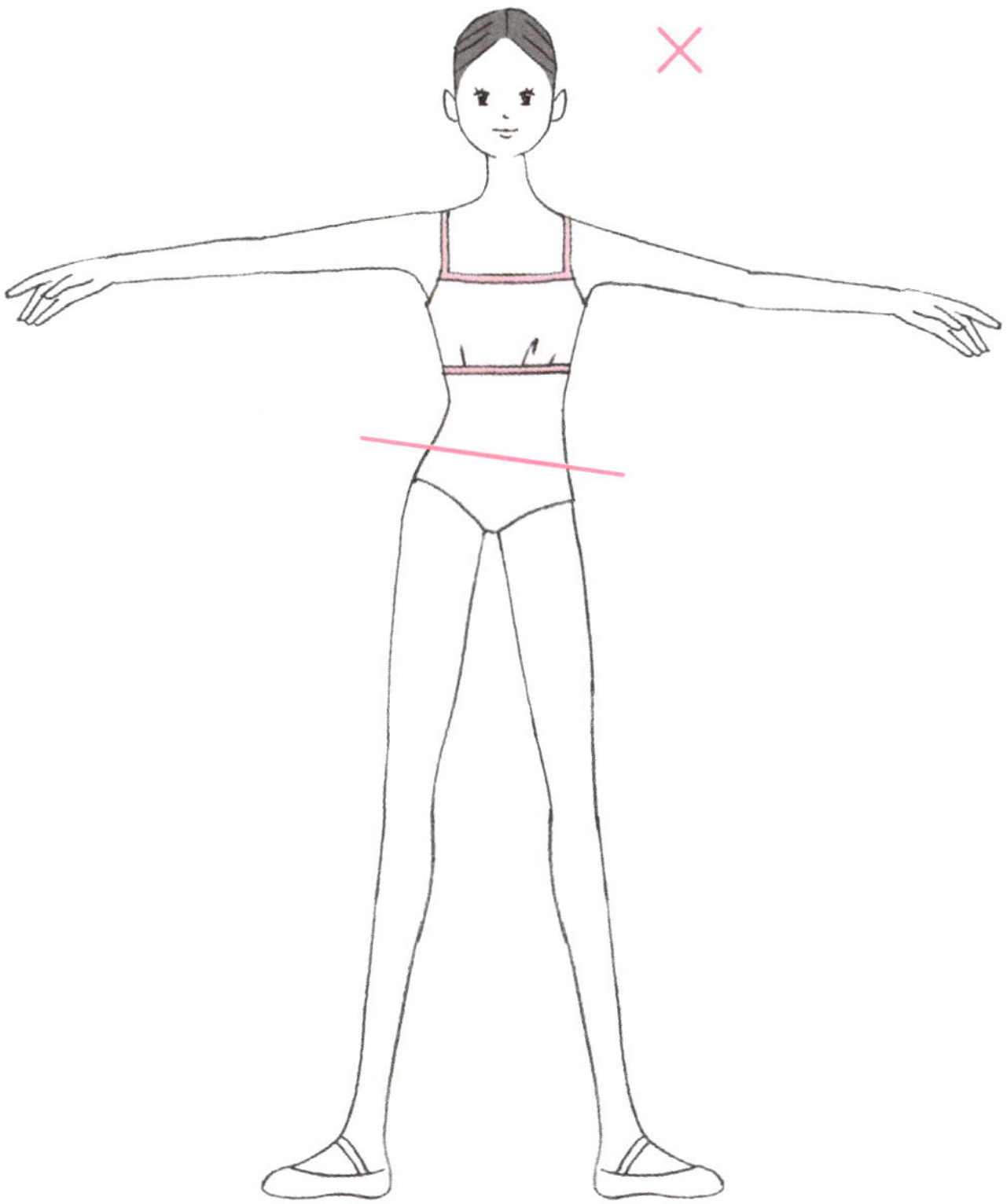

タンジュから２番になるとき、ちゃんと中央に重心が戻らないと、骨盤が傾いたままに。

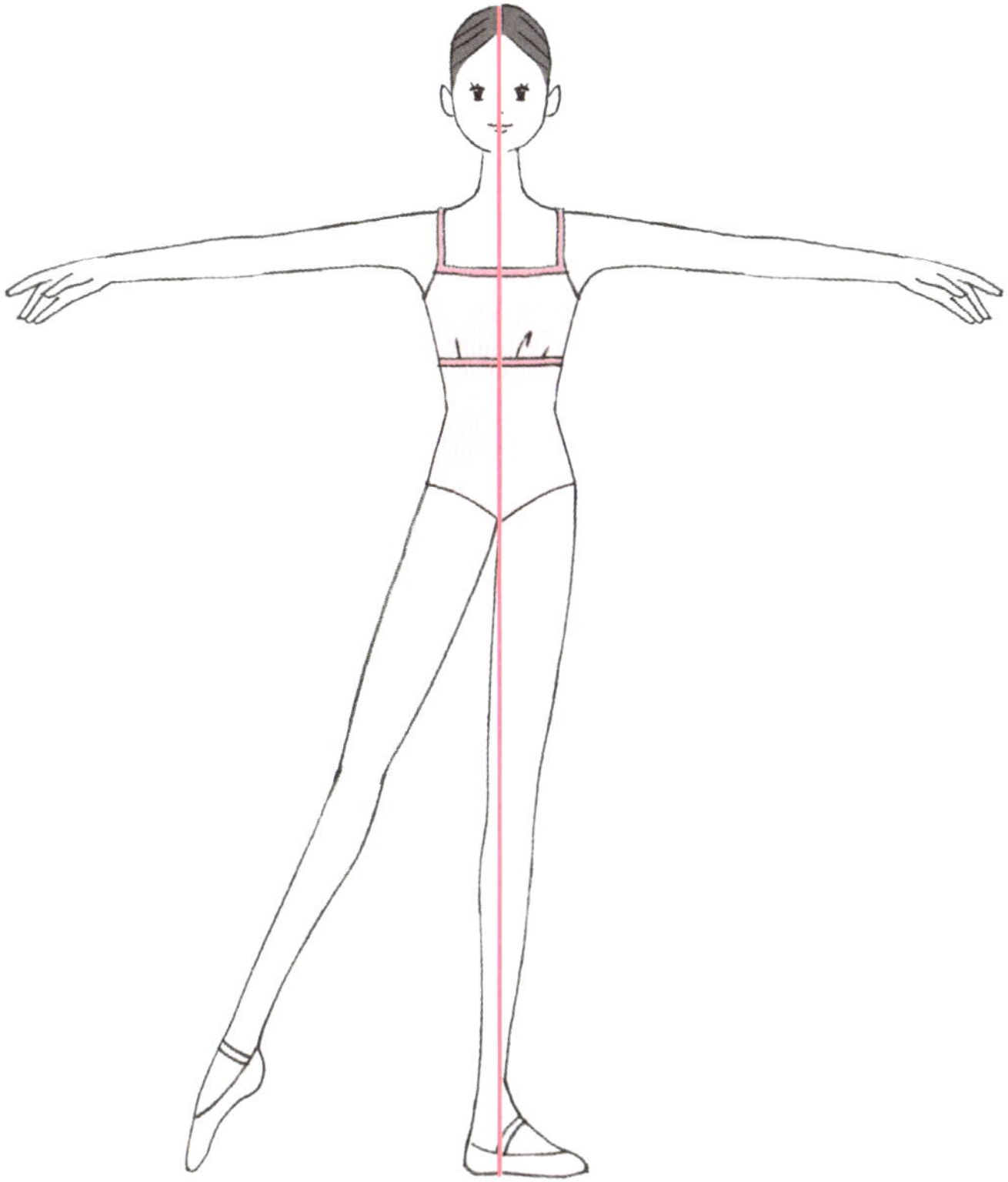

タンジュは、軸足に重心が移ります。重心が移ってもバレエスタンスは変わらないように。

## グランプリエは上級者向け!?

プリエ、プリエ、グランプリエ……。この呪文のような振付は世界共通。ほとんどのバレエスタジオで、どんなレベルのダンサーも行っていますね。

バレエ初心者さんは、どんなポジションや動きも、周りの人の見よう見まねでやってみることが多いのでは？　そして、グランプリエも周りがやっているから、と見よう見まねでこなしている人が多いと思いますが、実はかなり難しい動きなのです。どうして難しいかというと、股関節、膝関節、足関節すべての可動域を最大限に使うのでたくさんの筋肉を使わなければいけないことと、重心の高さが大きく変わるので上半身のバレエスタンスのキープが難しいこと、この2つの理由からです。

カウントを長く使う動きなので、重力に引っ張られてストンとグランプリエに落ちてしまい、カウントが余ってしまったからと一番深いところで休憩してしまう、つまり脱力してプリエに座り込んでしまっている人たちがいるのも事実です。

プリエは「動き」です。たとえばジャンプの着地から次のステップに移動するとき、4番ポジションプリエからピルエットにつなげるときなどをイメージするとわかりやすいでしょうか。プリエで脱力して座ってしまうということは、こういった「動き」をつくっている筋肉が休んでいる状態になり、次の動作にスムーズに移行することができなくなるのです。

また、筋肉が休んでいるということは、その「動き」の衝撃や反動が関節や骨にダイレクトにかかってしまうということ。ケガの原因にもつながりますよね。

通常のプリエでも初心者さんにとっては、「動き」の中での

Column

コントロールは難しいものですから、可動域の広いグランプリエで踊り続けたら、慢性的なケガにつながる可能性も高くなります。

「グランプリエをやってはいけません！」とは言いませんが、難しいということをしっかりと理解して、幼いダンサーや初心者の多い大人クラスでは十分注意する必要があるでしょう。

グランプリエにおいても、バレエスタンスを十分意識しながら行うことを忘れないでくださいね。

下半身の筋肉が休んで骨盤がかかとにのっているとき、バレエスタンスは保たれていません。戻るときに関節にかかる負担が大きくて危険です。

正しいグランプリエは、上半身のバレエスタンスがしっかりキープされ、股、膝、足関節の動きを筋肉がコントロールします。

# バレエスタンス＋両脚をクロス、重心を両脚のセンターに置く

## （★難易度高★）

1番、2番とプリエが終わったら次にくるのが4番ポジションですが、4番ポジションはとても難しく、実は5番ポジションのほうが簡単だったりします。なぜかというと、5番ポジションは、足がしっかりとクロスされなかったとしても、3番ポジション（P70）のようにしたり、足をくの字形にしたりして練習ができるからです。でも4番はそうはいきません。

4番ポジションのどこが大変かというと、まず両方の脚のターンアウトを均等にキープすること。また股関節の可動域がかなり育っていないと骨盤のプレースメントが大きくずれ、その上にのっている背骨もひねられてしまいます。さらに、足のアーチをつぶさず、両足に均等に体重をのせなければいけない……。

これだけ体のコントロールが必要だということは、バレエスタンスを確実に保てるようになってから、このポジションを行いたいところです。

とはいえ、4番ポジションができないとピルエットのプレパレーション*を始め、できないステップが出てきてしまうのも事実。だからこそ、バレエを始めたら最初はバレエスタンスを徹底的に練習して、できるだけ早く正確に身につける必要があるのです。そして覚

＊プレパレーション　フランス語ではプレパラシオンとも呼ばれる。「準備」という意味。

えておいてほしいのですが、形だけで難しいステップをこなそうとすると、やはりケガの原因になります。ですから、4番ポジションについては特に、幼いダンサーや大人バレリーナさんで、1番と2番ポジションでのバレエスタンスがキープできない人は避けておいたほうが無難かもしれません。

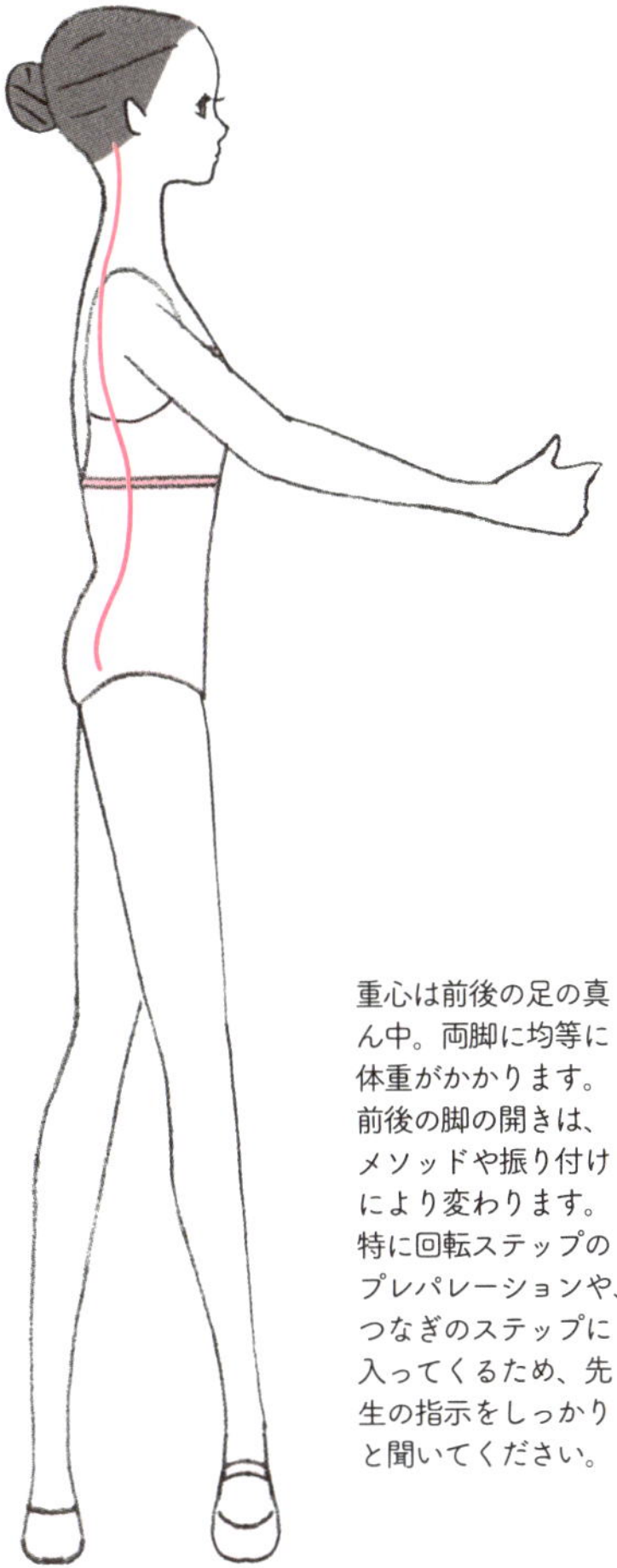

重心は前後の足の真ん中。両脚に均等に体重がかかります。前後の脚の開きは、メソッドや振り付けにより変わります。特に回転ステップのプレパレーションや、つなぎのステップに入ってくるため、先生の指示をしっかりと聞いてください。

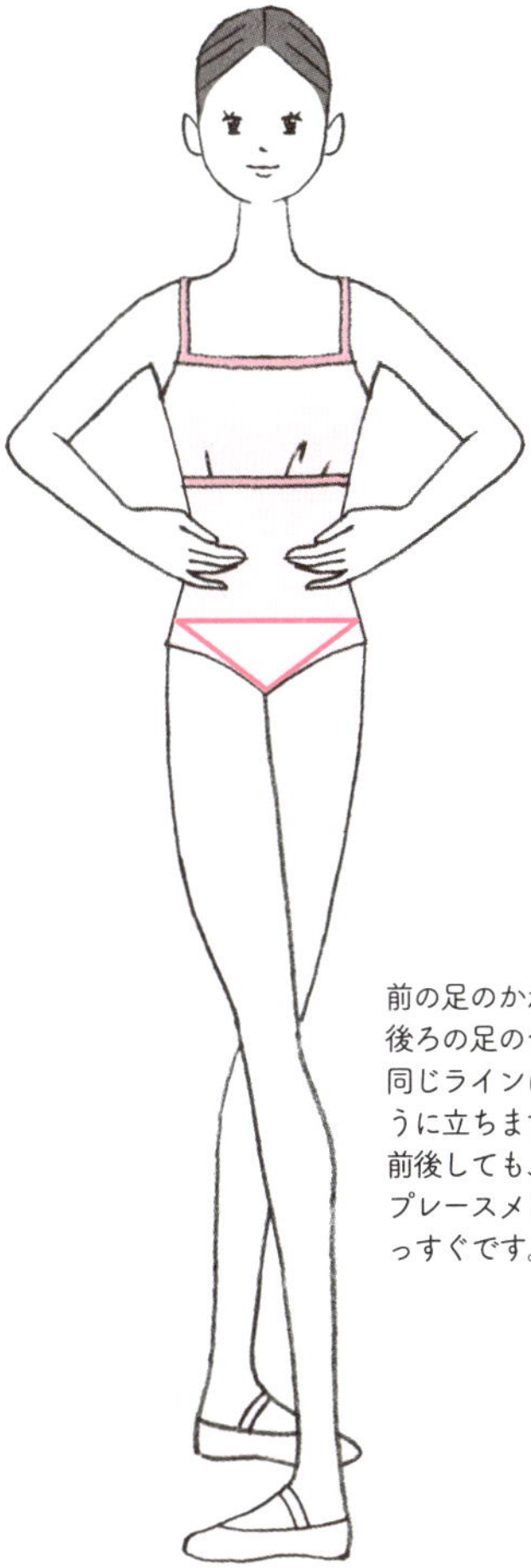

前の足のかかとが、後ろの足のつま先と同じラインになるように立ちます。足が前後しても、骨盤のプレースメントはまっすぐです。

# 4番ポジションの基礎をつくりましょう

「避けたほうが無難」なんて言われても、ある程度のレベルに達したら4番ポジションを通らないわけにはいきません。ではどういう練習を行えばいいのか。

前段階として絶対にマスターしておくべきは、1番ポジションと2番ポジションです。1番でターンアウトして姿勢を保つ、2番で両脚の間に均等に体重をのせる、という練習を地道に積み重ねましょう。

簡単にできるからと1番や2番を甘く見ないでください。クラシックバレエの振り付けでこの2つを使わないことはありません。これらの蓄積があってこそ、4番ポジションをしっかりつくることができるのです。

〈1番＋2番のスタンスを徹底的にレッスン！〉

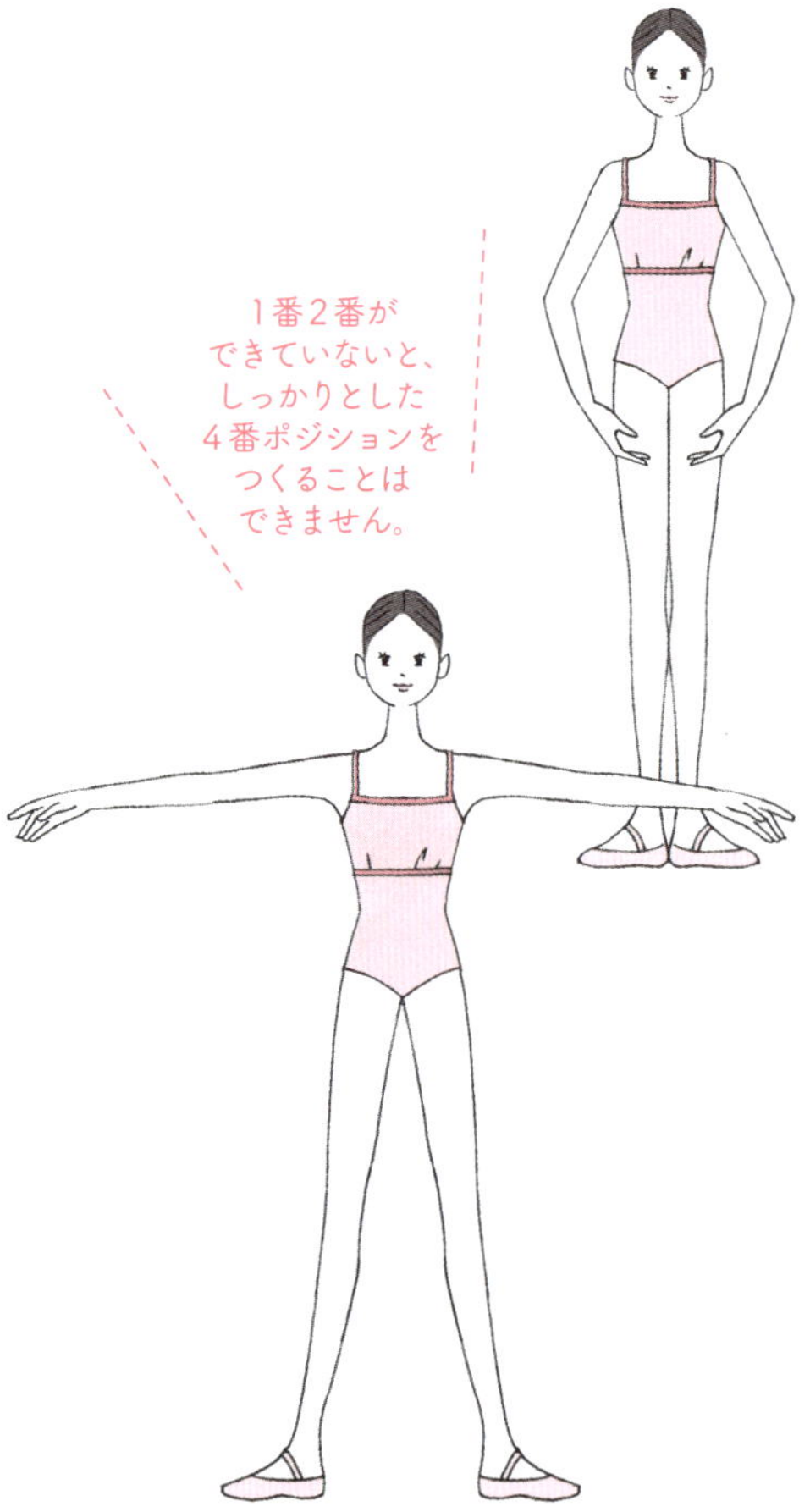
1番2番が
できていないと、
しっかりとした
4番ポジションを
つくることは
できません。

# 足の左右の幅を少し広くとってみましょう

本来の4番ポジションは、前の足のかかとが後ろの足のつま先と同じライン上にあります。これはかなり難しいので、まずは、前の足のかかとが後ろの足の土踏まずと並ぶようにしてみましょう。

この左右の幅でも難しい人は、もう少し脚のクロスを減らし、前の足首と後ろの足首を一直線になるまで動かしても大丈夫。

4番にすると膝がゆるんでしまう、曲がってしまう、骨盤がダックになってしまう人には、特にお勧めの方法です。ただし少し脚を開いた分、重心が低くなりがち。しっかりと骨盤を持ち上げておきましょう。

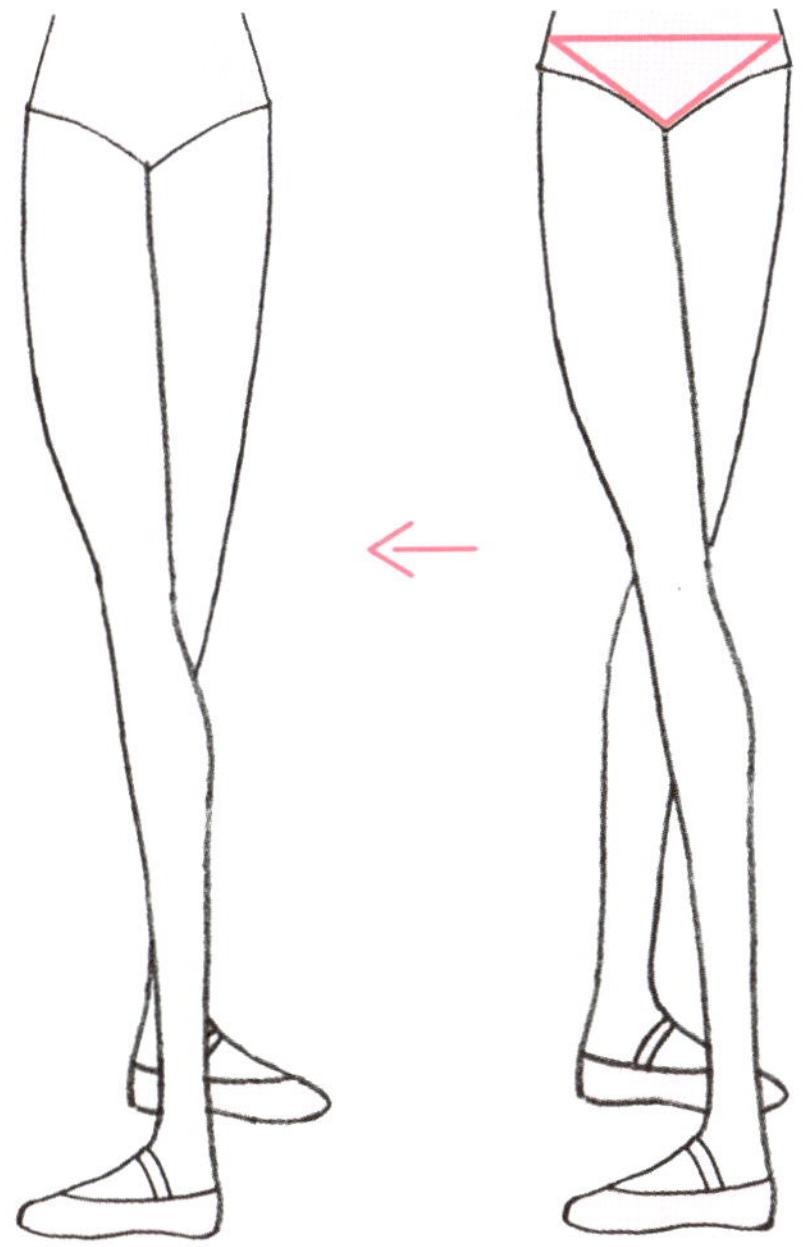

バレエスタンスを練習中の人は脚のクロスを減らし、前足首と後ろ足首を一直線にして、4番の練習をしてみましょう。

伝統的な4番ポジションは、前足のかかとと後ろ足のつま先が直線上にあります。

# ターンアウトを減らして4番ポジションをとってみましょう

準備用その1の4番ポジションは膝がゆるみがちな人にはよいのですが、反張膝の人や股関節からのターンアウトがまだできない人にはあまりお勧めできません。準備用その1の4番ポジションで膝下だけをひねったり、膝を押し込んでしまう人は、こちらを試してみましょう。

この場合、前のかかとは土踏まずまでクロスします。膝を押し込むのが難しくなるほか、足指をリラックスさせ、股関節からのターンアウト、つまり外旋六筋の感覚を探す余裕ができます。また、股関節の前が固くてダックになりやすい人はターンアウトを減らすことで、後ろの脚の付け根を引き上げる感覚がつくりやすくなるはずです。

前足のかかとは土踏まずでクロスしますが、コントロールできる程度のターンアウトに減らし、膝下を無理にひねらないように。

＊P67〜68の準備ポジションをレッスンで行う場合は、事前に先生に相談を。また、目指すところは、あくまで本当の4番だということをお忘れなく。

# バレエスタンス+両脚をクロスして閉じる、内転筋フル稼働！

5番ポジションは、クラシックバレエといったらこの形でしょうと言っていいくらい、象徴的なポジションです。

両脚がしっかりとクロスして閉まっていないと、太ももや膝の間になんとなく隙間ができてしまってだらしない感じがしますし、踊りの正確性に欠けます。チュチュのように足が全部見える衣装の場合、見た目が美しくないですよね。

バーレッスンはもちろん、センターレッスンでも5番ポジションから始まり、5番ポジションで終わる振り付けはたくさんあります。アレグロの着地でも必要なポジションです。しっかりと練習していきましょう。

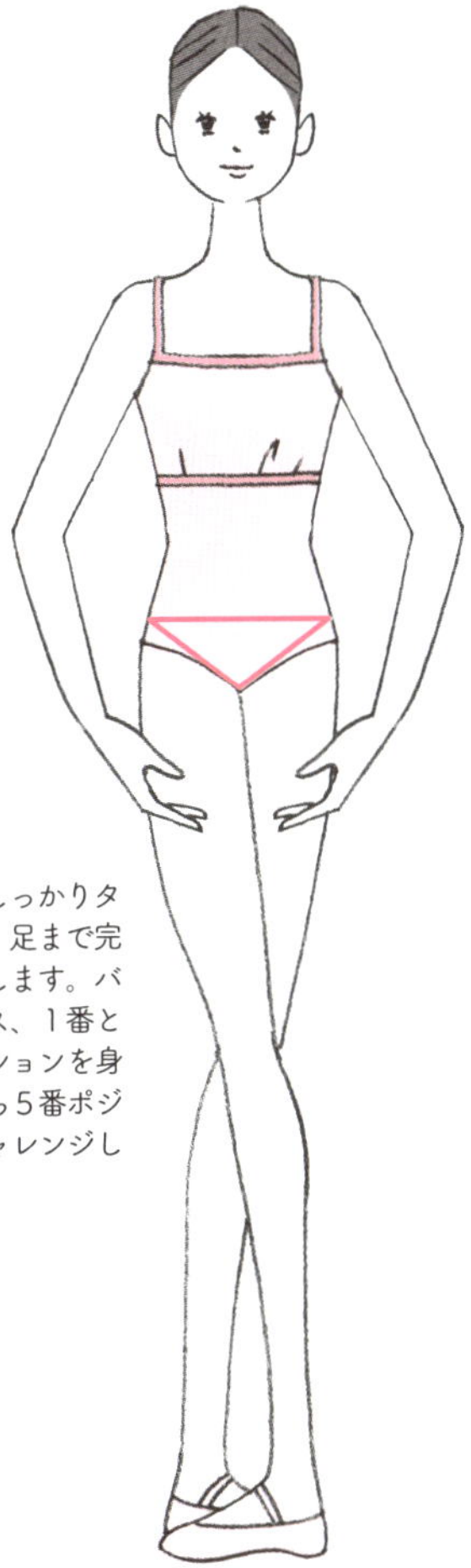

股関節からしっかりターンアウト。足まで完全にクロスします。バレエスタンス、1番と2番のポジションを身につけてから5番ポジションにチャレンジしましょう。

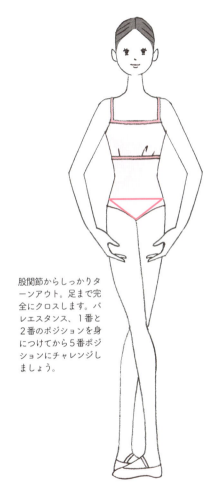

# 5番ポジションでは、膝と足首をひねる

両脚をしっかりとクロスするのが5番ポジションですが、このポジションをつくるためには股関節からの外旋だけでは足りません。P50でお話ししたように、大腿骨の外旋は非常に大事ですし、難しいところなので、そこにフォーカスしつつ、膝と足首も少しずつターンアウトさせて正しい5番ポジションをつくりましょう。つまり、股関節からのターンアウトが身についていない人は5番ポジションまで進めない！　ということです。バレエはすべてが積み重ね。どこかでごまかしてテクニックだけを求めてしまうと、踊りを諦めなければいけないようなケガや、一生残る骨の変形につながります。

嘘の5番ポジションを続けると、重度の外反母趾、偏平足、足首が内側に落ちるような関節の変形につながります。足首、膝関節のケガはもちろん、下半身の筋肉を正しく、効率よく使うことができなくなるため、不必要な筋肥大（筋肉が無駄に大きくなってしまうこと）につながります。

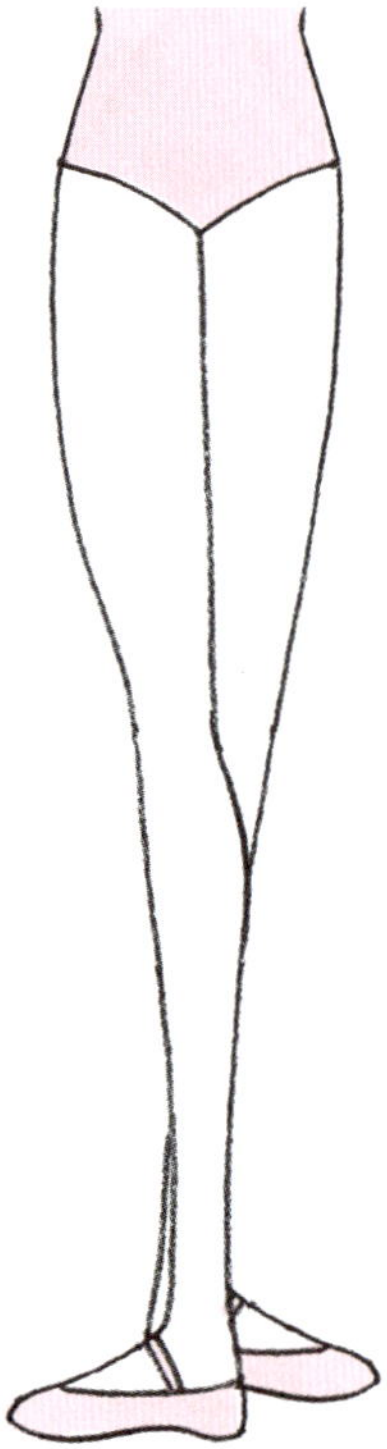

5番ポジションをつくる練習のために、クロスの幅が少なく、足首と膝関節のターンアウトがあまり必要のない3番ポジションを使って、必要な筋肉をつくりましょう。

# 正しい5番は内ももを鍛えてくれる

バレエでは「内ももを使って！」と注意されることが多いですよね。もちろん強化エクササイズも大事ですが、実は正しくつくられた5番ポジションで立つだけで、内転筋が自然と育ちます。

5番ポジションの、かかとからももの付け根までのラインに注目してみましょう。太ももが斜めになっている、つまり大腿骨が斜めになっていますよね。大腿骨がターンアウトされていてもいなくても、大腿骨が体のセンター（中心線）を越える動きをすることを、解剖学用語で「内転《ないてん》」と呼びます。文字通り、内転筋というのは、この内転の動きをつくる筋肉なのです。

内転筋が強いと、軸足の骨盤が安定します。正しい5番ポジションで立ち、そこから脚を動かすだけで、軸足の内転筋を育てることができるわけです。

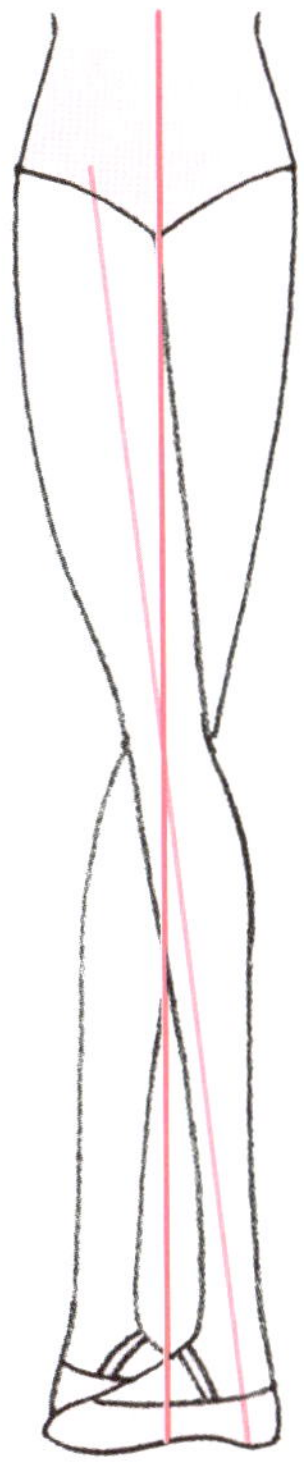

軸に対して大腿骨が斜めになっている＝「内転」といいます。内転筋は、大腿骨の内側にある大きな筋肉で、5番ポジションをしっかりと締めるときにも働きます。

# ステップの中の5番スタンス

5番ポジションで立っているときだけ内転筋が働いても、ポジションからステップに移行したとたん、それが失われてしまったら困ります。5番ポジションから繰り出されるテクニックのすべてで、内転筋が働いた5番ポジションのバレエスタンスができていなくてはなりません。

次のタンジュデュヴァンのイラストを見ながら研究してみましょう。

## 〈タンジュデュヴァンの1番の例〉

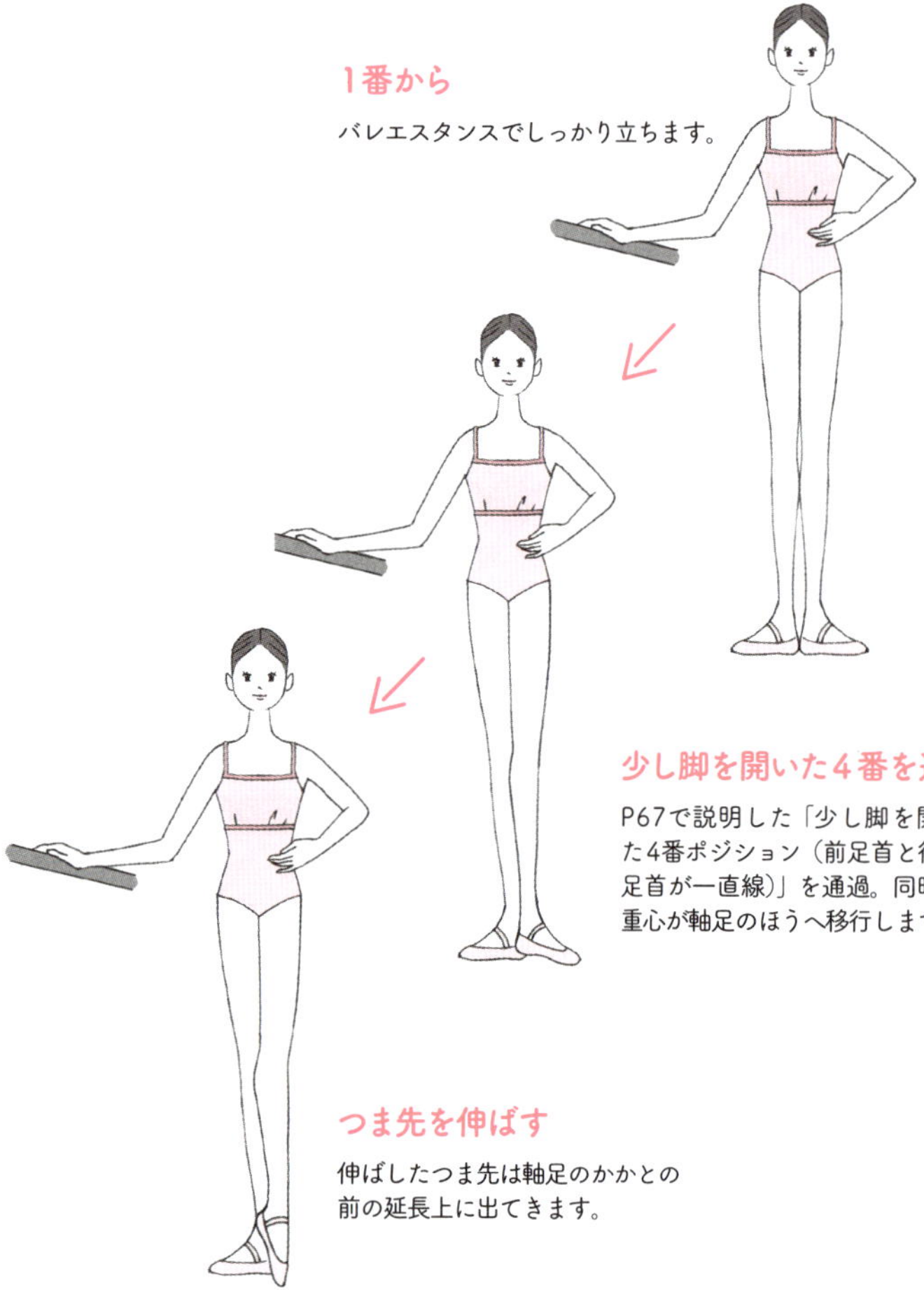

**1番から**

バレエスタンスでしっかり立ちます。

**少し脚を開いた4番を通り**

P67で説明した「少し脚を開いた4番ポジション（前足首と後ろ足首が一直線）」を通過。同時に重心が軸足のほうへ移行します。

**つま先を伸ばす**

伸ばしたつま先は軸足のかかとの前の延長上に出てきます。

## 〈タンジュデュヴァンの5番の例〉

1番ポジションからのタンジュでも、5番ポジションからのタンジュでも、片足で立つ場合、軸足の上に骨盤が移動します。ということは、軸足の大腿骨は5番ポジションと同じく少し斜め、つまり内転した角度で保たれます。

つまり、軸足の内転筋はつねに働き続けているということになるのです。

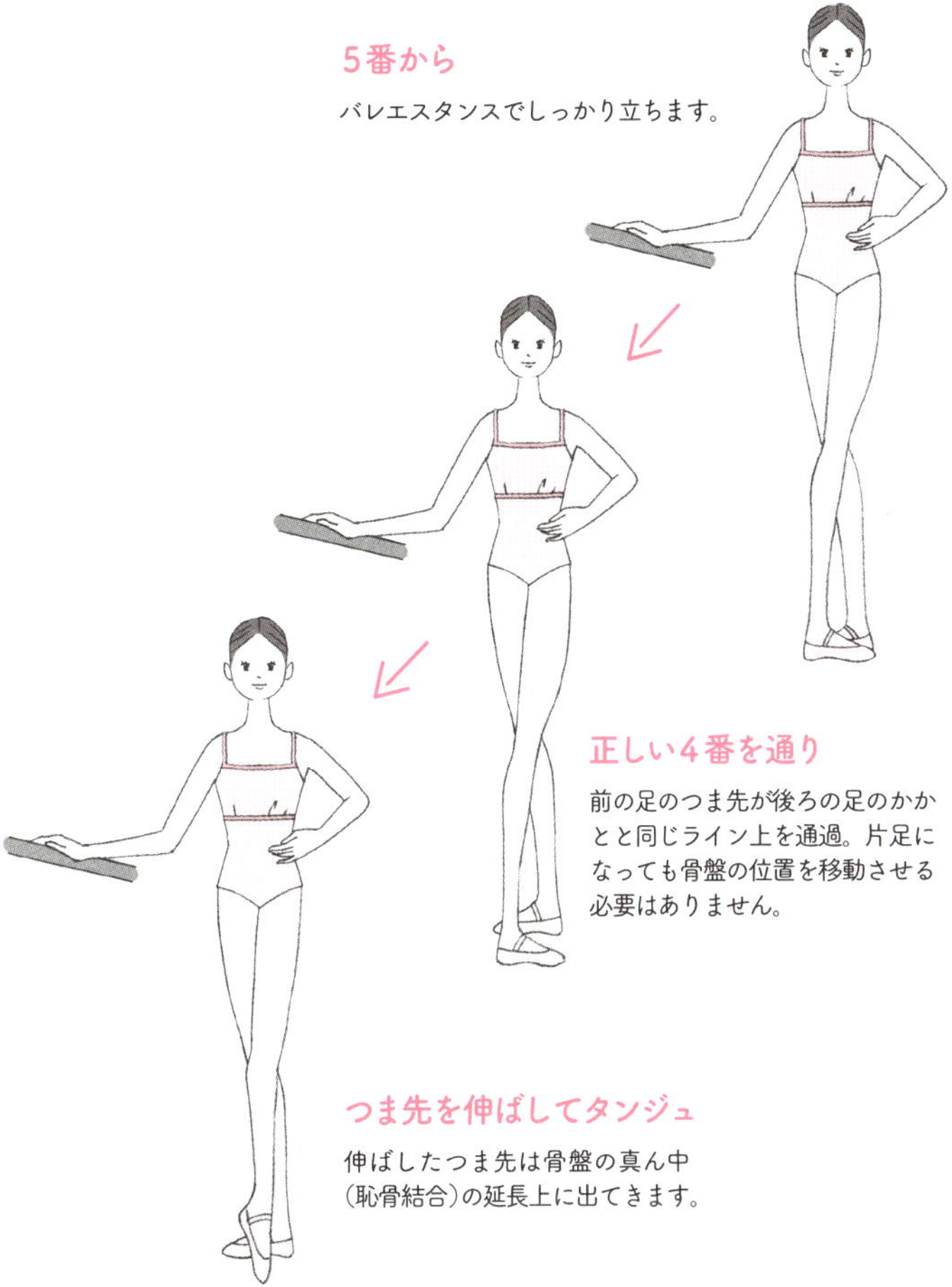

**5番から**

バレエスタンスでしっかり立ちます。

**正しい4番を通り**

前の足のつま先が後ろの足のかかとと同じライン上を通過。片足になっても骨盤の位置を移動させる必要はありません。

**つま先を伸ばしてタンジュ**

伸ばしたつま先は骨盤の真ん中（恥骨結合）の延長上に出てきます。

# 骨盤を動かさず、脚はどこまで上がるか？

バレエスタンスでは、骨盤のプレースメントに気をつけてと繰り返しお伝えしていますね。骨盤は上半身と下半身をつなぐ要《かなめ》になっていますし、重心の位置も骨盤と大きく関係します。

ただ、骨盤がまっすぐのまま脚をデベロッペデヴァンに高く上げることはできません。アラベスクのときの骨盤の三角形は前傾、つまり床のほうを向くのです。混乱しますよね。

骨盤を動かさないと、脚はデヴァンで60度、アラセコンド*で45度、デリエール*で15度しか動きません。でも、パンシェ*・デリエールで脚が15度しか上がらなかったら問題ですね。

これ以上に脚を上げるときは、骨盤は正しい方向にずらされ、背骨は必要な方向に曲がりながら（ラインはつぶさず、引き伸ばされています）、脚を高く上げるお手伝いをしてくれます。

これらを可能にするのが、バレエスタンスなのです。バレエスタンスを練習しないまま骨盤をずらしたり、背骨を不必要に曲げて、腰を上げてしまうと、自分の癖で踊っていることになり、さまざまな関節や筋肉に負担がかかってしまいます。そうなれば、ケガをするのは時間の問題ですし、必要のない筋肉をたくさん使ってデベロッペをキープしたりして、アンバランスな筋肉ばかり育ってしまいます。それでは、どんなに高く脚が上がったとしても、テクニックのラインが美しくありません。

バレエスタンスを保つということは、そのスタンスで固めろ！というわけではありません。基本のスタンスができているからこそ、難易度の高いテクニックをこなすときに体が自由に動くのです。それを忘れないでください。

**＊アラセコンド**「２番に」という意味で、体の横に脚、もしくは手を出すこと。横への移動にも用いられる。

**＊デリエール**　足の位置を表す言葉で、脚が体の後ろに出ているポジションすべてを指す。

**＊パンシェ**「傾けた」という意味。ここではデリエールポジションでのパンシェなので、アラベスクからパンシェに向かう動きを指す。

料金受取人払郵便

小石川局承認

6163

差出有効期間
令和6年3月
31日まで

（期間後は切手をおはりください）

郵便はがき

1 1 2 - 8 7 9 0

105

東京都文京区関口1-23-6
東洋出版 編集部 行

## 本のご注文はこのはがきをご利用ください

●ご注文の本は、小社が委託する本の宅配会社ブックサービス㈱より、1週間前後で
お届けいたします。代金は、お届けの際、下記金額をお支払いください。

**お支払い金額＝税込価格＋手数料305円**

●電話やFAXでもご注文を承ります。
**電話 03-5261-1004 FAX 03-5261-1002**

| ご注文の書名 | 税込価格 | 冊 数 |
| --- | --- | --- |
| | | |
| | | |
| | | |

● 本のお届け先 ※下記のご連絡先と異なる場合にご記入ください。

ふりがな
お名前　　　　　　お電話番号

ご住所 〒 －

e-mail　　　　＠

ご記入いただいた個人情報は、お問い合わせへのお返事、ご注文の商品発送、新刊・企画などのご案内以外の目的には使用いたしません

東洋出版の書籍をご購入いただき、誠にありがとうございます。

今後の出版活動の参考とさせていただきますので、アンケートにご協力いただきますよう、お願い申し上げます。

● この本の書名

● この本は、何でお知りになりましたか？（複数回答可）
1. 書店　2. 新聞広告（　　　　新聞）　3. 書評・記事　4. 人の紹介
5. 図書室・図書館　6. ウェブ・SNS　7. その他（　　　　）

● この本をご購入いただいた理由は何ですか？（複数回答可）
1. テーマ・タイトル　2. 著者　3. 装丁　4. 広告・書評
5. その他（　　　　）

● 本書をお読みになったご感想をお書きください

● 今後読んでみたい書籍のテーマ・分野などありましたらお書きください

ご感想を匿名で書籍のPR等に使用させていただくことがございます。
ご了承いただけない場合は、右の□内に✓をご記入ください。　□許可しない

※メッセージは、著者にお届けいたします。差し支えない範囲で下欄もご記入ください。

●ご職業　1.会社員　2.経営者　3.公務員　4.教育関係者　5.自営業　6.主婦
7.学生　8.アルバイト　9.その他（　　　　）

●お住まいの地域

都道府県　　　　市町村区　男・女　年齢　　歳

ご協力ありがとうございました。

# 腕とバレエスタンスは運命共同体

さて、バレエの基本である5つの足のポジションをカバーしてきましたが、ポーデブラが変わるときはどうするの？　という疑問があるかもしれません。

P38～39で、肩甲骨は肋骨の上にのっていて、肩関節は、肩甲骨、鎖骨、上腕骨の3つの骨でつくられている関節であると説明しました。言い方を変えると、肩関節の動き（ポーデブラ）は肩関節から始まって、肩関節は肋骨に左右されます。その肋骨は胸椎についている……ということは、腕とバレエスタンスは運命共同体なのです。

バレエスタンスが正しくできていなくて、肋骨が飛び出ていたら、その上にのっている肩甲骨もうまく収まりません。そうすると肩関節を正しく保つことができず、結果ポーデブラもおかしなことになります。

その逆もしかり。正しく腕のポジションがキープできると、肩関節も正しい位置に保つことができるので、肩甲骨や肋骨も正しい場所へと導かれていきます。

「正しい腕のポジション」と簡単に言ってもポーデブラは足のポジションと比べてたくさん種類があります。メソッドによってポジションの名前も違うことがあります。ここでは、すべての腕のポジションで共通する、3つのポイントとバレエスタンスの関係性をお伝えします。

# ポーデブラが変わっても、基本のバレエスタンスは変わらない

顔の方向が変わったり、背骨を回旋《かいせん》（中心軸を変えずにひねること）して使うことがあったとしても、基本となるバレエスタンスは変わりません。

バレエスタンスがしっかりとできていなければ、腕を動かしたとたん、体がぐにゃぐにゃと動き、テクニックの正確性が失われてしまいます。

レッスン中、正しいバレエスタンスのまま、ブラバー、腕の1番ポジション、2番ポジションを常に意識すると、強い背中をつくることができます。

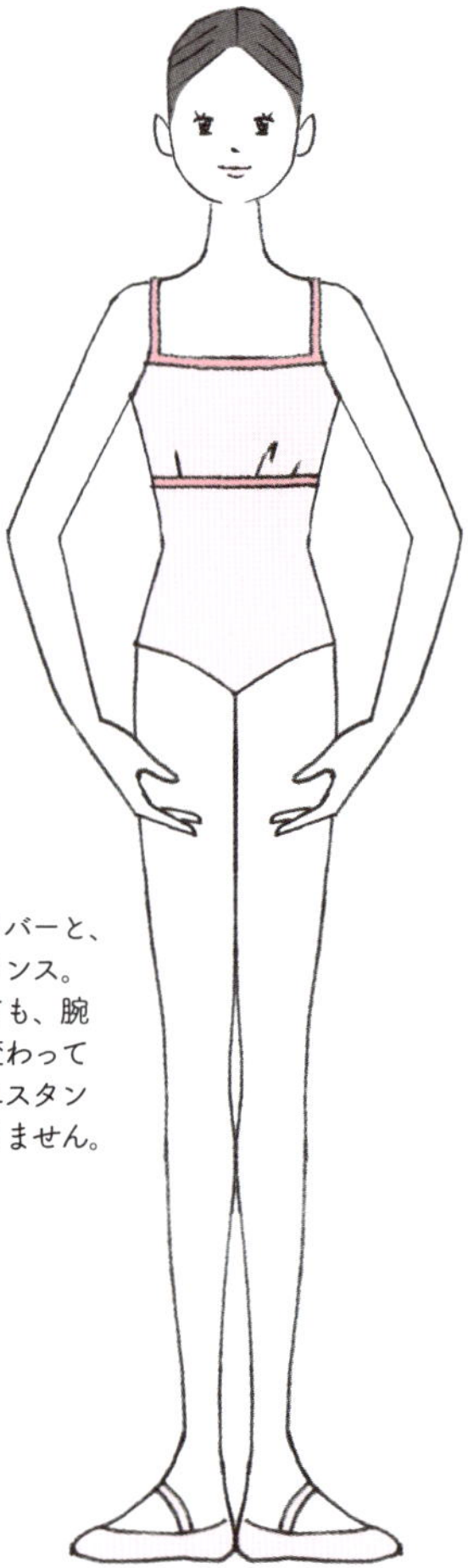

正しいブラバーと、バレエスタンス。顔をつけても、腕の位置が変わっても、バレエスタンスは変わりません。

## 〈4番ポジションの例〉

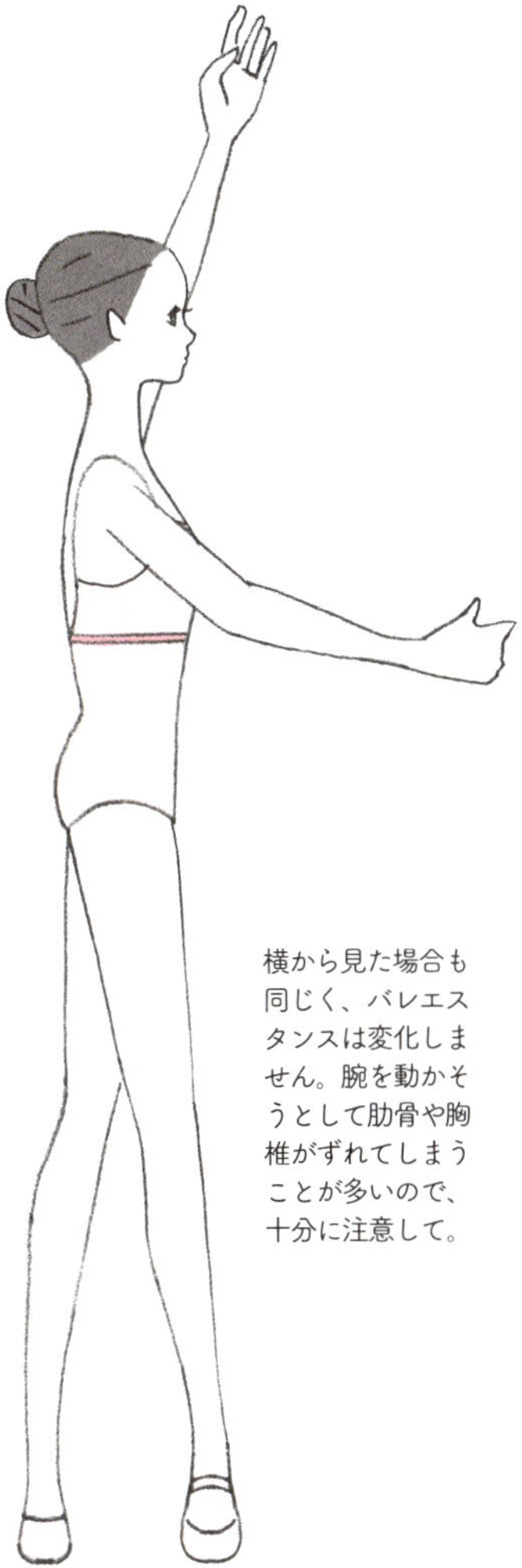

横から見た場合も同じく、バレエスタンスは変化しません。腕を動かそうとして肋骨や胸椎がずれてしまうことが多いので、十分に注意して。

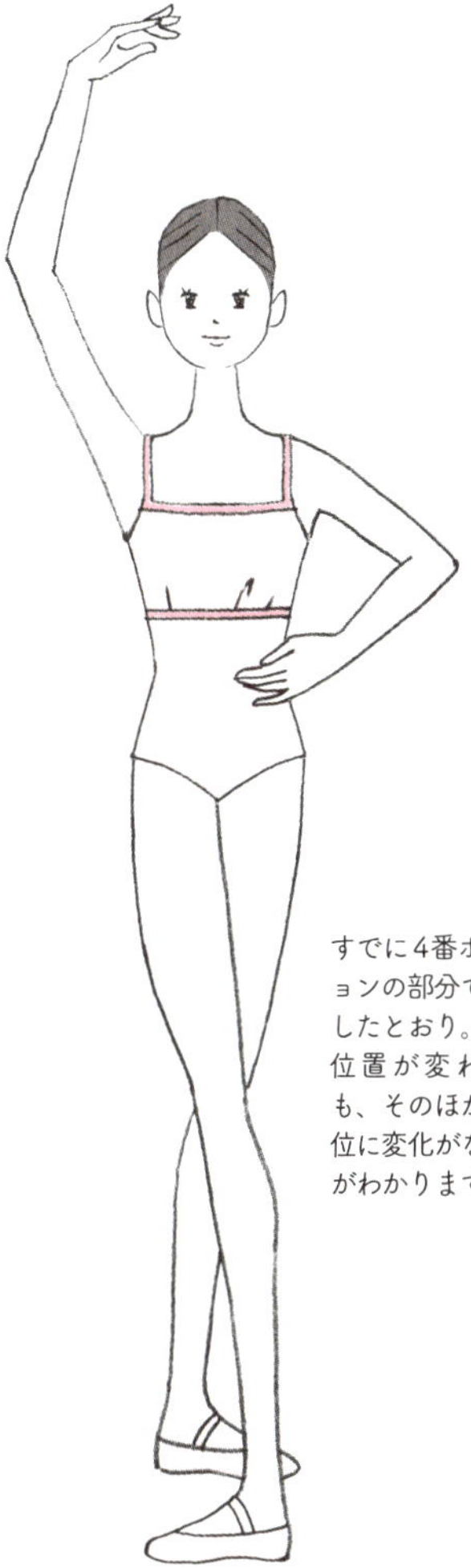

すでに4番ポジションの部分で説明したとおり。腕の位置が変わっても、そのほかの部位に変化がないのがわかります。

## ひじは常に両肩の外側にあり、脇はつぶれない

バレエのポーデブラにはさまざまな種類があります。そのすべてのポジションで当てはまることは、ひじが肩より中に入ることはないということです。また、脇が完全につぶれてしまい、腕が体とくっつくこともありません。「肩を降ろしなさい！」という注意を間違って理解して、ブラバーのときに脇をつぶすことで肩を下げようとするダンサーがいます。「肩を下げる＝脇をつぶす」ではないことを、覚えておいてください。

この2つを注意するだけで踊りの質がアップするほか、体幹や上半身の筋肉を正しく育てることができます。

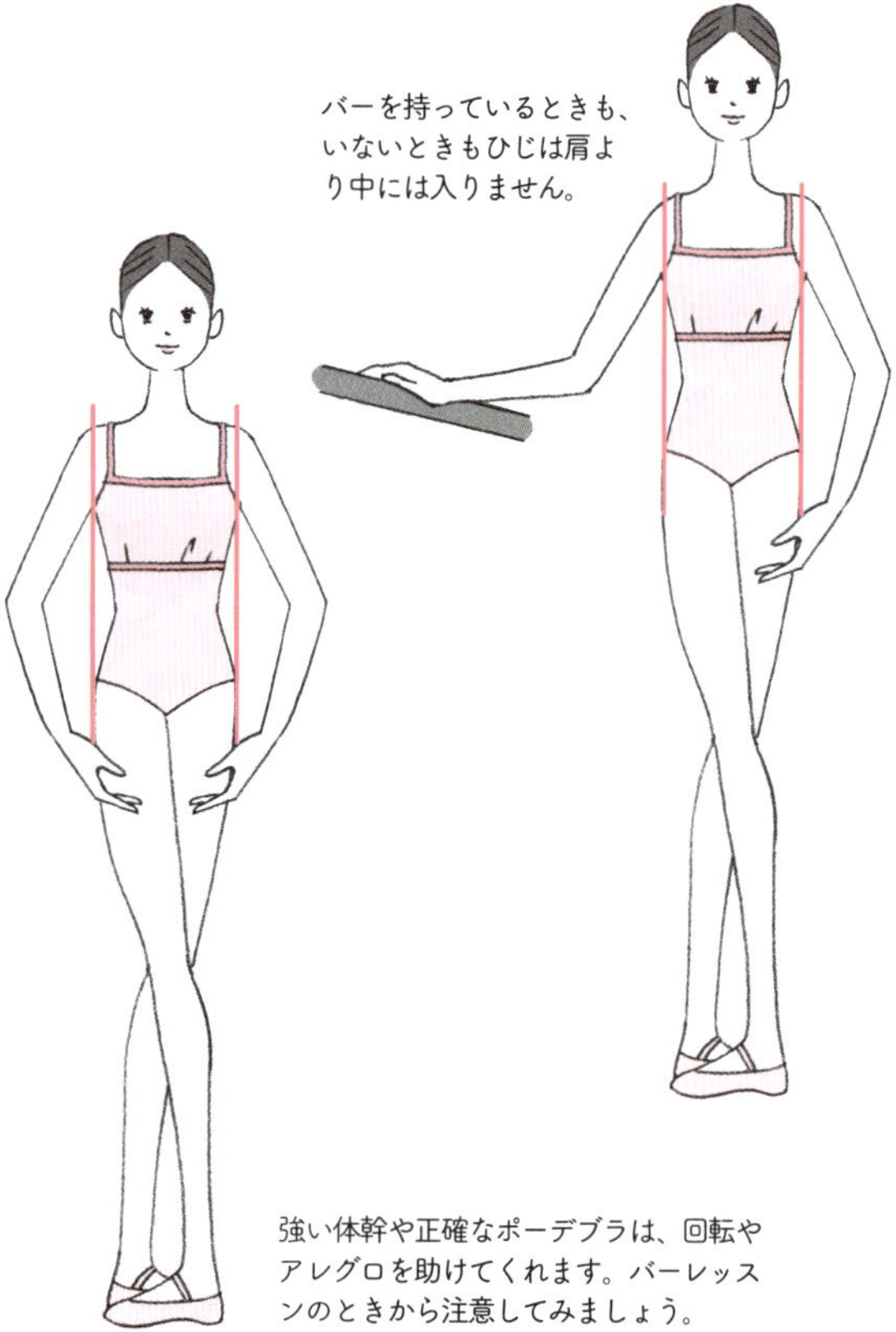

バーを持っているときも、いないときもひじは肩より中には入りません。

強い体幹や正確なポーデブラは、回転やアレグロを助けてくれます。バーレッスンのときから注意してみましょう。

## 〈腕の1番ポジションの正しい腕と脇の形〉

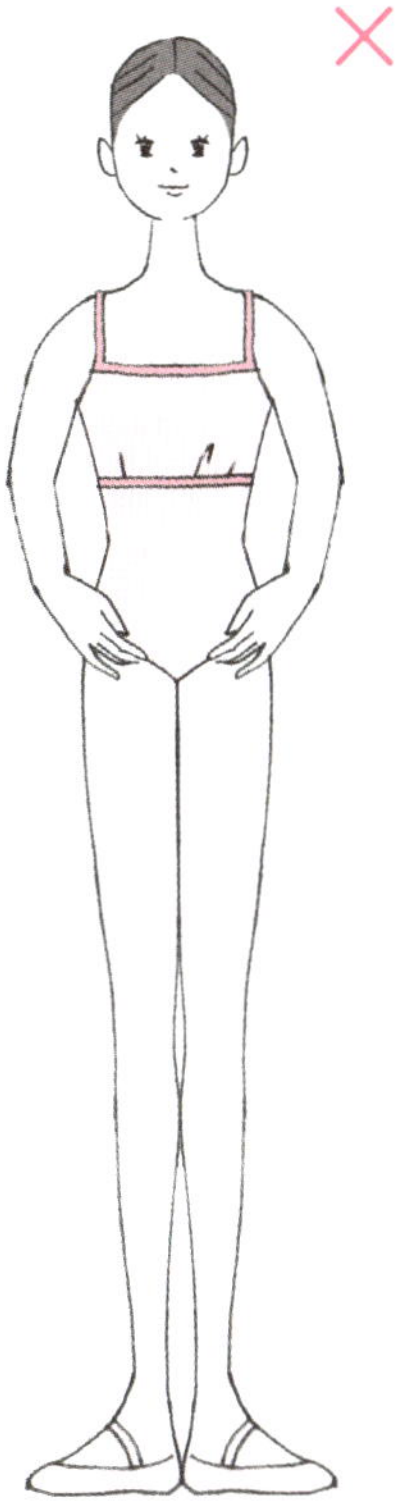


脇がつぶれて、両ひじが体に
近く、腕も下がっています。

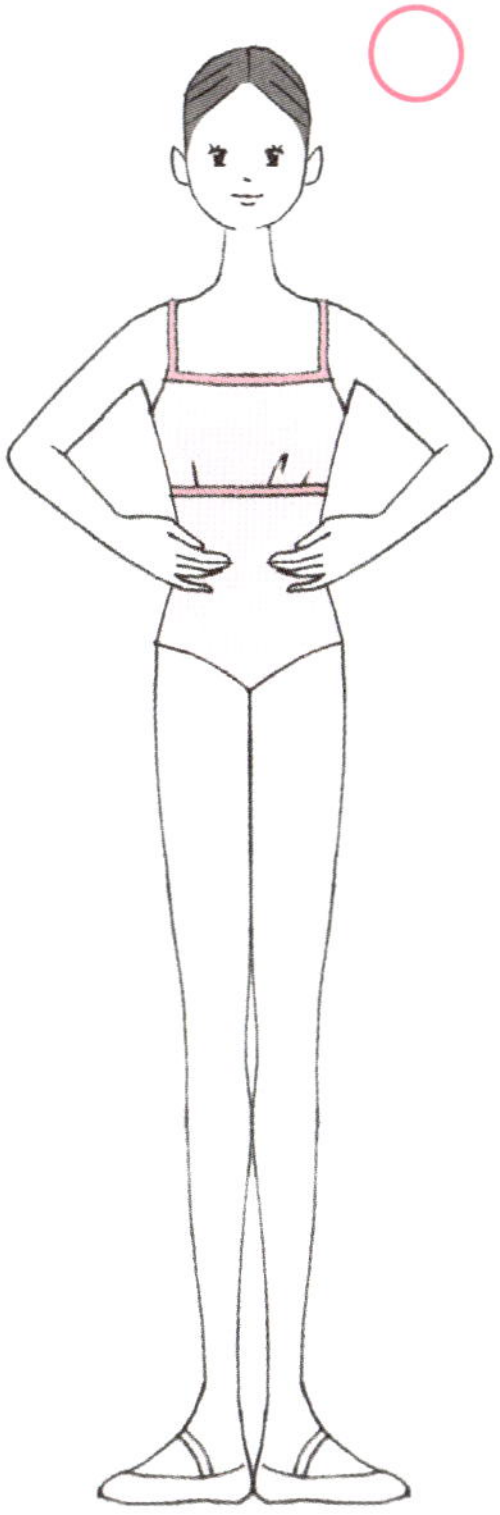


両ひじは両肩の外側にあり、
両手は胸郭の下の高さ。

## 〈ブラバーの腕と脇の正しい形〉

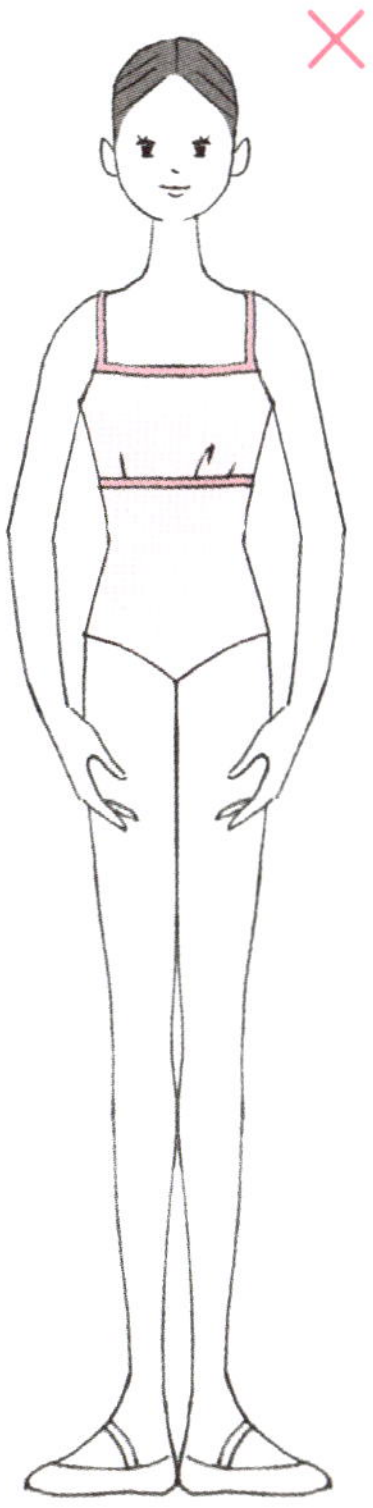


脇がつぶれてしまい、
腕が体に近すぎます。

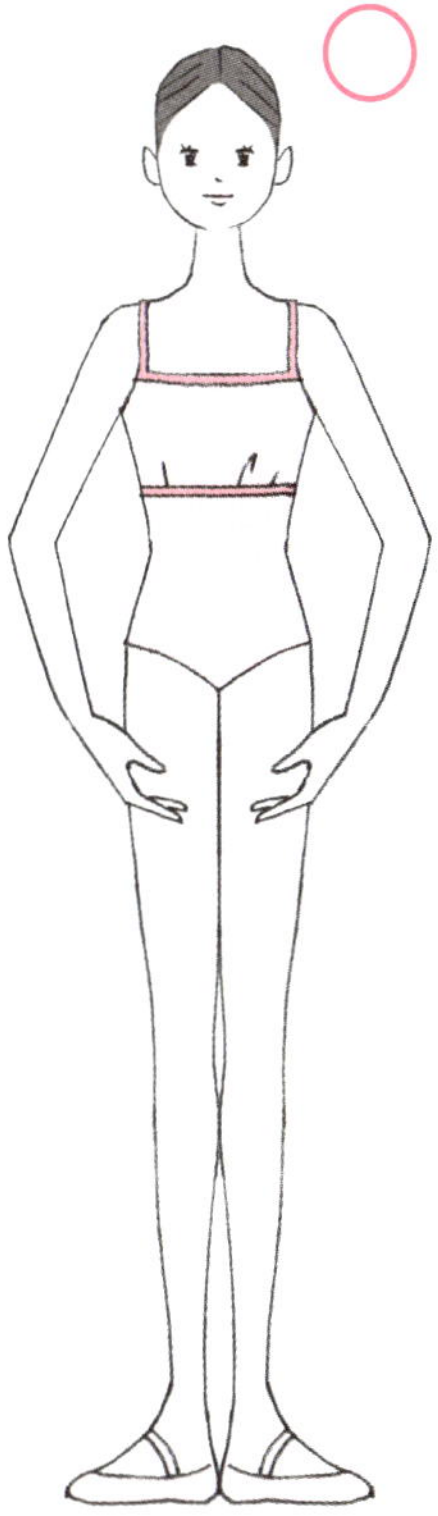


脇が引き上がり、両ひじ
が丸く保たれています。

# ひじは絶対につっぱらない

たとえ腕を遠くに伸ばしていても、ひじ関節をつっぱらせてはいけません。これはどのポジションでも、たとえバーを持っている手でも同じこと。

ひじをつっぱらせて踊ってしまう原因として、体幹の筋肉が弱く、腕を力ませてバランスをとっていることや、肩関節や腕自体が弱く自分の骨をキープできないことなどがあります。バレエを始めた頃に、難しいアンシェヌマンを必死にこなそうとして、ひじ関節をつっぱらせて踊ってしまうとそれが癖になってしまい、テクニックが上達した後も正しいポーデブラができなくなってしまいます。ダンサーはもちろん、先生も指導の際は十分気をつけてください。

〈さまざまな腕のポジションの中でのひじの確認〉

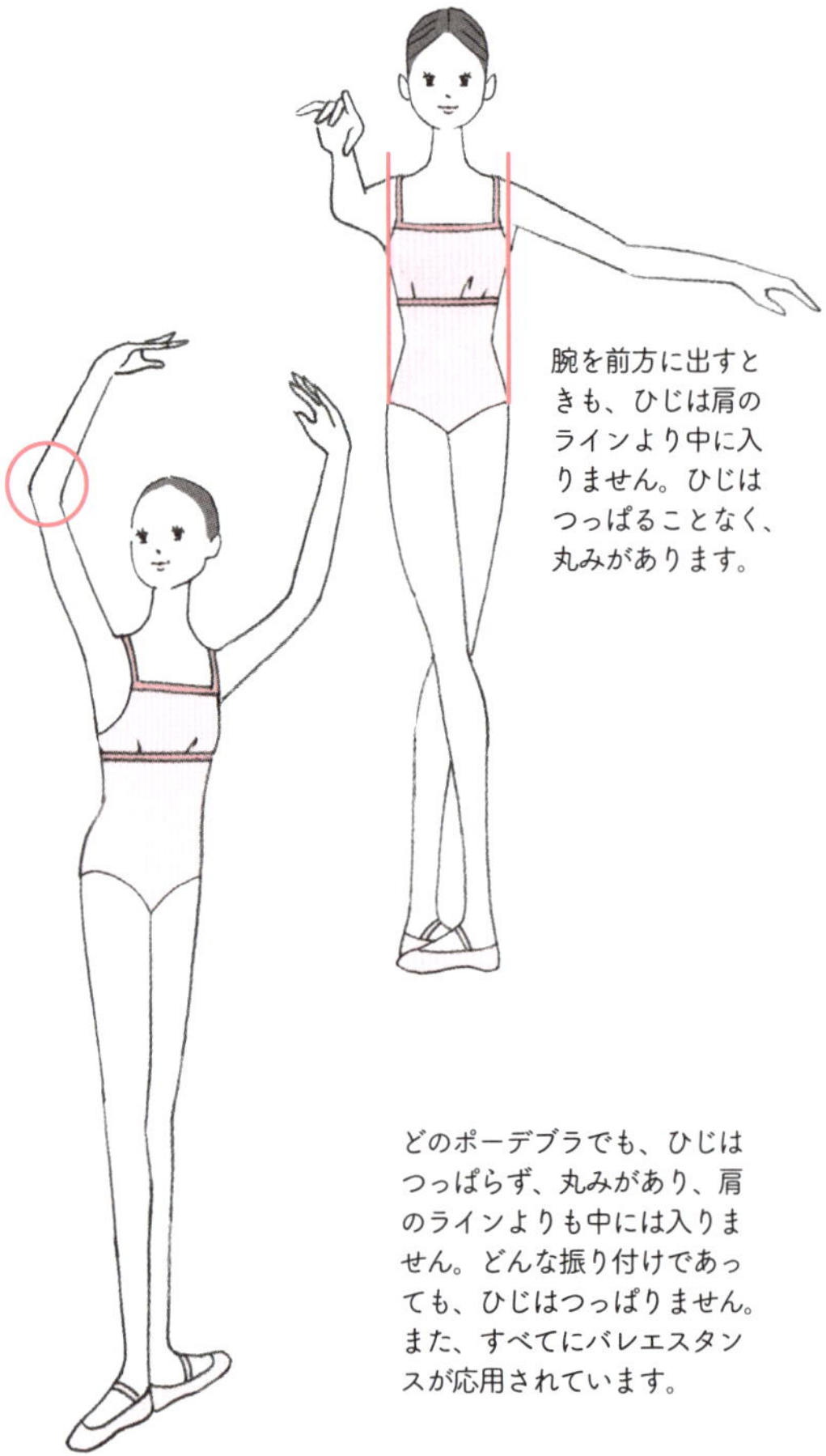
腕を前方に出すときも、ひじは肩のラインより中に入りません。ひじはつっぱることなく、丸みがあります。
どのポーデブラでも、ひじはつっぱらず、丸みがあり、肩のラインよりも中には入りません。どんな振り付けであっても、ひじはつっぱりません。また、すべてにバレエスタンスが応用されています。

# 肩が上がってしまう人はどうしたらいいの？

踊っているとき、ジャンプのとき、腕を5番ポジションにしているとき……。どんなシチュエーションでもいいのですが、「肩が上がっちゃう」という悩みをよく聞きます。せっかく腕についてのお話をしてきましたので、ここで考えてみましょう。

先に理解しておいてほしいのですが、ジャンプをすると肩まで上がってしまうというのと、手を上げたときに肩がついてきてしまうというのはそれぞれ原因が違います。つまり、自分はなぜ肩が上がってしまうのか、その原因を知っていなければ直せないのです。

●普通に腕を体の横に垂らしておいても肩が上がってしまう（＊踊っていないときは大丈夫だけれど、ブラバーをつくったとたん、肩が上がってしまう場合も含まれます）

＝普段は肩が上がっていないということは、肩の形ではなく、バレエスタンスに問題があるケースがほとんどです。肋骨の位置やバレエの引き上げといったスタンスへの理解がない人は肋骨を開いたり、持ち上げたりしてポジションをつくってしまいます。そうすると肋骨の上にのっかっている肩も一緒に上がってしまいます。

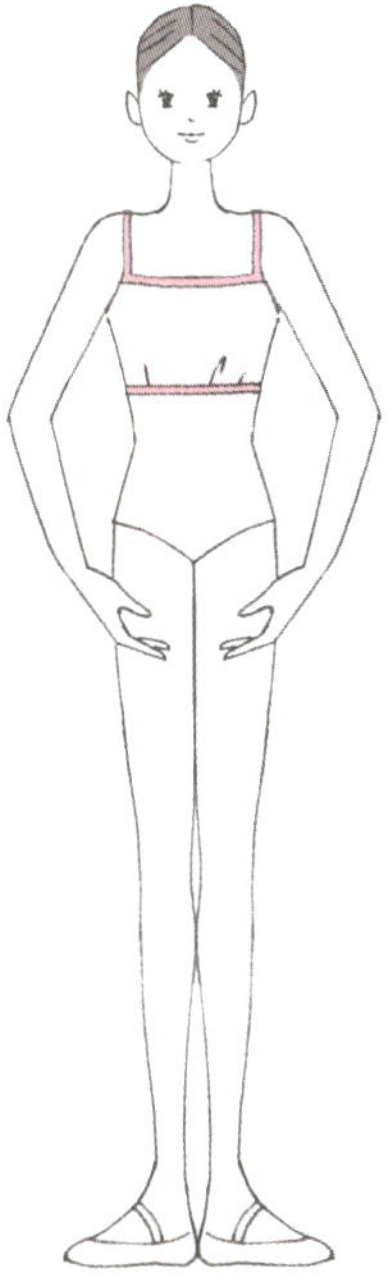

ブラバーの状態で、
肩が上がっています。

Column

●ジャンプ（動き）とともに肩がぷかぷか上がってしまう（＊早い動きになってくると、センターで踊っているとき肩がぷかぷかしてしまう場合も含まれます）

＝早い動きについていくだけの体幹、特に腕や肩を保つ筋肉が弱いことが大きな原因になります。早い動きになる前に、バレエスタンスがしっかりと身についているかを確認するほか、バーレッスンでプチバットマンや*フラッペなどの早い動きを練習しているときのスタンスにも注意しましょう。

●腕を持ち上げたとき、動かしたときに肩が一緒に上がってしまう（＊腕の1番ポジションで腕と一緒に肩が前にきてしまう、*アロンジェすると肩も上がってしまう場合も含まれます）

＝この場合、ポーデブラの理解、つまり腕を動かすことの理解が不足しています。腕を動かすとき、まずは上腕骨が動き、それにともない、鎖骨、肩甲骨が一緒に少しだけ動きます。肩が上がってしまうダンサーは、鎖骨や肩甲骨、そして肩の上にある僧帽筋を動かしてから上腕骨を動かす、という癖がついています。これは骨盤をずらしてから脚を上げる、というのと同じようなズルです。腕の骨が動き、結果、ほかの骨たちもついてくる、という順番と感覚を練習しましょう。

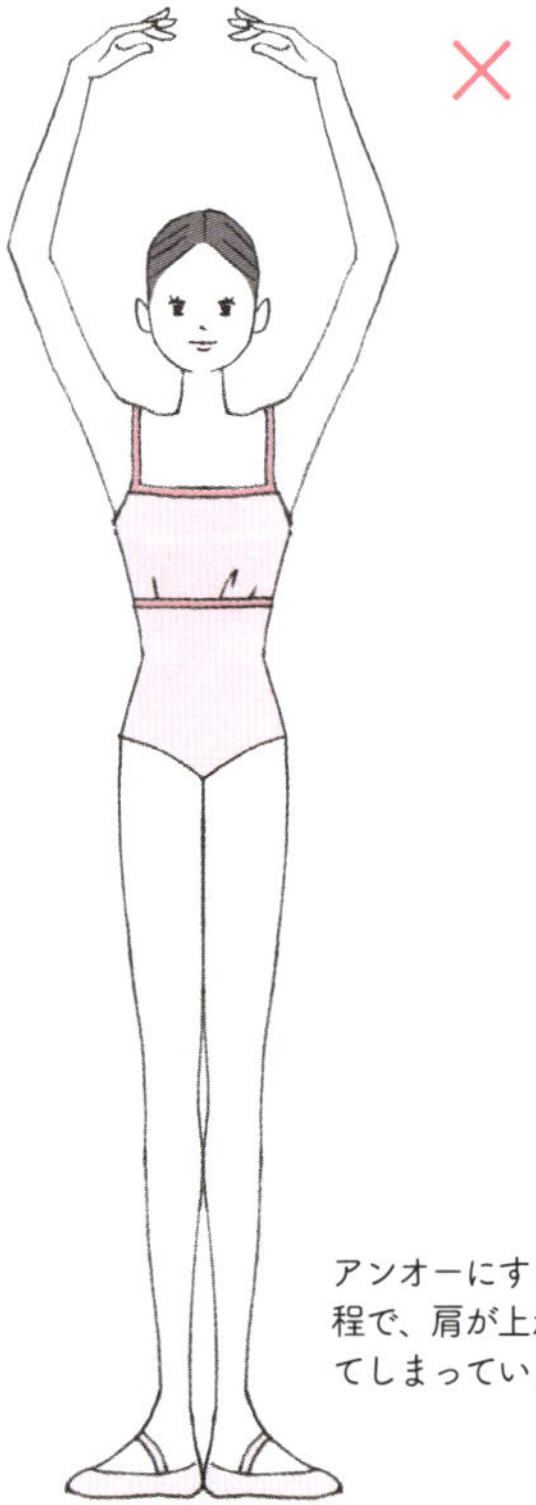

アンオーにする過程で、肩が上がってしまっています。

ちょっと難しく感じるかもしれませんが、まず最初は自分が「いつ」「どのように」肩が上がってしまうのかを理解する必要があります。

そして「肩が上がってしまう」瞬間のバレエスタンスを確認してみてください。きっとうまくいっていいません。

腕とバレエスタンスは運命共同体。こういった部分でも基礎の大切さが実感できますね。

＊フラッペ 「たたく」という意味のフランス語。クドゥピエから足の指で床をけりながら伸ばす場合と、つま先を伸ばしたままで鋭く伸ばす場合がある。

＊アロンジェ 「伸ばす」という意味。腕のポジションを指し、手のひらを下に向け、より遠くへ伸ばすポジション。

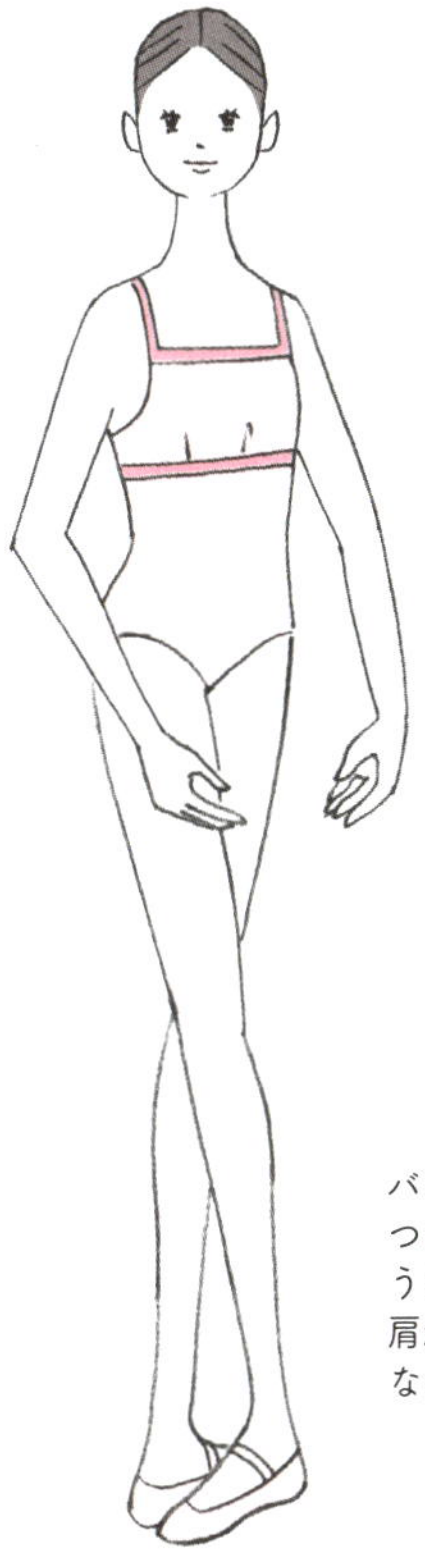

バレエスタンスを身につけることで、どのようなポーデブラでも、肩が上がることはなくなっていきます。

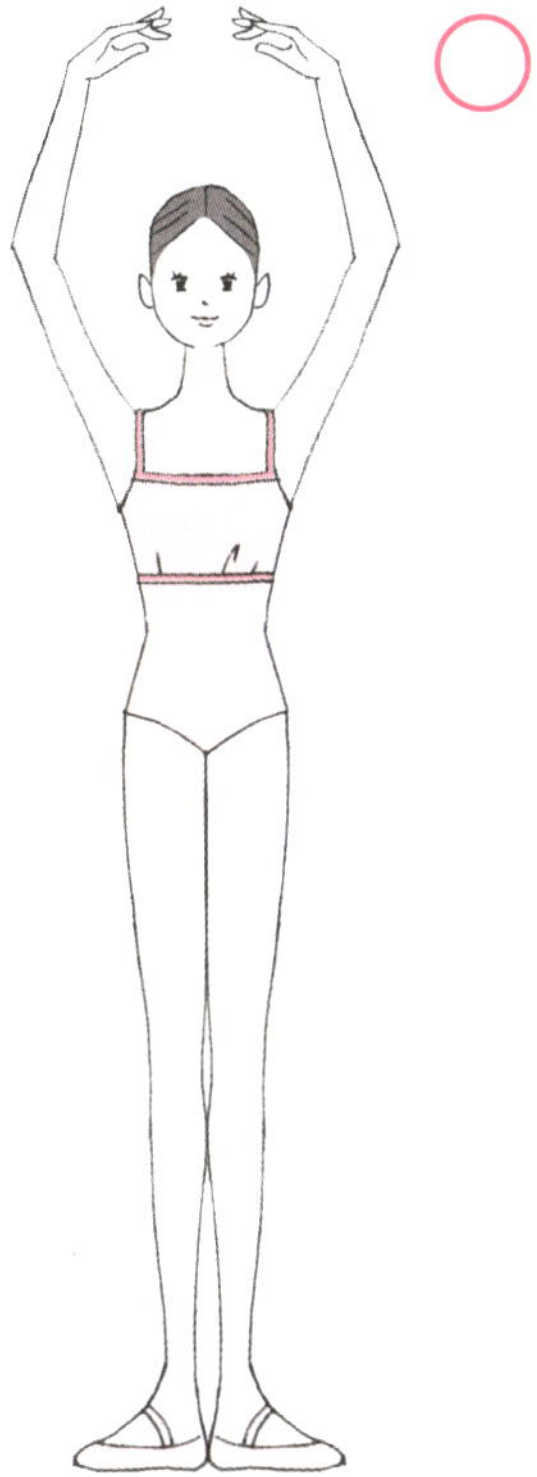

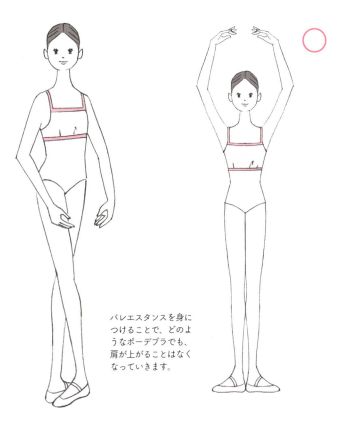

# レッスンでの上達のコツ Chapter1&2のおさらい

Chapter1と2で、どれだけバレエスタンスが大事かをお伝えしてきましたが、理解していただけたでしょうか？

今までの知識をすぐに実践できる方法を1つお伝えします。バーレッスンではいつもプレパレーションの時間があるはずです。振り付けを覚え、音楽が始まる前の数秒を使い、バレエスタンスができているかを確認しましょう。同じようにアンシェヌマンが終わった後、自分が正しいバレエスタンスに戻ってきたのかもチェックできます。

スマホを使った自己研究もお勧めです。自分のレッスン風景を動画で撮り、自宅で研究してみましょう。どこができていないかだけでなく、どうしたらできるようになるのかまで、バレエスタンスを考えながら研究してみてください。

レッスンを見ていると、上達が早い人と遅い人では集中力に違いがあります。上達が早い人はぼーっとレッスンを受けていることがありません。自分の順番でなくても、ほかのダンサーをしっかりと観察しています。ほかの人が踊っている姿を見てバレエスタンスの確認や研究をすることは誰でも真似ができますから、毎回のレッスンで実践して、上手になってしまいましょう！

次からはいよいよ、バレエスタンスを身につけるためのエクササイズとストレッチを紹介していきます。

Chapter.3

# 美しいバレエスタンスをつくるエクササイズ&ストレッチ

バレエスタンスを助け、
踊り続けるための強くしなやかな筋肉を育てる、
よりダンサーらしい体になるための
具体的なエクササイズを紹介します。

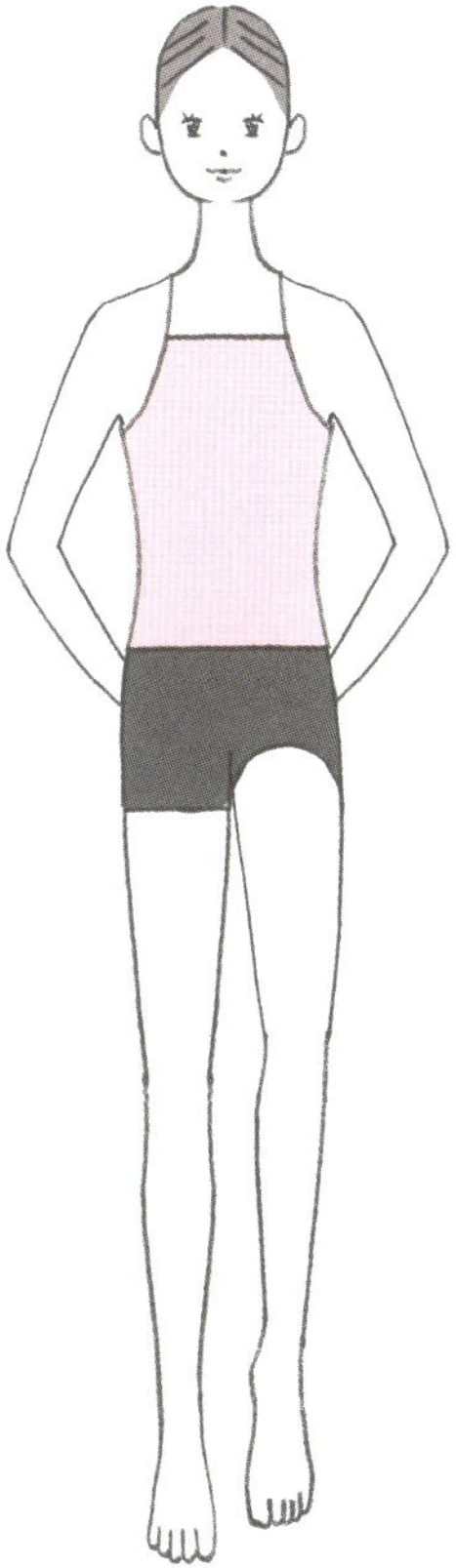

# エクササイズは必ず正しいポジションで！

Ｃｈａｐｔｅｒ3では様々なエクササイズを紹介していきます。基本の動きのほかに、難易度アップバージョンとダウンバージョンを準備しました。

始める前に覚えておいてほしいことは、難易度が低いエクササイズを行うことは恥ずかしいことではないということ。

正しく行うことができなければ、いくら難易度の高いエクササイズを行っていてもバレエスタンスは正しくできるようになりません。逆に難易度の低いエクササイズを忠実に毎日行えば、レッスン中の意識が変わっていきます。

正しくないエクササイズをしたら、それは「筋肉を間違えて使う練習を1回してしまった」ということです。厳しく聞こえますが、どんなエクササイズも、こなした回数や形だけにフォーカスしたり、自分の体に集中しないままで行っていたら時間の無駄です。最初は針の穴に糸を通すくらいの集中力が必要かもしれませんが、正しい使い方が「癖」になったら舞台でも通用する体になっていきます。

この本では目安となるエクササイズの回数を紹介していますが、これはあくまでも目安です。正しいポジションで行うことができなくなってしまうのであれば、3、4回繰り返し、少し休憩。その後にスタンスをしっかりと確認しながら再度行ってみてください。

もちろん、筋肉は使わなければ強くなりません。慣れてきた人、正しくできた人は、回数を増やしたり、ホールドする秒数を長くすることにチャレンジしましょう。量より質、そして質ができたら量！　この順番でいきましょう。

## エクササイズはいつ行えばいい？

これらのエクササイズは、いつどのタイミングで行っても大丈夫です。場所もとりませんし、道具もほとんど必要ありません。朝出かける前に2、3個こなし、レッスン前に4、5個、寝る前にいくつか……とエクササイズプランをつくってもいいですね。

ただし、ウォームアップとしてこのエクササイズを行う場合、ある程度のスピードと回数が必要です。慣れてきて、早いスピードでできるようになったらウォームアップの代わりに使っても構いませんが、最初のうちは、いつものウォームアップ（スタジオまで早歩き、軽いジョギングなど心拍数の上がるエクササイズを5～10分程度）の後に行ってください。

# みんながやっておきたい エクササイズ&ストレッチ

バレエスタンスをつくるのはもちろん、レッスンのウォームアップとしても。

| | Part.1 | Part.2 | Part.3 | Part.4 |
|---|---|---|---|---|
| エクササイズ&ストレッチ | **四つん這い手脚上げ**<br>▶90ページ<br>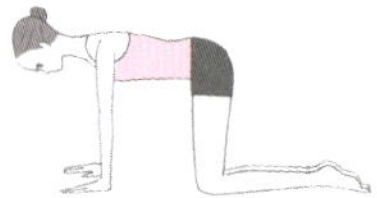 | **膝つきプランク**<br>▶93ページ<br> | **下向き腹筋**<br>▶95ページ<br> | **バックエクステンション**<br>▶97ページ<br>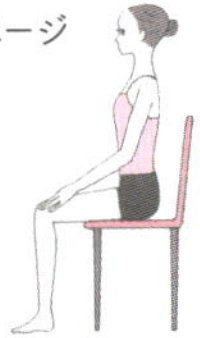 |
| エリア | 体幹 | | | |
| ゴール | 強い軸と体幹を養う | 強い軸と体幹を養う | 引き上がったお腹をつくる | ダンサーらしい背中をつくる |

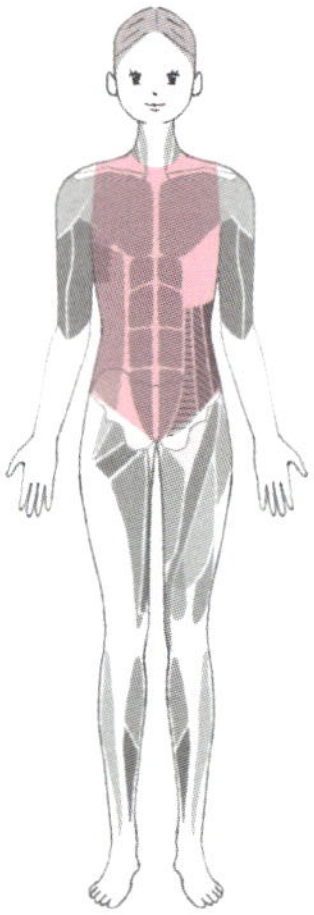

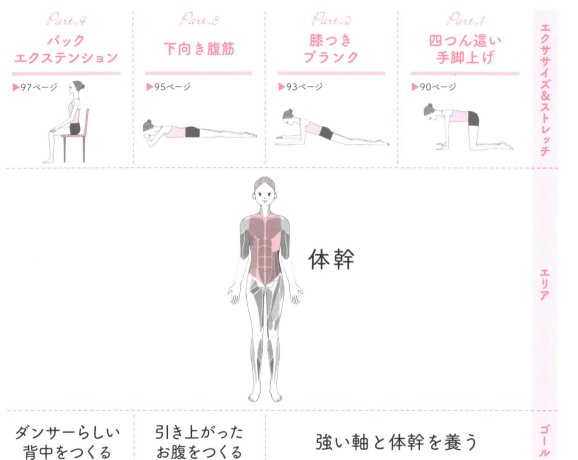

Part.5

## 骨盤の前の三角形ファインダー

▶100ページ

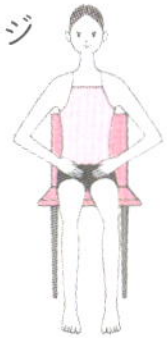

Part.6

## 骨盤スタビライザー

▶104ページ

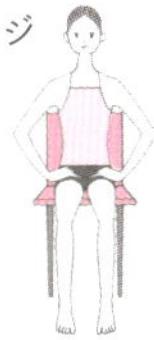

Part.7

## 坐骨ファインダー

▶106ページ

Part.8

## ブックオープナー

▶110ページ

Part.9

## 弓と矢

▶112ページ

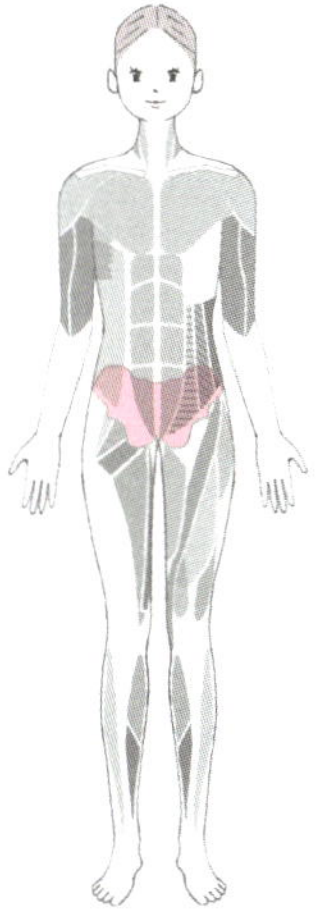

骨盤

骨盤を安定させる

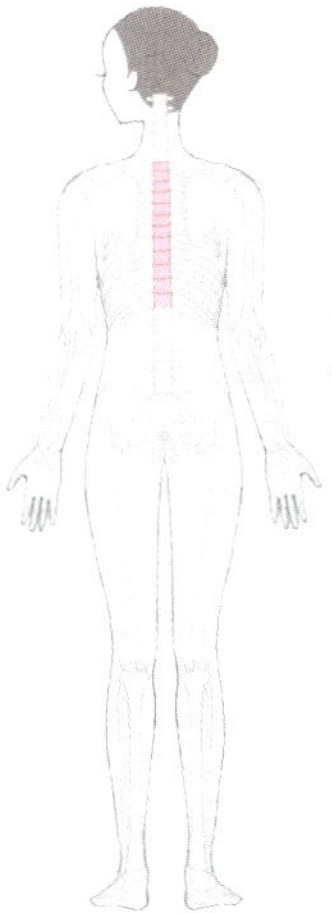

胸椎

柔軟な背中をつくる

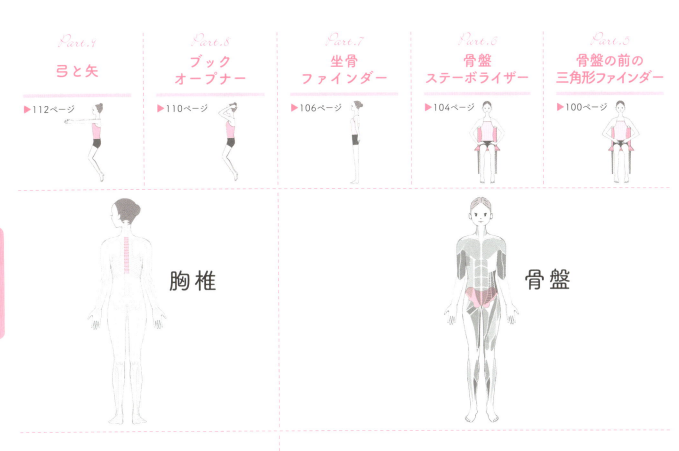

Exercise

# 体幹を鍛える

「体幹」という言葉は胴体すべてを指します。つまり、「体幹を鍛える」ということは、ただ腹筋を強くするのではなく、この広いエリアの筋肉をすべて鍛えるということ。バレエスタンスでは、骨盤や肋骨、背骨を正しい位置に置くことがとても重要です。次から紹介するシンプルな動きのエクササイズで、これらのポジションをしっかりと感じる練習をしていきましょう。

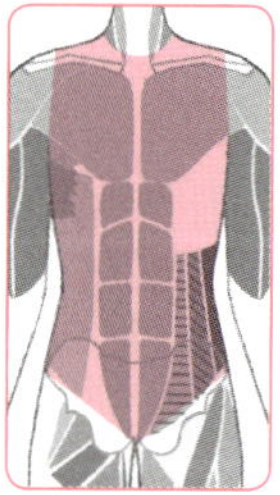

Part.1

## 四つん這い手脚上げ

**～強い軸と体幹を養うエクササイズ～**

5～10セット

1

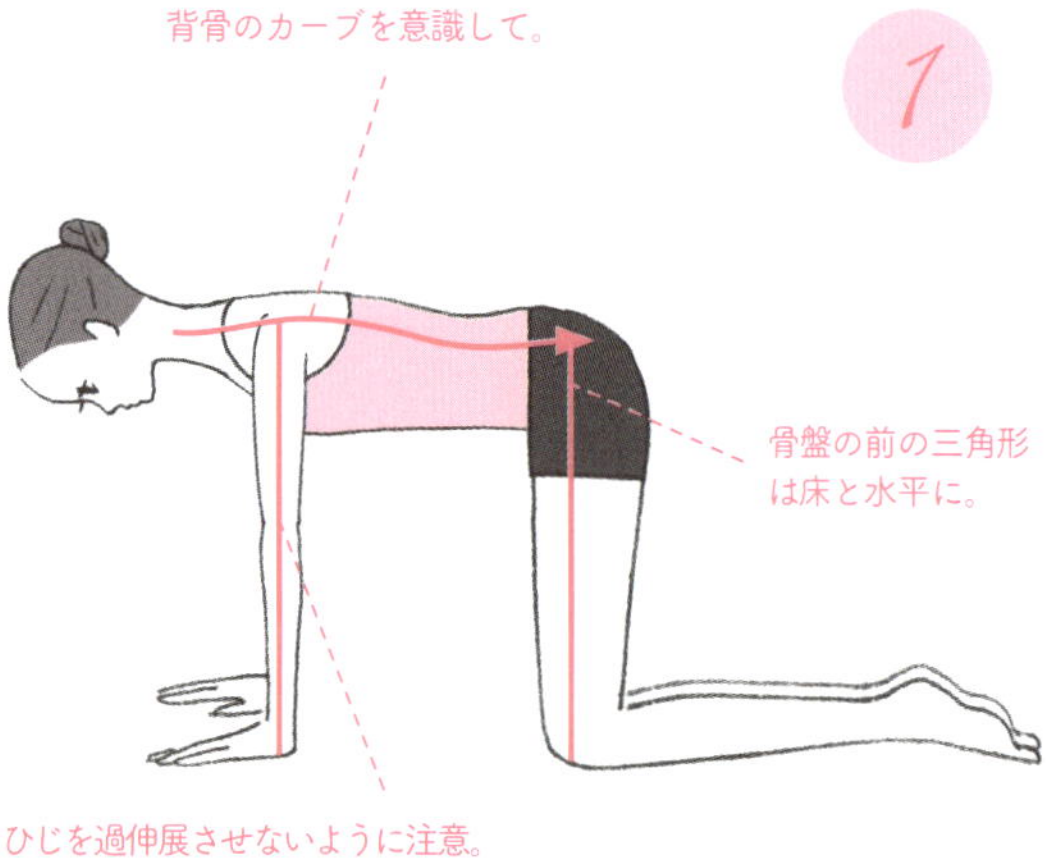
背骨のカーブを意識して。
骨盤の前の三角形は床と水平に。
ひじを過伸展させないように注意。

四つん這いになります。肩関節と股関節が直角になるようにしましょう。バレエスタンスでお話した背骨のカーブや肋骨、骨盤が垂直ではなく水平に移動した、と考えてください。

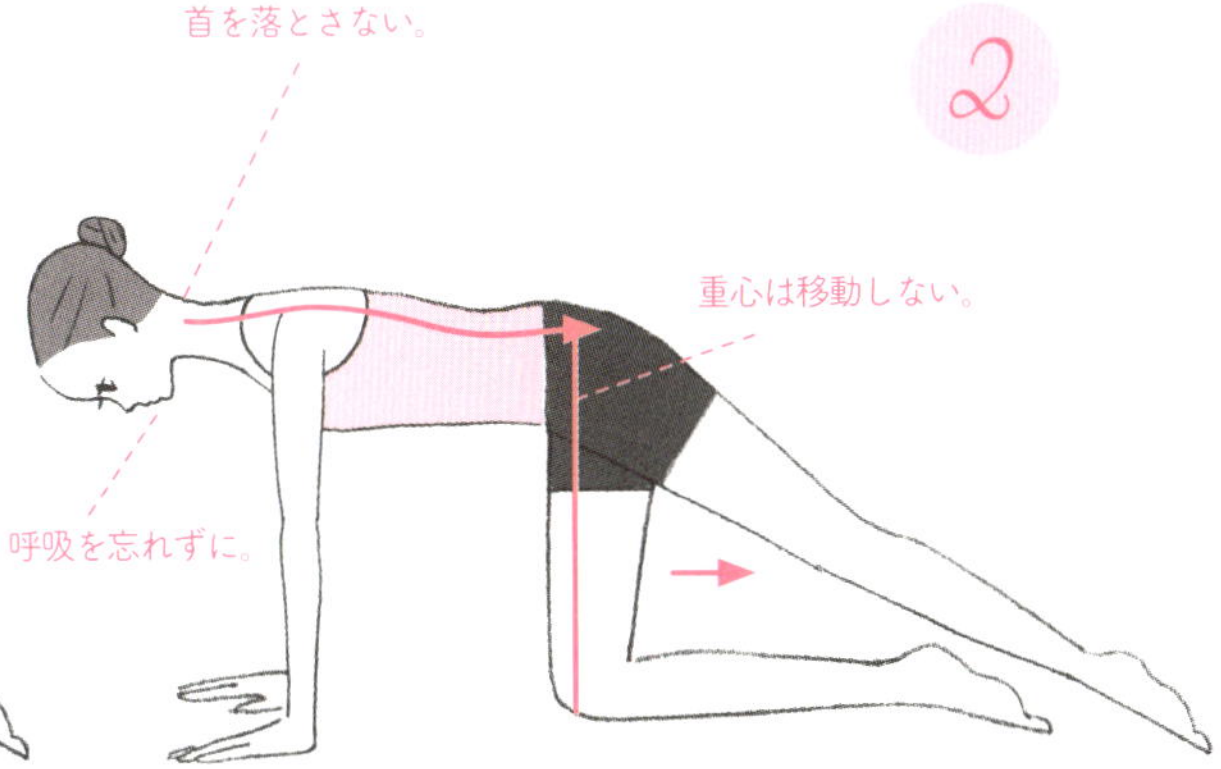


片脚のつま先をスライドさせ、膝を伸ばします。脚を動かしたとたん、骨盤が軸足のほうにずれたり、肩や肋骨、首が傾かないように気をつけて。体幹をキープしたまま、股関節から大腿骨が動く感覚を意識しましょう。

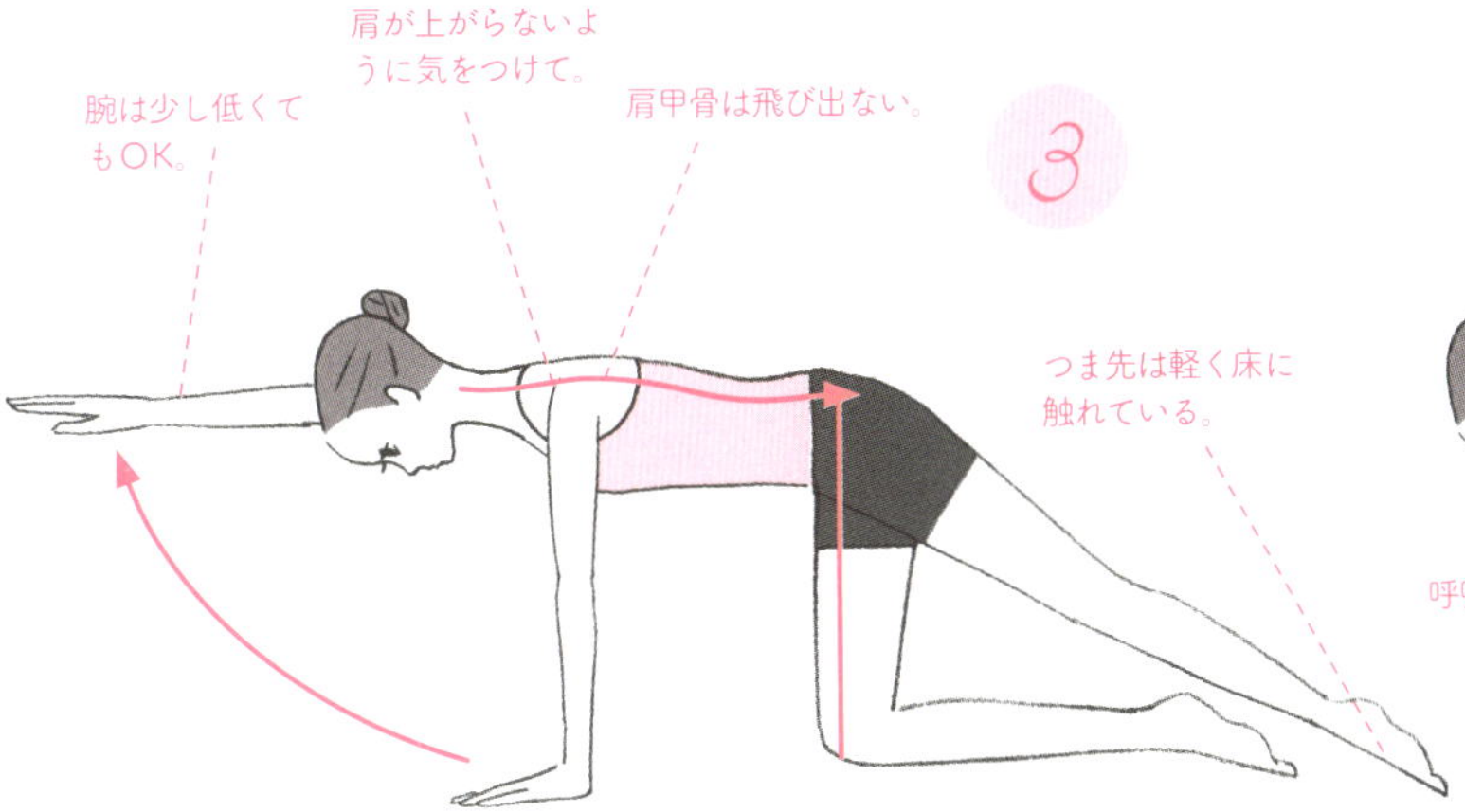


伸ばした脚と反対側の手を体と水平の高さに持ち上げ、3秒ホールドしておろす。腕を前に伸ばしても②同様、体幹は動きません。このとき長く伸ばしていた背骨が縮みやすくなるので気をつけて。肩甲骨も体の中に収めておきましょう。

四つん這いでバレエスタンスをキープすることが難しい人は体を少し持ち上げましょう。腕を低いテーブルや椅子の座面にのせます。この姿勢から、片方ずつ脚を伸ばします。

＊腕を置く場所が高くなるため体の方向が変わりますが、バレエスタンスをキープできれば問題ありません。このポジションの場合、骨盤がかかとのほうに落ちやすいので気をつけましょう。

手脚の動きに負けず、上半身のバレエスタンスをキープすることができた人は、脚を骨盤の高さまで持ち上げてみましょう。脚を持ち上げたとたん、ダックちゃんになってしまったり、軸足のお尻が外に逃げないように。手と脚のコーディネーションを考えて。

Part.2

30秒

# 膝つきプランク
## 〜強い軸と体幹を養うエクササイズ〜

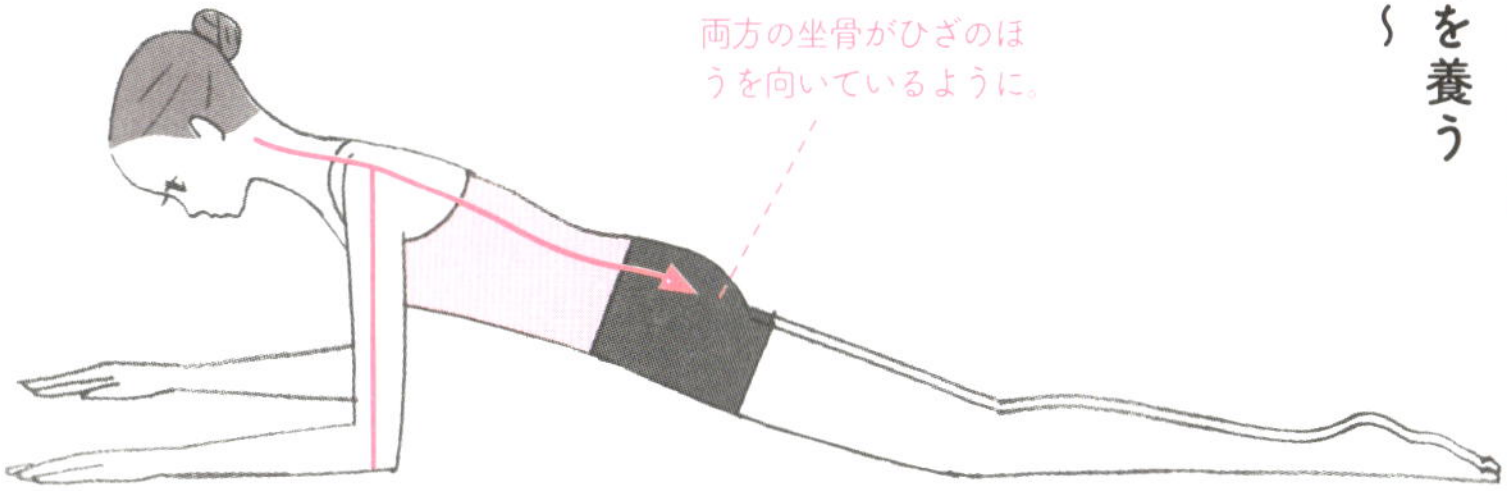

両方の坐骨がひざのほうを向いているように。


ひじは肩幅、脚はそろえて膝をつきます。四つん這い手脚上げの①と同じように、このポジションでバレエスタンスを感じたまま、30秒ホールドします。いつもの呼吸が続けられているかをしっかりと確認して。

### Point

**肩が丸まってしまう人**…手のひらを上向きにしてみましょう。上腕骨が外旋し、肩が開きやすくなります。バレエの腕のポジションでは、手のひらを上向きにすることがほとんどありません。肩を開く感覚を感じ、キープすることができたら、手のひらを下に戻し、そのポジションでも肩や背中を広く保って。

**骨盤がタックになってしまう人**（P33）…両脚の内転筋が抜けていないかチェックを。内転筋のスイッチが入ると骨盤の前の三角形（P31）が感じやすくなります。

**骨盤がダックになってしまう人**（P32）、**太ももの前に力が入ってしまう人**…膝を肩幅に開いて行ってみましょう。坐骨を膝のほうにおろす感覚、腰椎をリラックスさせる感覚が生まれます。慣れてきたら少しずつ膝を閉じていきますが、骨盤のプレースメント（P31）をなくさないように。

難易度 Up

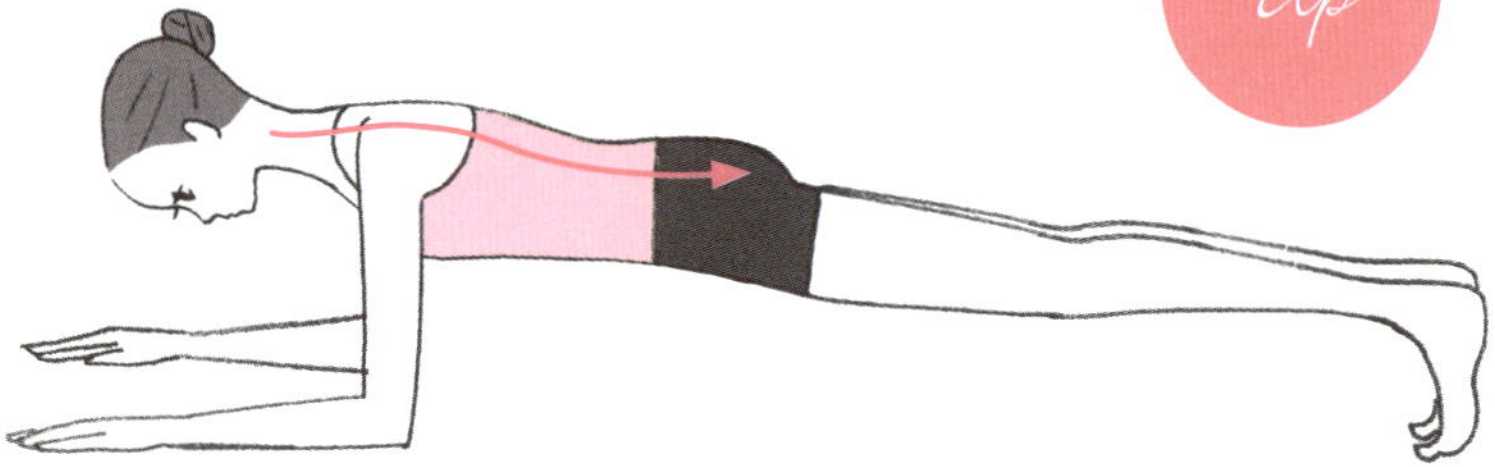

ホールドする時間を30秒以上に長くしたり、膝を伸ばして床についている面積を減らしてみましょう。

＊その他のプランクバリエーションを知りたい人はDLSのプランク攻略本を参考にしてください。
www.dancerslifesupport.com/store

難易度 Down

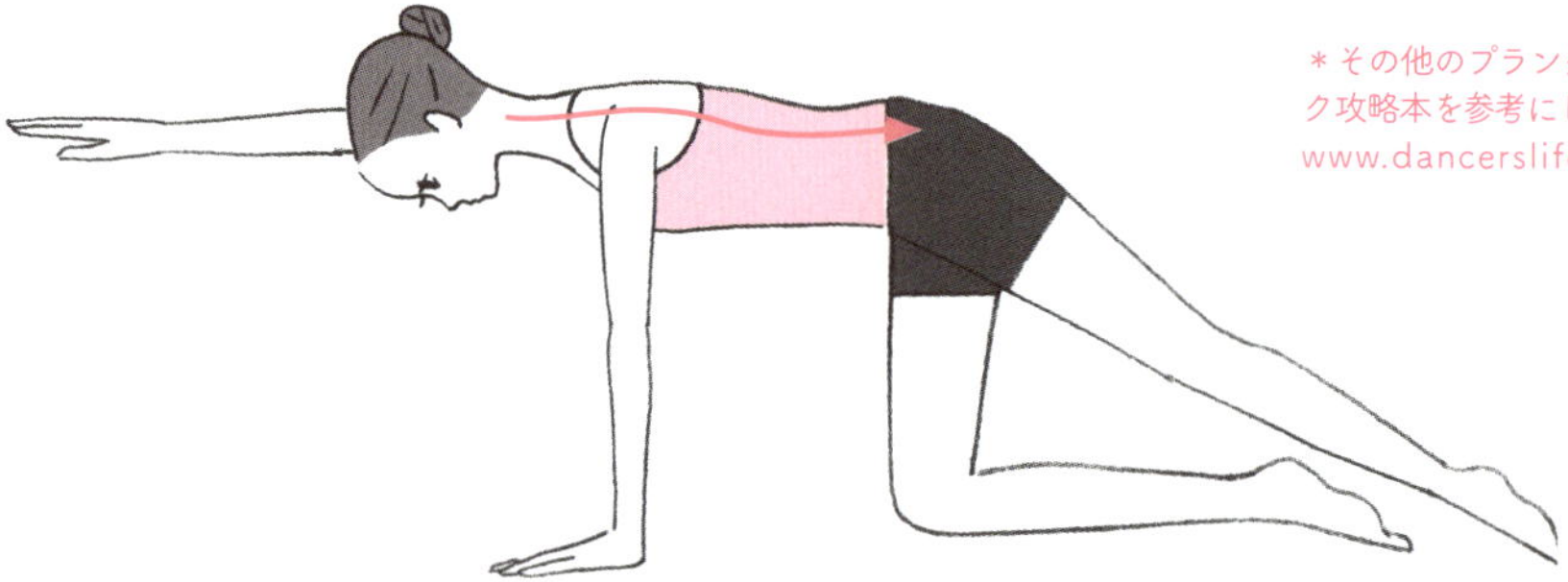

膝つきプランクをキープできない人は、5秒ほど休憩をはさみながら、まずは合計30秒を目標にチャレンジしましょう。難しい場合、四つん這い手脚上げエクササイズ(P90)を続けてからこちらに再度チャレンジしてください。

Part.3

# 下向き腹筋

## 〜おなかを引き上げ 骨盤と腰をサポートするエクササイズ〜

10呼吸

1

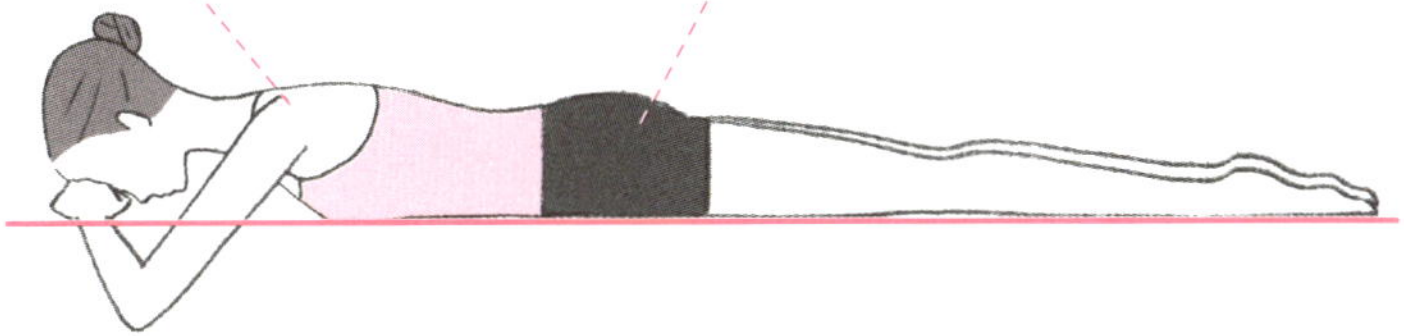
ひじを遠くに引っ張る感覚を意識すると、肩を開くことができます。
坐骨がかかとのほうを向いているか確認して。

うつ伏せになります。手を組みその上におでこをのせておきましょう。両足のかかとと親指の付け根を揃えて内転筋を感じます。

×

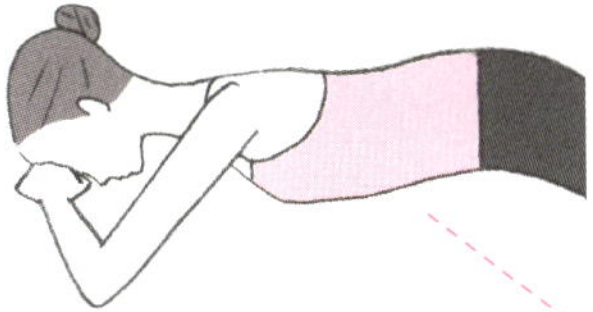

背骨のカーブは変わらないように意識しましょう。わからなかったら片手を腰椎の上において確認してください。おなかをいれて、とレッスンで注意されたときに背骨を丸めないためにもしっかりと練習して。

2

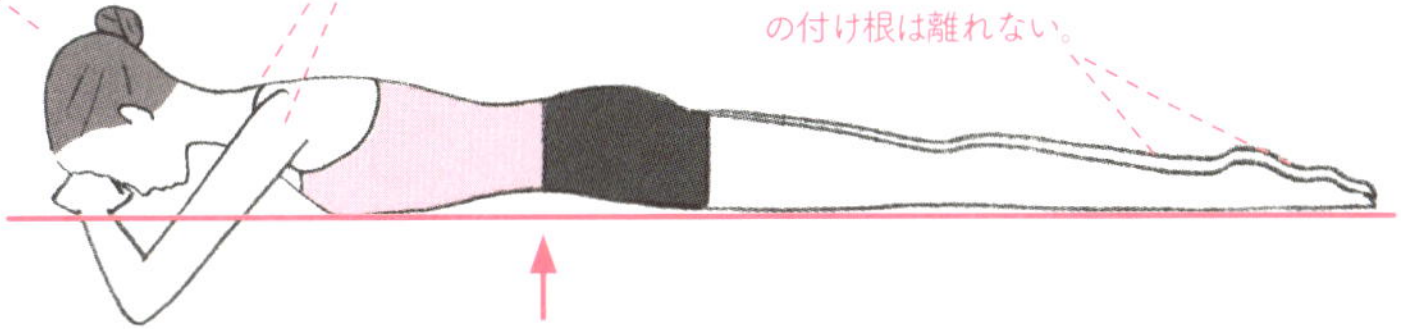
肩が持ち上がったり、腕に力が入ったりしない。
両足のかかとと親指の付け根は離れない。

バレエスタンスを意識しながらおへそを背骨のほうに持ち上げます。骨が動くのではなく、内臓を床から持ち上げる、というわずかな動きです。

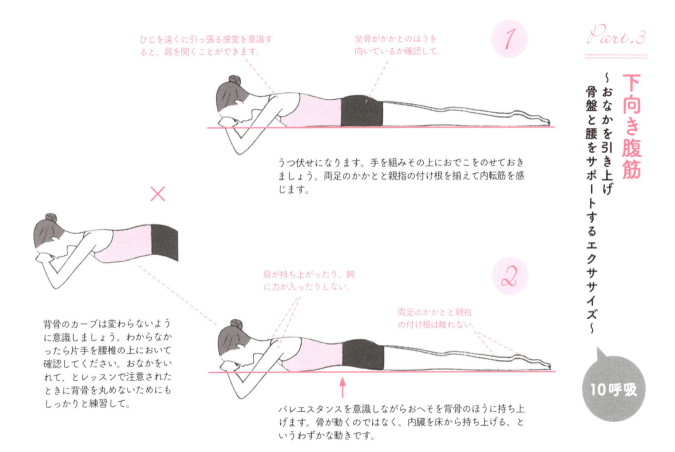

＊一般的な腹筋は何度もできるのに、踊りだしたとたんおなかがベろーんとだらしなくなってしまう人や、「腹筋を使って！」と言われたとたん、骨盤がタックになったり引き上げがなくなってしまう人は、下向き腹筋を毎回レッスン前に行いましょう。

難易度

Up

上げた脚のほうの骨盤が持ち上がったり、反対側のお尻が横に逃げないように気をつけて。

骨盤をまったく動かさず、脚を体の後ろに上げる場合、15度までしか上がりません。たくさん上げるのがゴールではなく、かかとを遠くに伸ばす感覚を意識して。

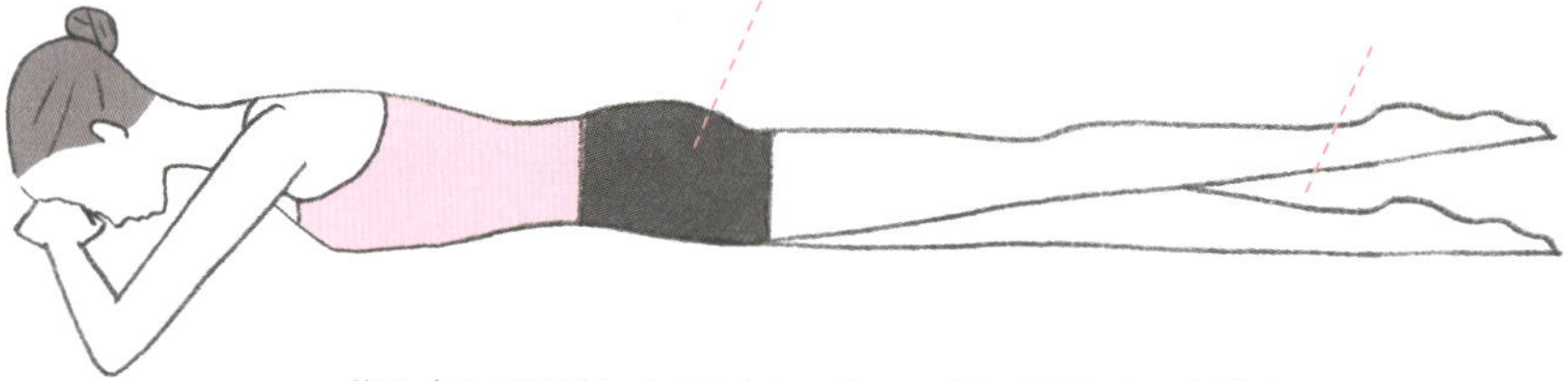

脚を少しだけ浮かせてみましょう。つま先が少し床から浮く程度でOK。つま先が床から離れても、肩や腕に力が入らず、おへそと背骨をしっかりとつけながら、呼吸ができるように練習してください。

難易度

Down

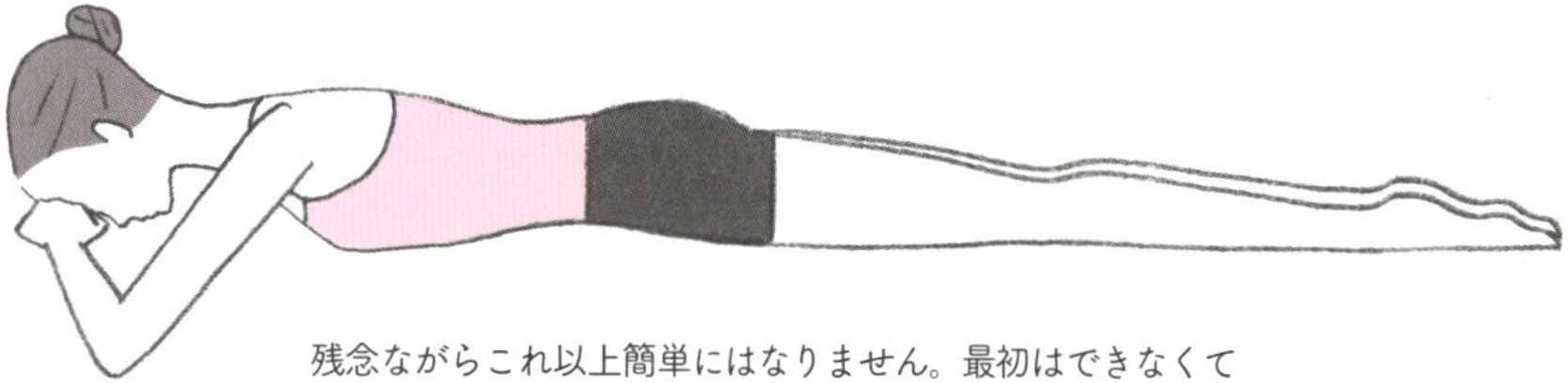

残念ながらこれ以上簡単にはなりません。最初はできなくても、練習を続けたらおなかの感覚が使えるようになります。しっかりと集中して行うことで頭（感覚）と筋肉（動き）を結びつけましょう。

Part.4

# バックエクステンション
## 〜ダンサーらしい背中をつくるエクササイズ〜

5〜10セット

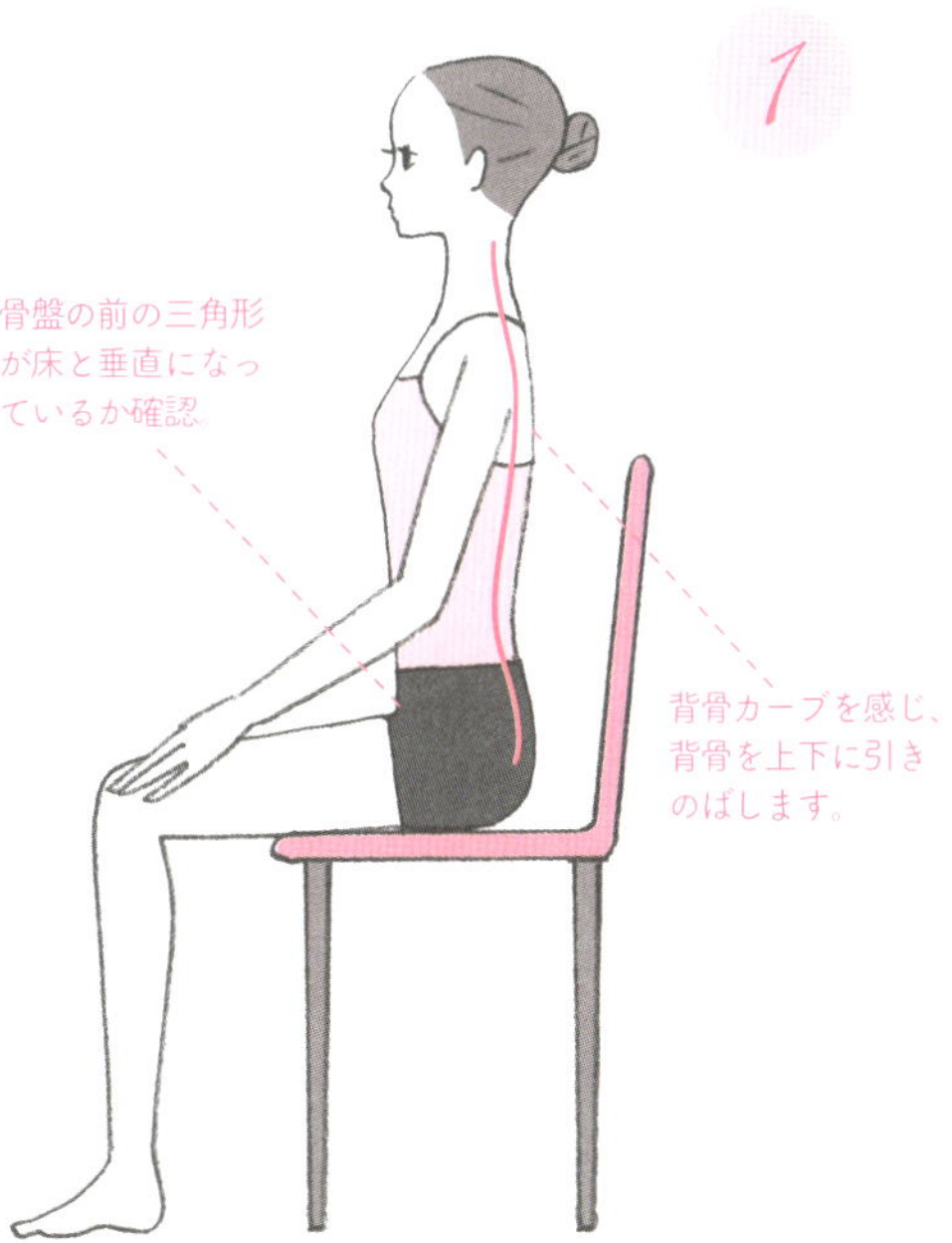
1
骨盤の前の三角形が床と垂直になっているか確認。
背骨カーブを感じ、背骨を上下に引きのばします。

バレエスタンスの上半身を意識しながら椅子に座ります。両方の坐骨に均等に体重をのせ、足裏全体が床につく高さの椅子を探してください。

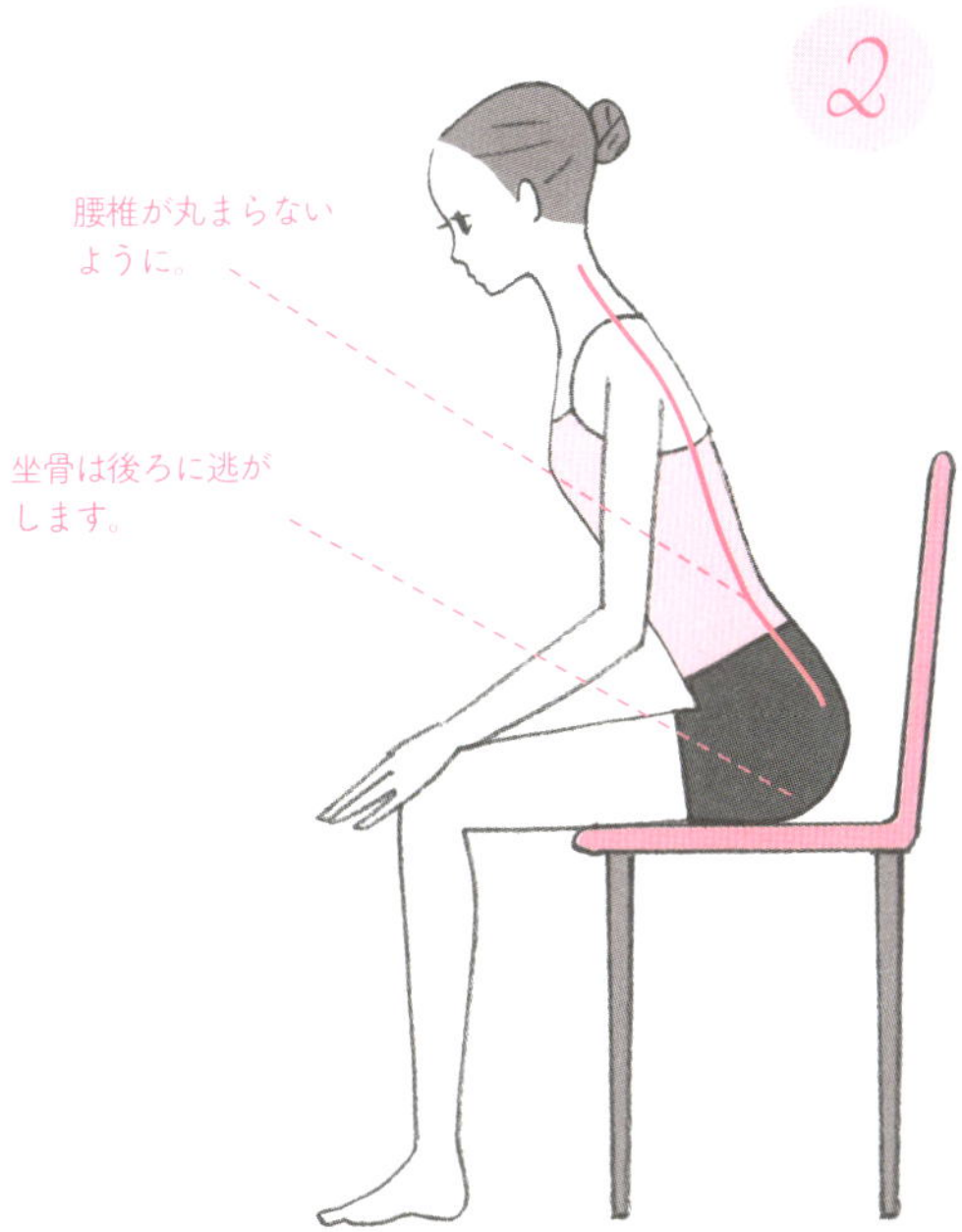
2
腰椎が丸まらないように。
坐骨は後ろに逃がします。

両手を膝の上にのせて、体を45度傾けます。このとき、肩が前に落ちないように気をつけて。スタートポジションでつくった引き上げをこの角度でも感じることができるように。

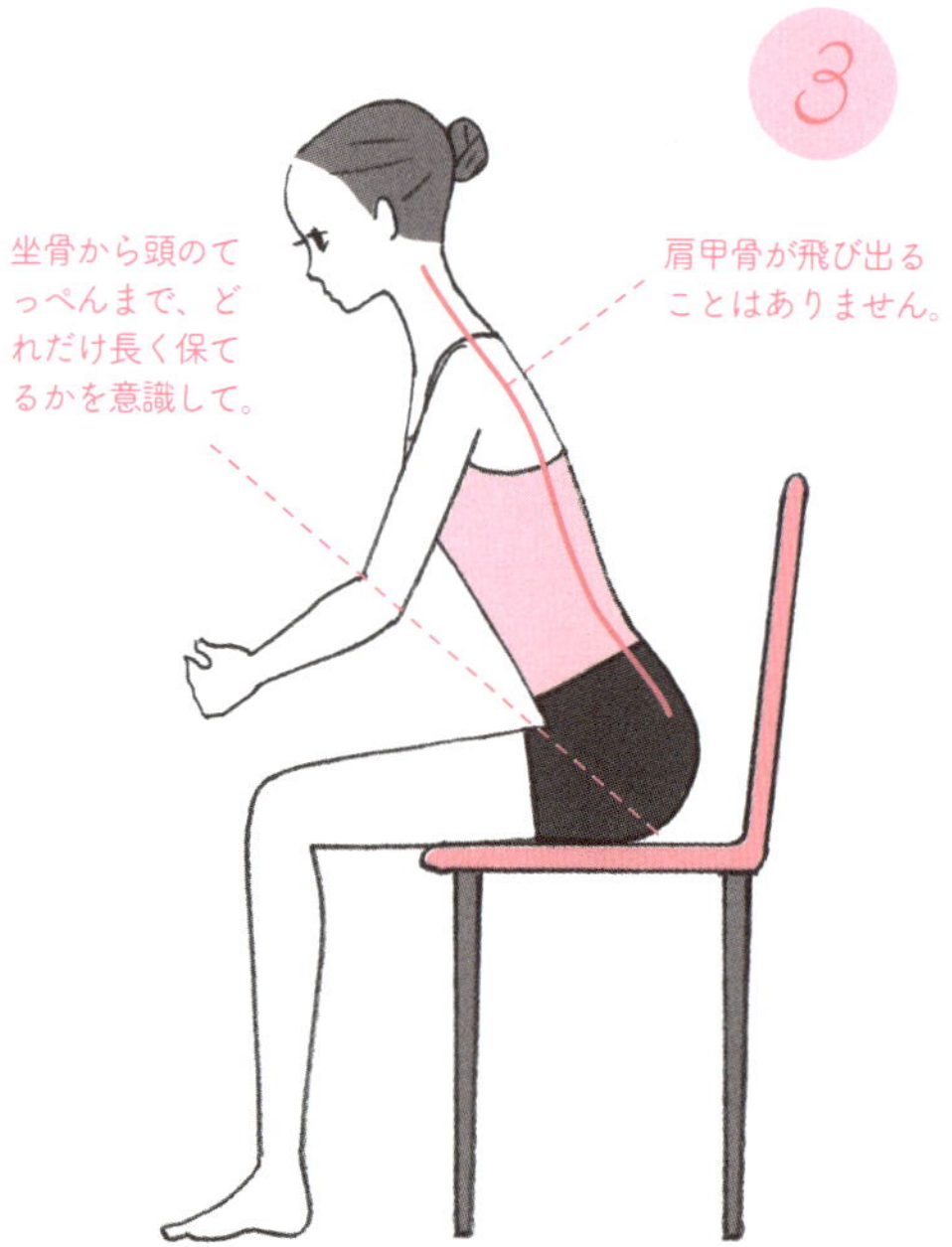
3
坐骨から頭のてっぺんまで、どれだけ長く保てるかを意識して。
肩甲骨が飛び出ることはありません。

腕を1番ポジションで保ったまま、5呼吸ほどキープします。呼吸しているときに肋骨の位置が変わったり、首に力みが出ないように気をつけて。

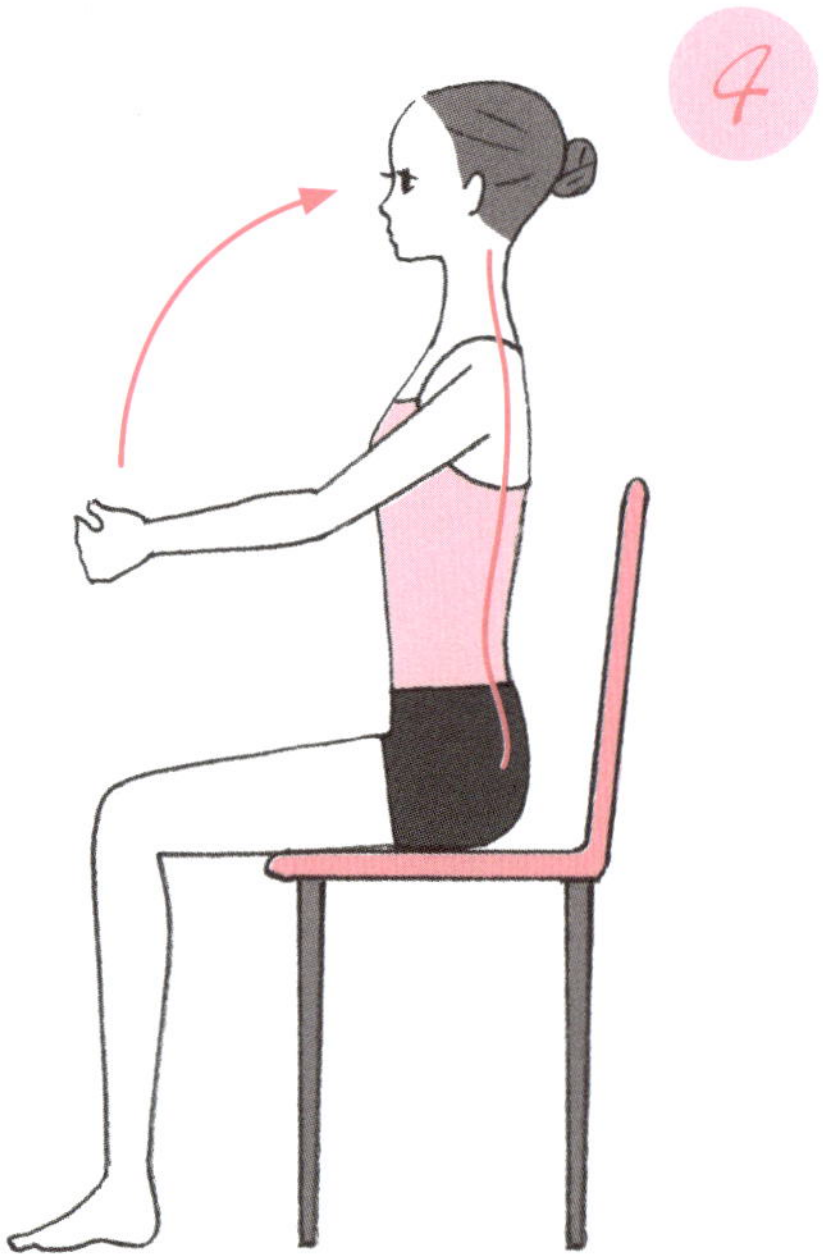
4

腕を1番ポジションに残したまま、上半身を最初のポジションに戻します。骨盤から頭蓋骨までのすべての骨が、同じタイミングで戻ってこられるように。

Point

②で体を傾けたとたん、背骨のカーブが変わってはいけません。また重力が働き、体が下に引っ張られますが、肋骨や首が前に落ちないように意識しましょう。骨盤から前に体を傾けますから、坐骨は後ろに逃げますが、腰を反らせたり、丸くなったりしないように気をつけましょう。

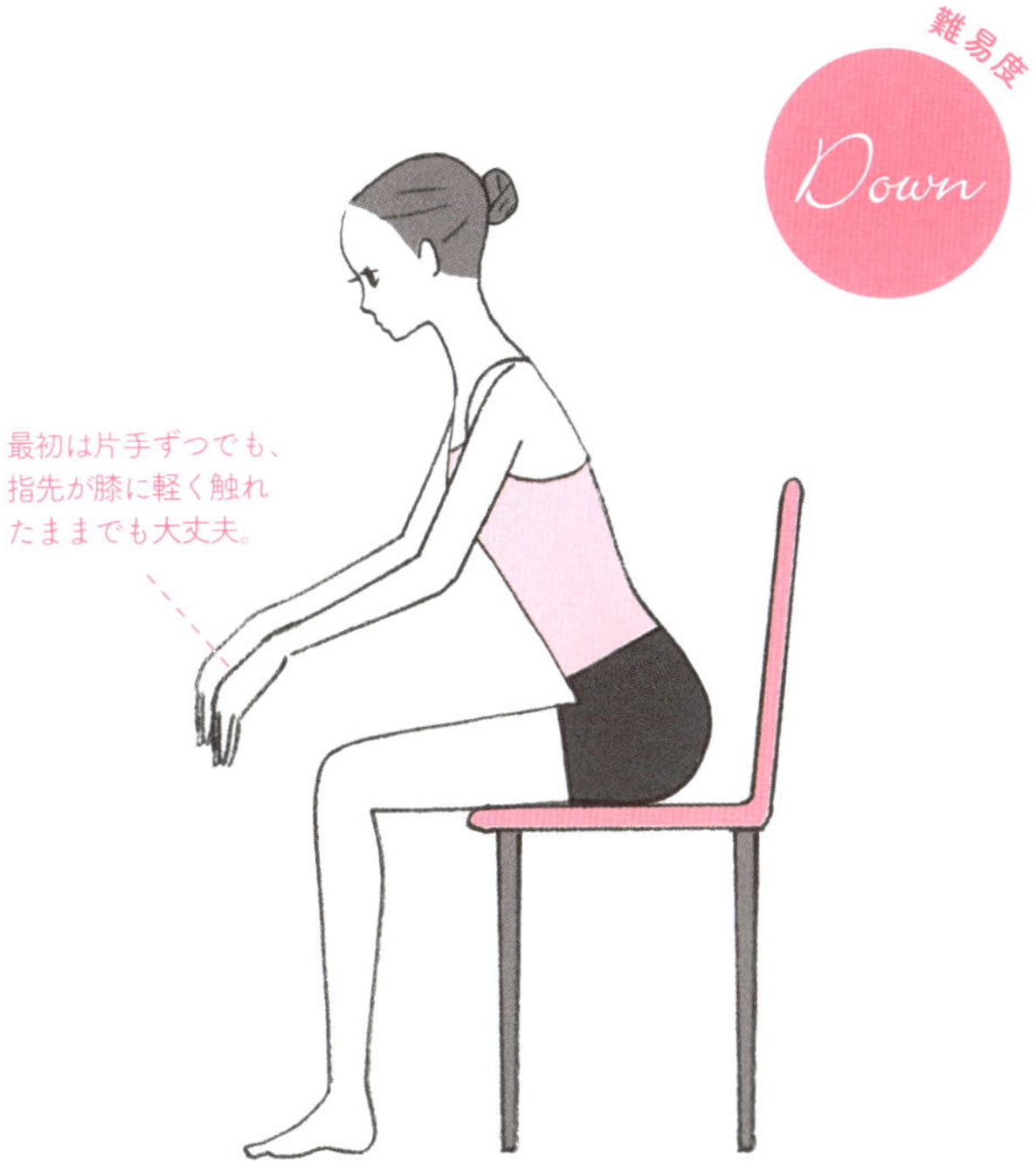
難易度
Down
最初は片手ずつでも、
指先が膝に軽く触れ
たままでも大丈夫。

難易度
Up
5番ポジションは体
の前にあるポジショ
ンですから、腕が耳
より後ろに行くこと
はありません。
肋骨が前に押し出さ
れやすいので、細心
の注意を払って。
下向き腹筋（P95）
のおなかを保ちま
す。

1番ポジションで体幹をキープするのが難しかった人、もしくは腰痛がある人は③の腕を膝から少し浮かせてください。上半身を起こす前に、再度手を膝の上に軽く置きましょう。腕の重さを脚で支えることができるため、バレエスタンスに集中することができます。

③の腕を、1番ポジションから5番ポジションにしてみましょう。肩や肋骨が腕の動きに引きずられないように気をつけて。5番ポジションのまま、背骨をより高く引き上げて上半身を戻してきましょう。

Exercise

# 骨盤を安定させる

このエクササイズを始める前に、P31で説明した骨盤の三角形と骨盤のプレースメントをしっかり理解しておきましょう。骨盤を安定させることと固めることは違います。ここでは骨盤をイーブン（均等）に動かす感覚、骨盤だけを動かす感覚、そして常に骨盤の前の三角形を意識し、しっかりと真ん中に戻ってくる練習をしていきます。小さい動きですが、脚を高く上げるためにはとても役立ちます。しっかりと練習してください。

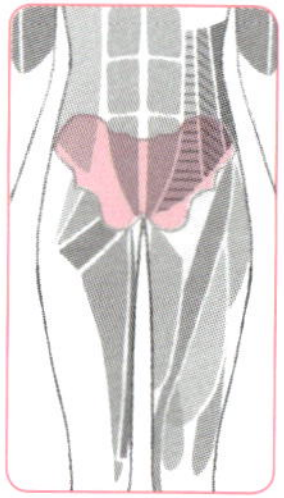

Part.5

## 1 骨盤の前の三角形ファインダー

~骨盤の前の三角形を探すエクササイズ~

3〜4セット

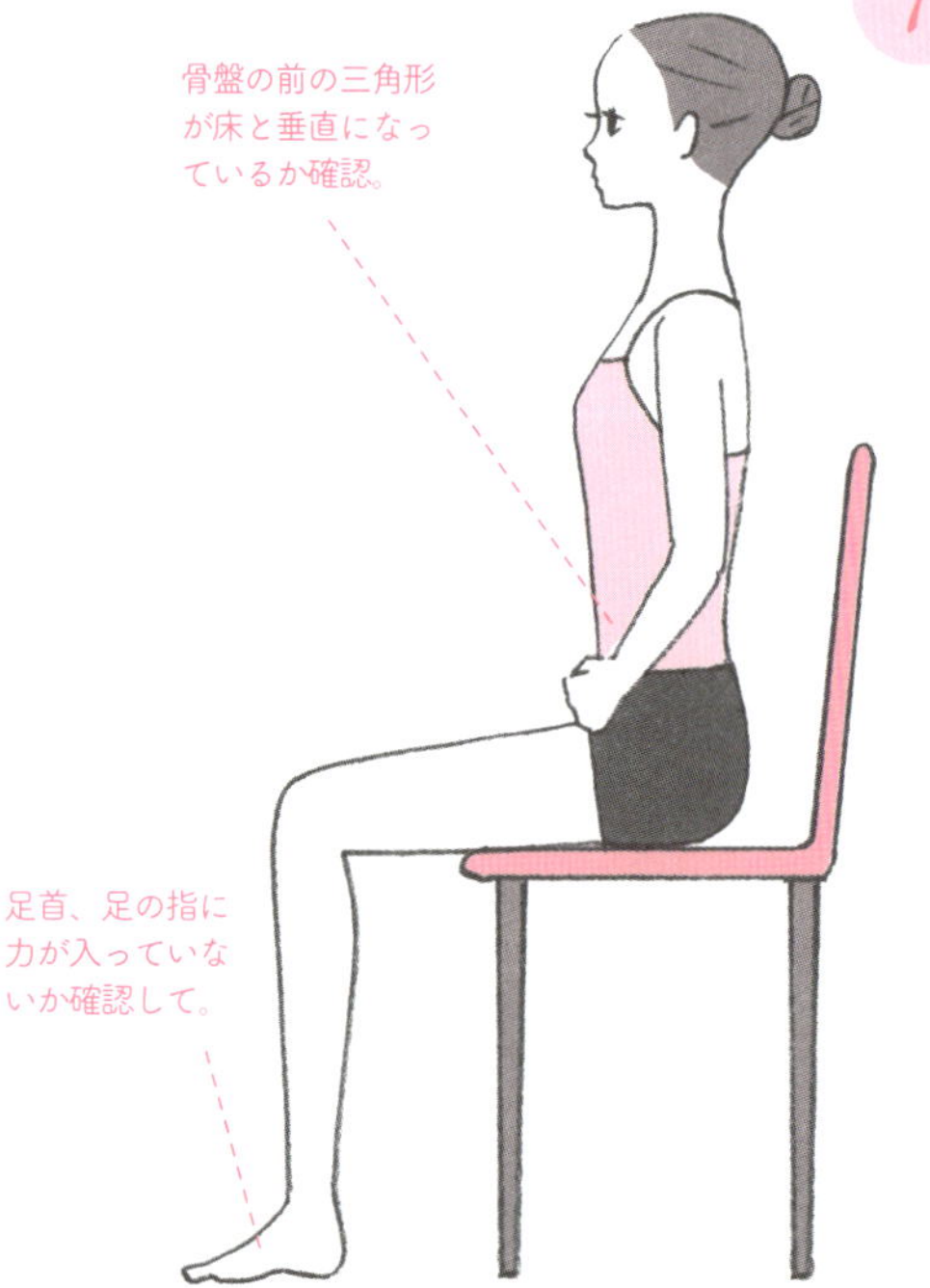

骨盤の前の三角形が床と垂直になっているか確認。
足首、足の指に力が入っていないか確認して。


バレエスタンスの上半身を意識しながら椅子に座ります。両方の坐骨に均等に体重をのせ、足裏全体が床につく高さの椅子を探してください。

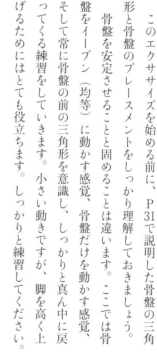

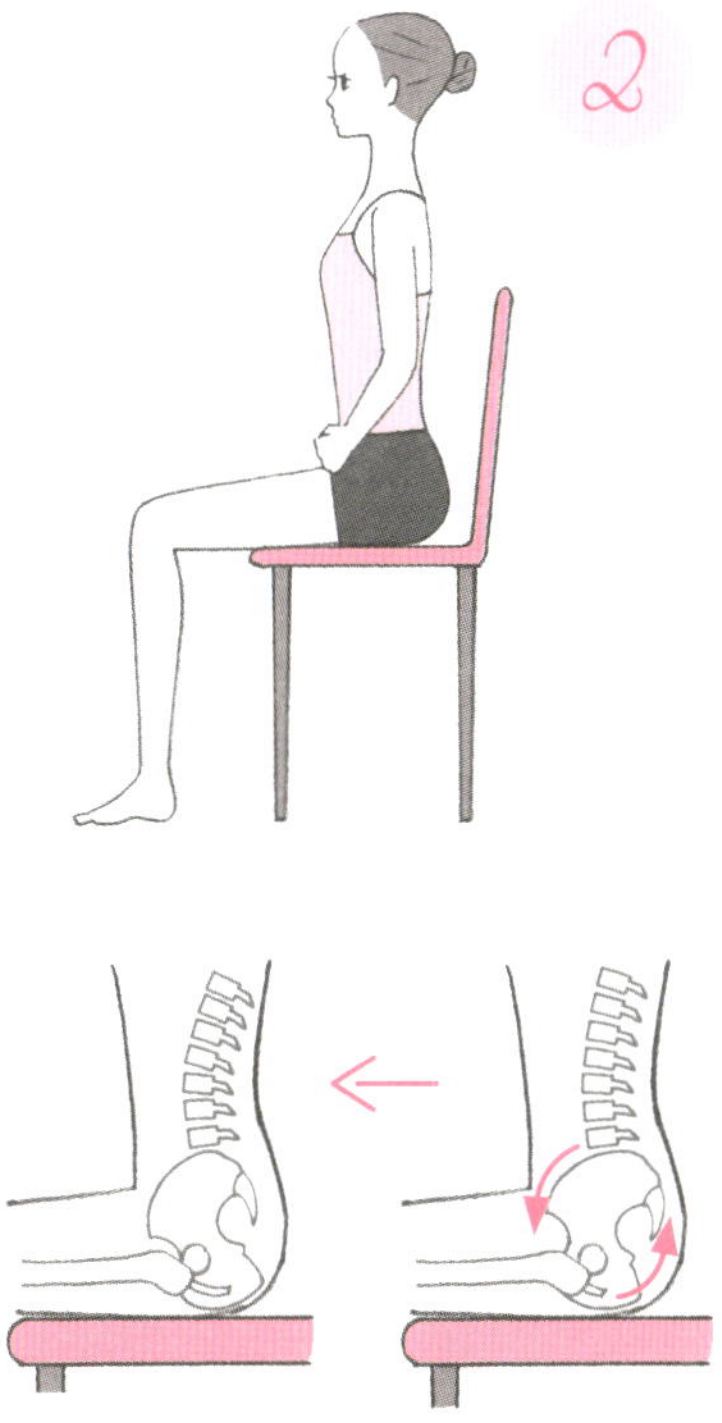


ゆるやかに仙骨と坐骨を後ろに送ります。このとき、腰椎は骨盤とともに動きますが、極力動きは骨盤の中だけで起こるようにし、肋骨が前に落ちたり、頭の位置が変わらないように気をつけて。

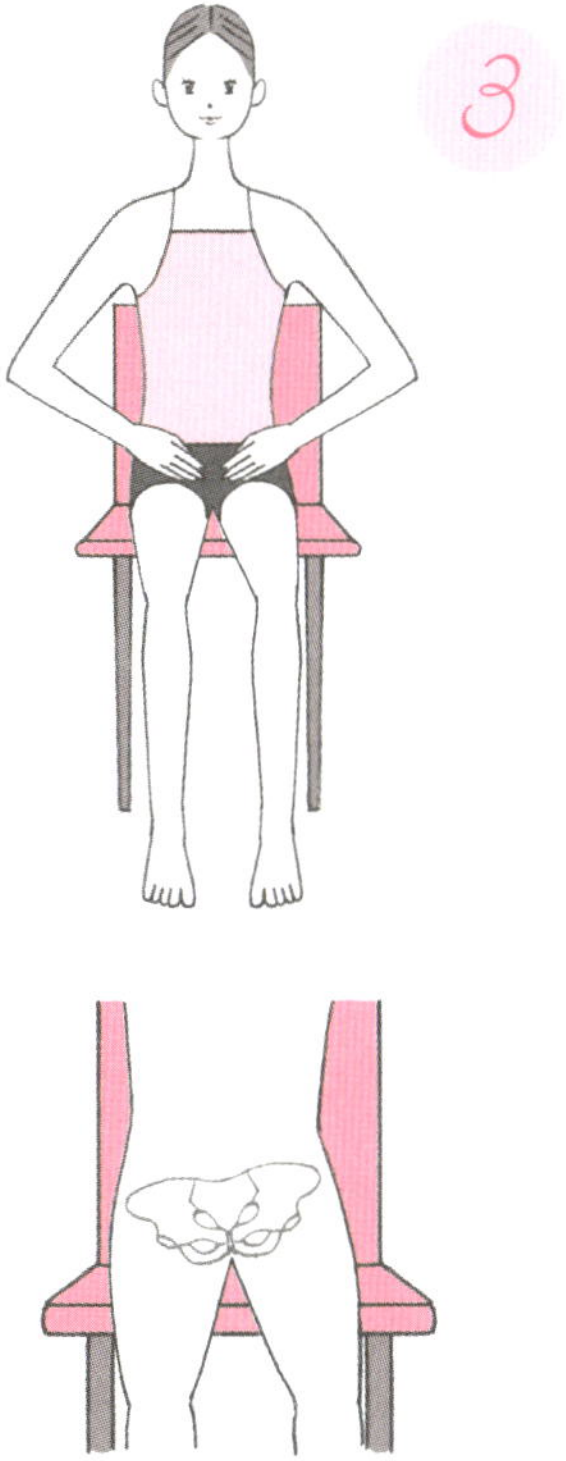


骨盤の三角形を垂直に戻しながら体重を右の坐骨にのせていきます。左のウエストが力まず、骨盤の深い部分から動いている感覚を意識して。

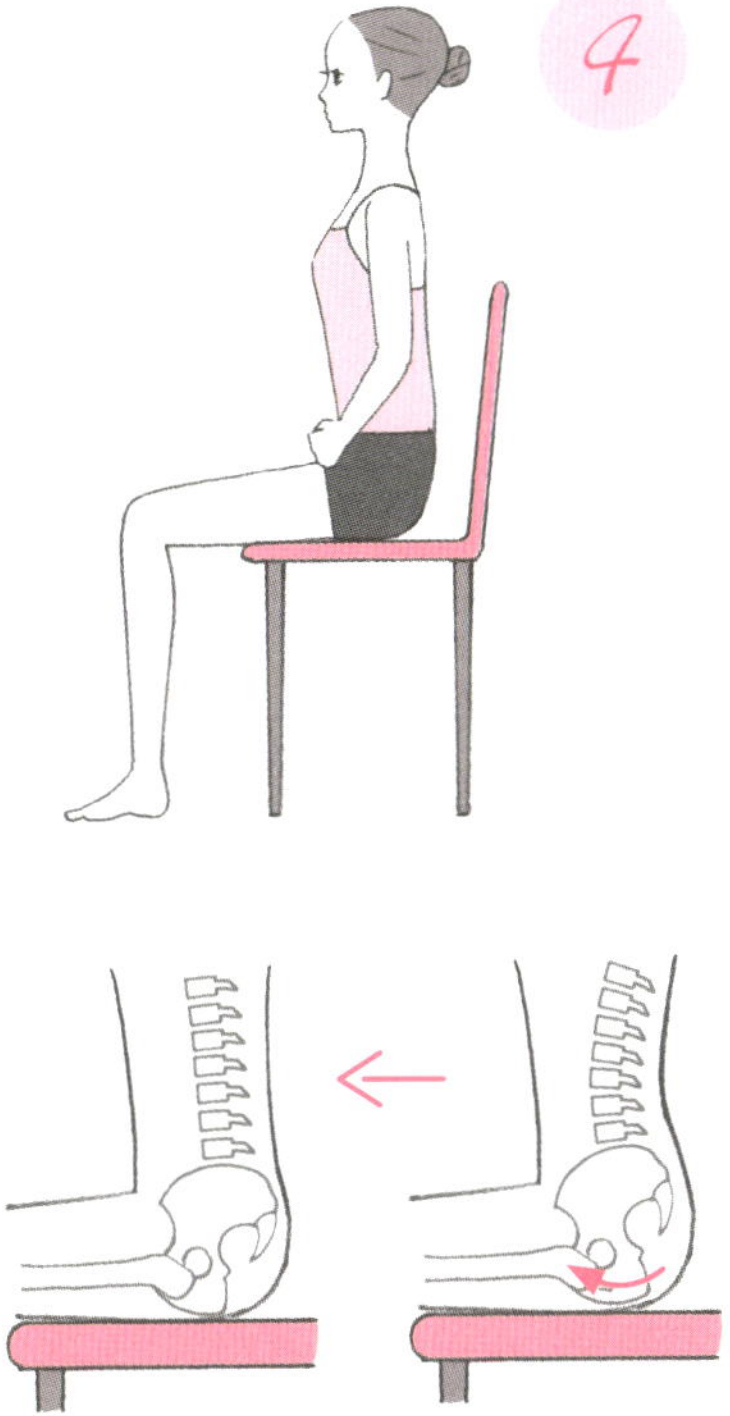


右の坐骨から体重を少しずつ恥骨結合のほうへ戻しながら、坐骨を体の前に送っていきます。腰椎は骨盤につられてゆるやかに丸まりますが、重力に負けて落ちるわけではないことを注意して。

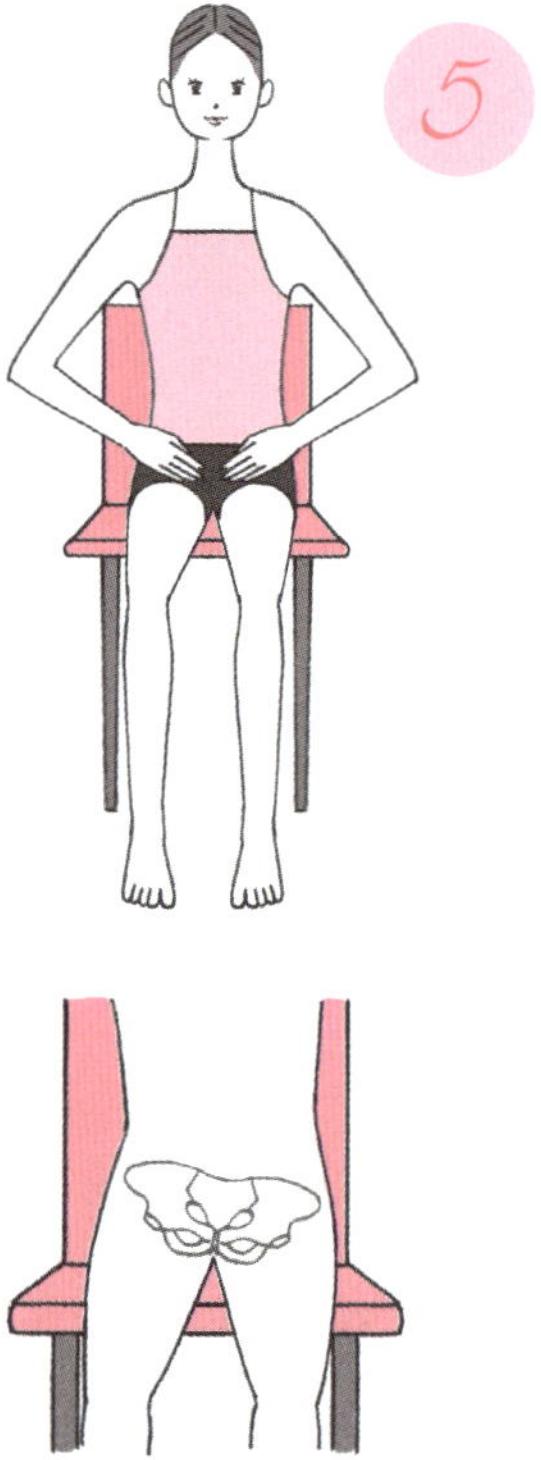


骨盤の三角形を戻しながら体重を左の坐骨にのせていきます。③の逆になります。

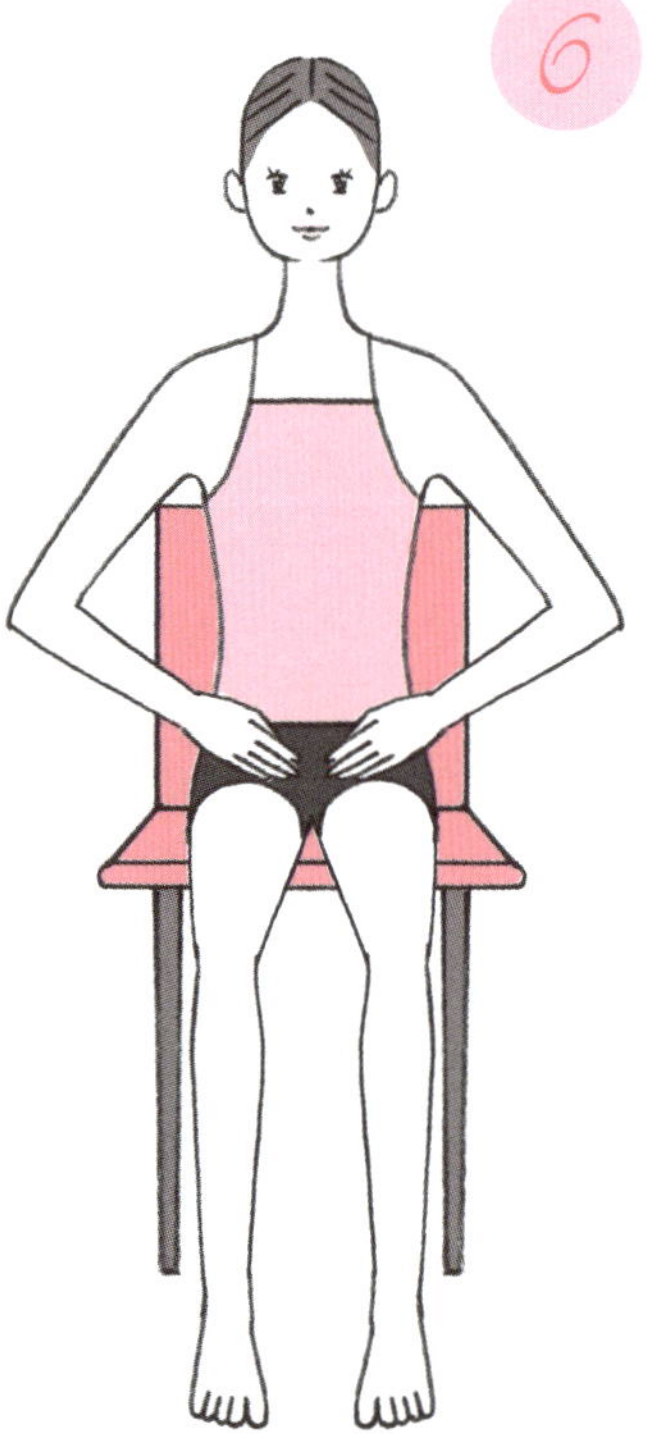


右の坐骨に体重の半分を戻しながら、スタートポジションに戻ってきます。反対も繰り返しましょう。

## Point

体重を左右に移動させたり、骨盤を動かしていますが、お尻のお肉はいつも椅子についているようにしましょう。大きく骨盤を動かすのが目的なのではなく、骨盤の小さな動きの変化に敏感になるためのエクササイズです。

腰椎と骨盤はつながっていますから少しだけ腰椎が動きますが、それ以外はできるかぎり動かさないように気をつけましょう。肋骨や頭蓋骨は体のセンターに置いたままです。また、両脚が床から浮いてしまったり、太ももに力が入らないように気をつけて。

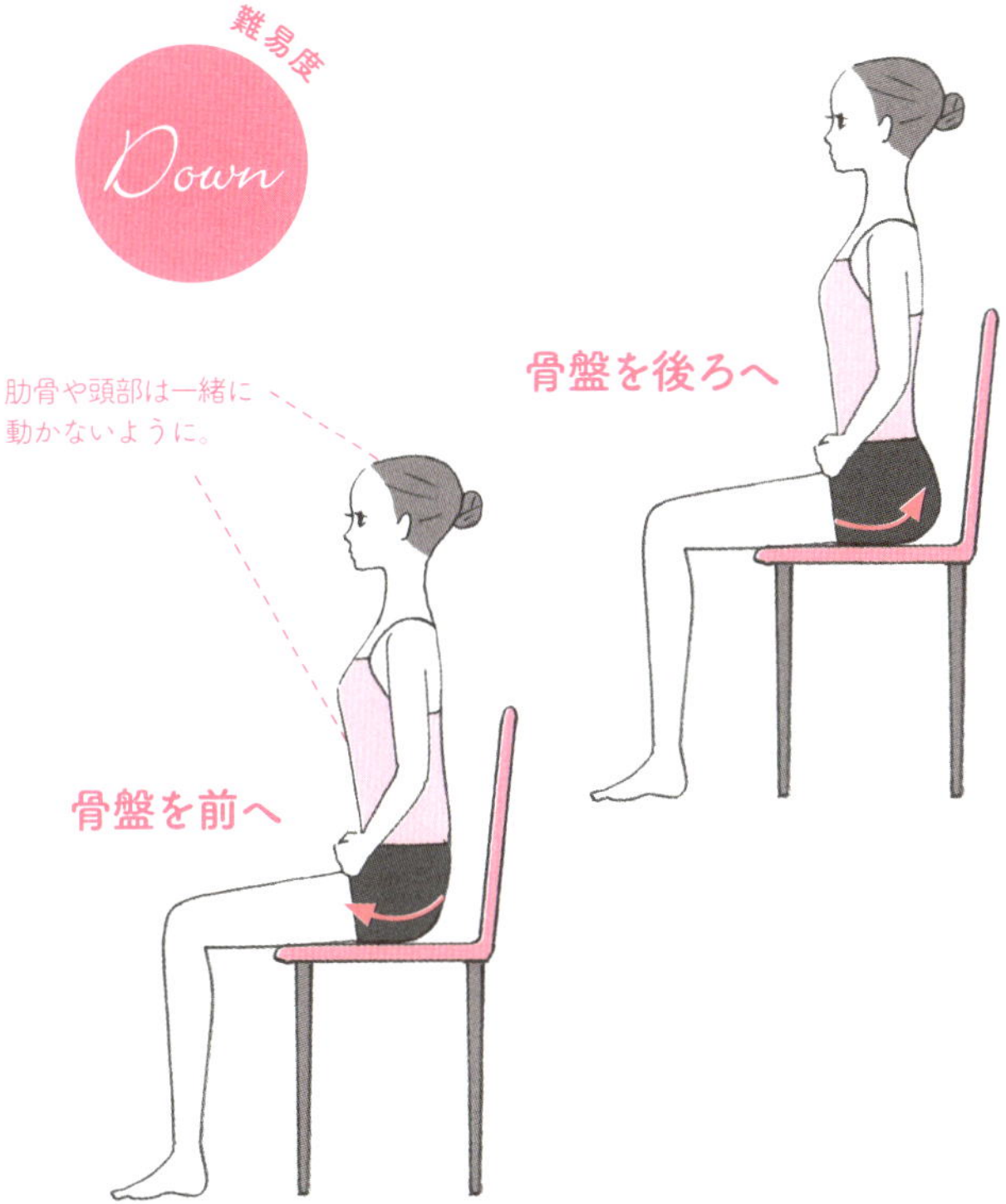


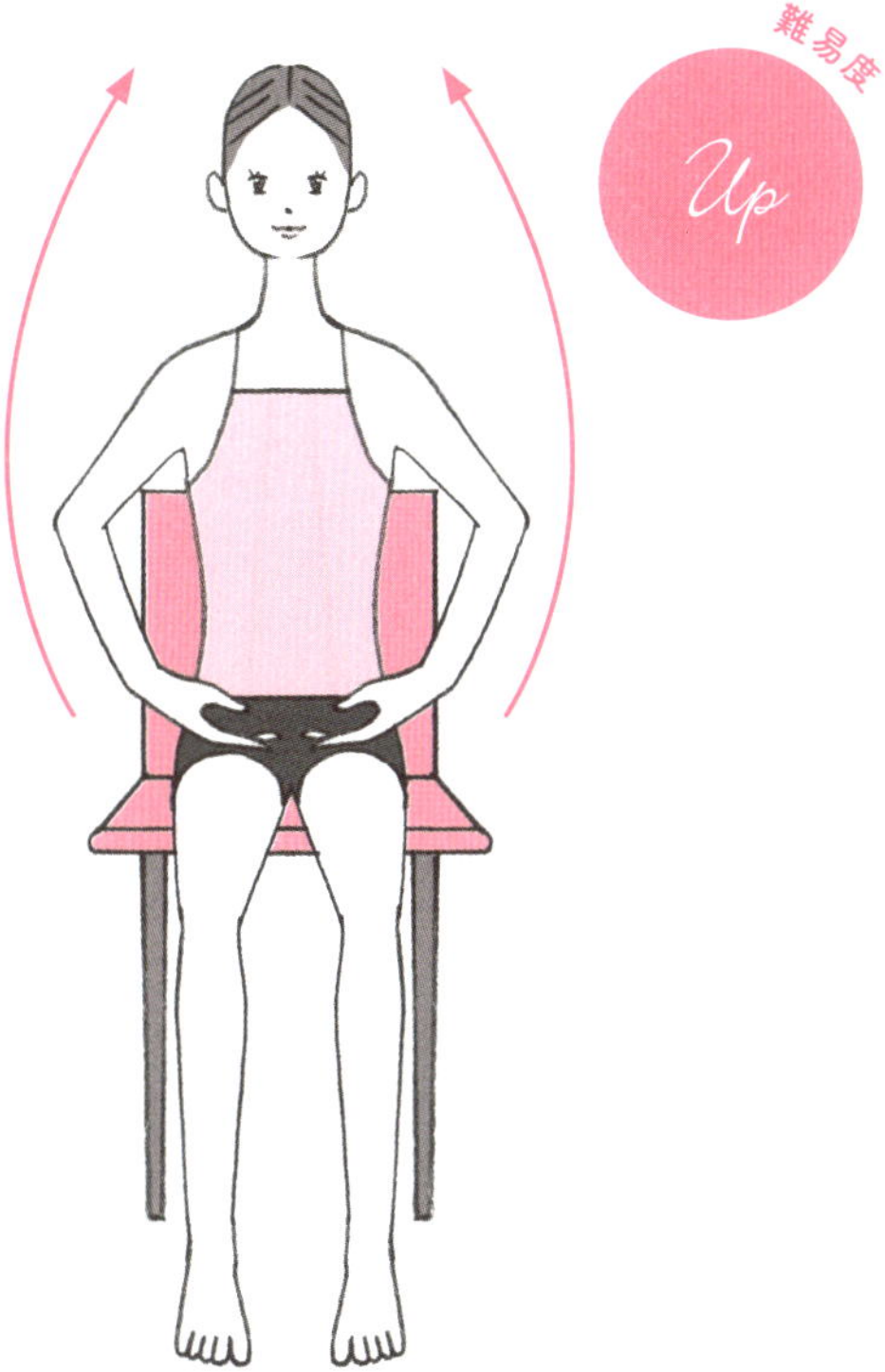


このエクササイズがスムーズにこなせない、もしくは体がどうしてもずれてしまうという人は、前後の動きだけでやってみましょう。「坐骨を後ろへ送る→完璧な三角形に戻ってくる→坐骨を前に送る→完璧な三角形に戻ってくる」というようにしてみます。

腕をポーデブラにしてみましょう。１番ポジション、２番ポジション、５番ポジションに腕を動かしながら、①～⑥の動きができるか確認してみて。腕の高さや位置、肩が力むなどの変化があってはいけません。

Part.6

# 骨盤ステーボライザー

## ～骨盤を安定させるエクササイズ～

骨盤の前の三角形が頭に入り、体で動きを感じることができるようになったら、大腿骨を動かしても動じない強い安定感を育てましょう。脚をルティレやアラセコンドに上げると股関節が痛くなってしまうようなダンサーは特にこの部分をしっかりと練習して、正しい脚の上げ方を勉強してください。

3～5セット

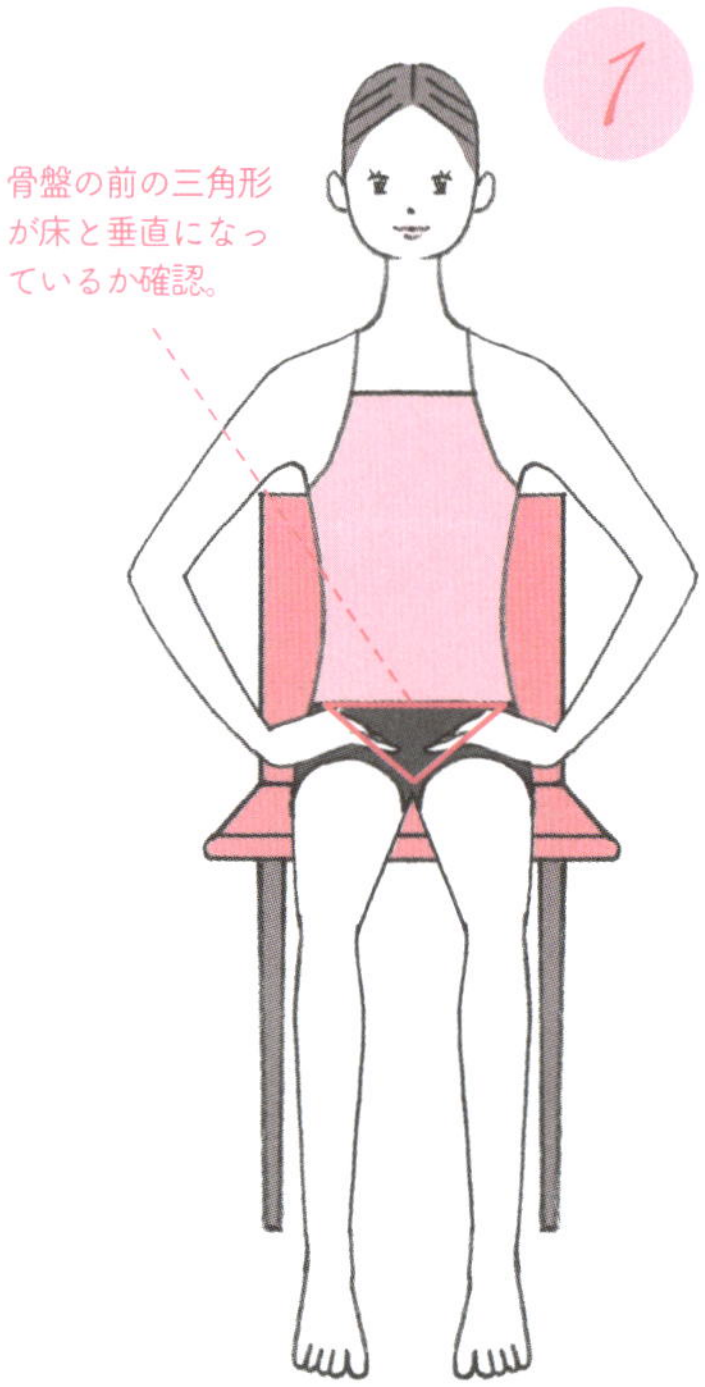
1
骨盤の前の三角形が床と垂直になっているか確認。

バレエスタンスの上半身を意識しながら椅子に座ります。手は太ももの上に。両方の坐骨は座面に接し、足は床から浮かず、足裏全体が床につく高さの椅子を探してください。

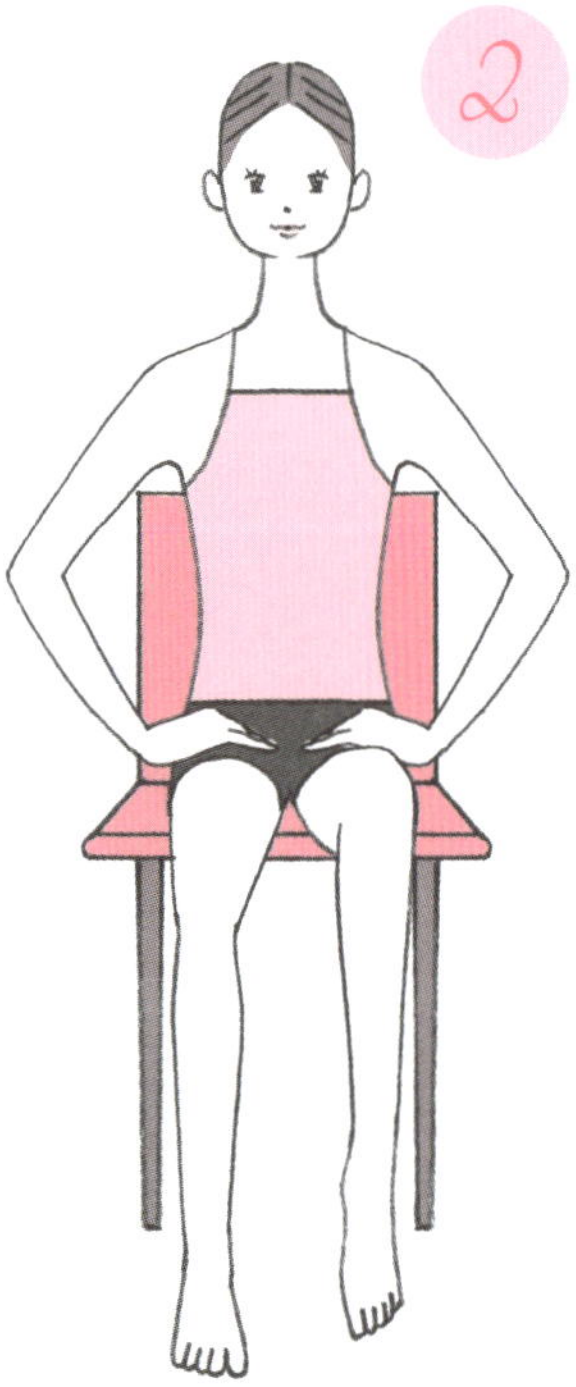
2

バレエスタンスを崩さないようにしながら、静かに片脚を持ち上げます。高くなくても大丈夫。つま先を床から浮かせることができたら、反対側も繰り返します。

Point

脚を上げようと考えただけで、まだ足が床から離れていないのに体を後ろに引いてしまったり、逆に肋骨を前に押し出してバランスをとろうとしないように注意します。脚を上げても、上半身は動きません。両方の坐骨にかかっている体重も同じ。上半身を力ませず、骨盤の三角形をキープしたままで脚を動かします。

難易度 Down

足首の動きに合わせて、膝関節と股関節を緊張させずに持ち上げてみましょう。

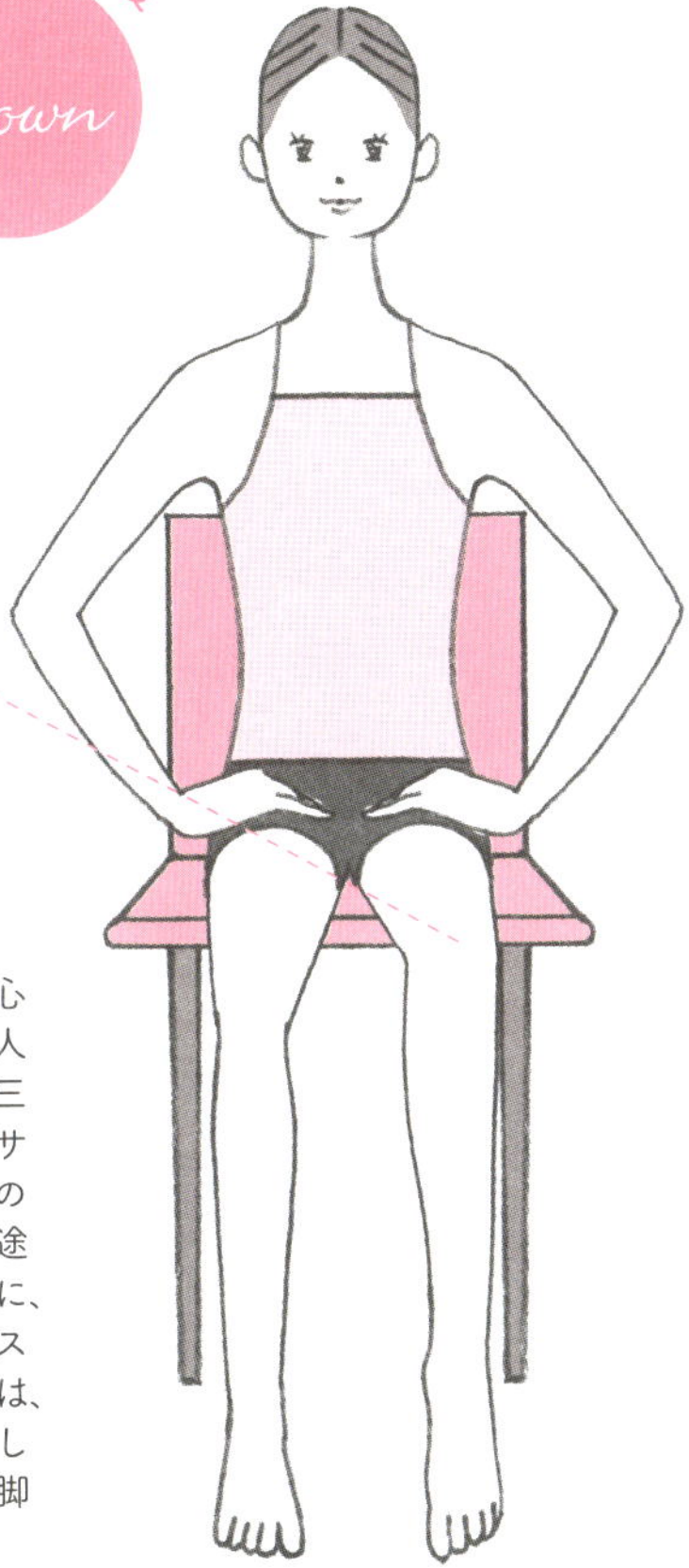

足を上げる前に肋骨や重心の位置が変わってしまう人は、P100の骨盤の前の三角形ファインダーのエクササイズを繰り返し、体への意識をつくりましょう。途中まではうまくできるのに、脚を上げたとたんバレエスタンスが崩れてしまう人は、まずはデミポイント、そしてフルポイントと徐々に脚を持ち上げましょう。

難易度 Up

ポーデブラを一緒に使ってみましょう。1番ポジションで準備します。

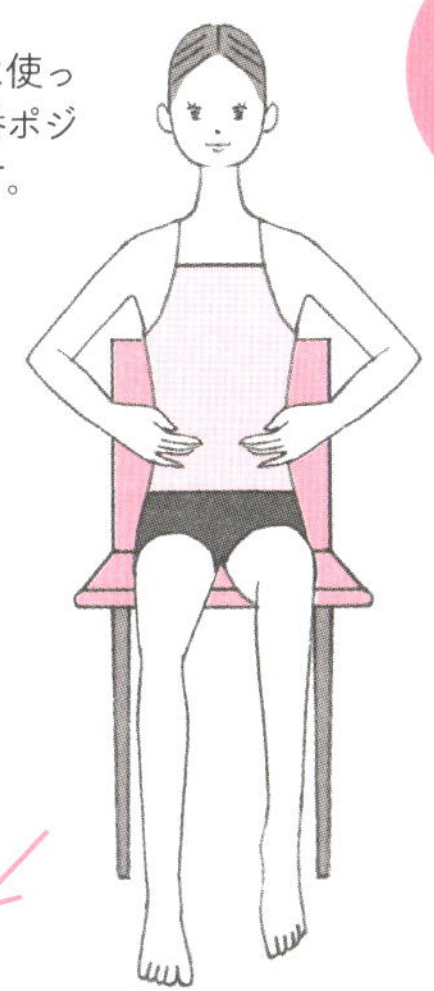

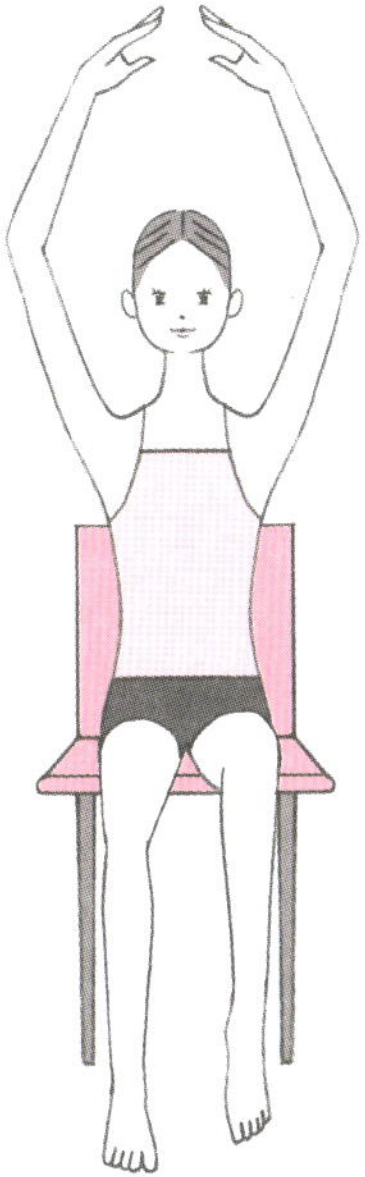

脚を持ち上げると同時に、まず同じほうの手を5番ポジションにします。次に、反対の手を5番ポジションにしてみましょう。どちらの手を使うかによって体幹の感覚が変わるのを感じるはずです。

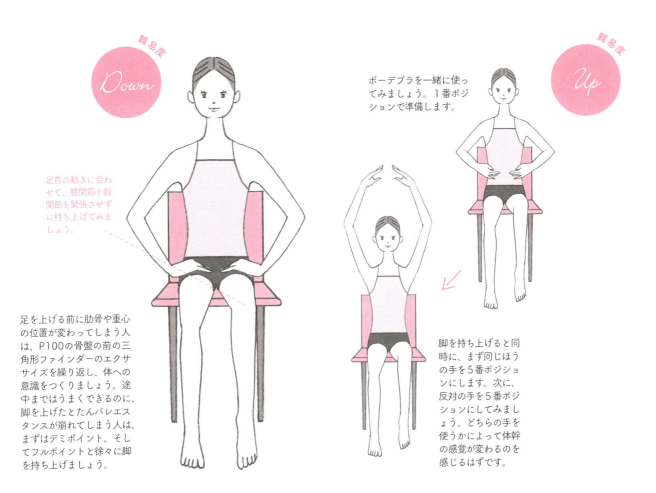

Part.7

# 坐骨ファインダー

## ～骨盤を安定させるエクササイズ～

10セット

1

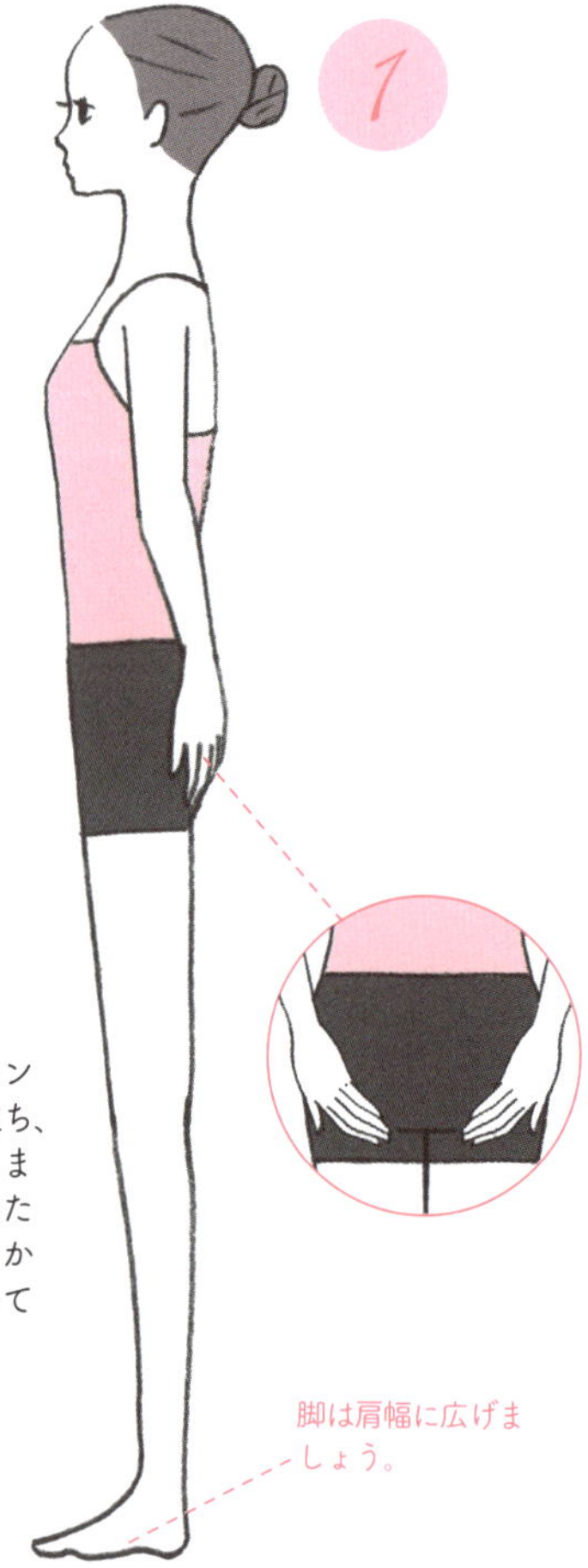
脚は肩幅に広げましょう。

基本のバレエスタンスでまっすぐに立ち、両手で坐骨を探します。お尻の坐骨あたりではなく、しっかり坐骨自体を触ってください。

2

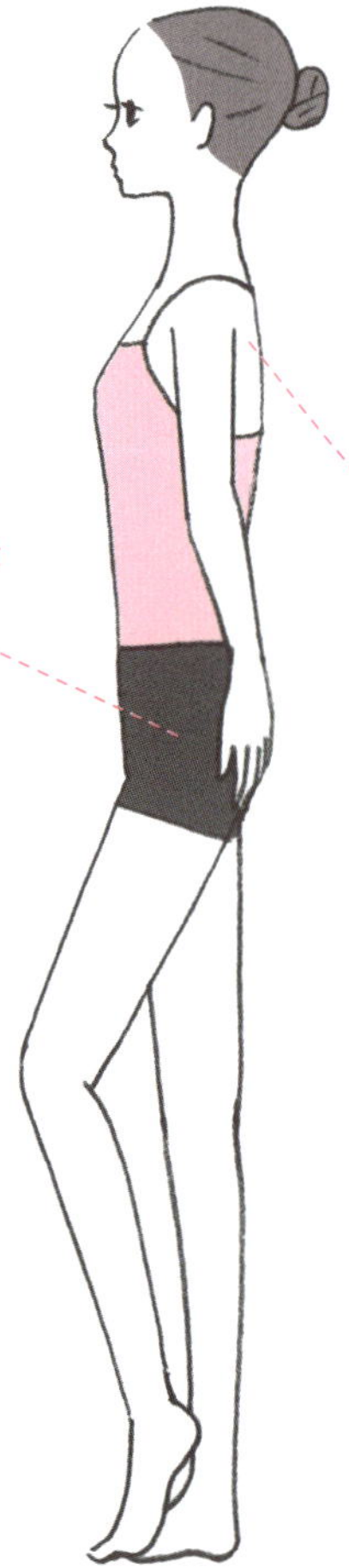
膝を曲げたとたんバレエスタンスが変わらないように要注意。
重心がずれないように気をつけて。

手指を坐骨に当てたまま膝を曲げます。このとき、骨盤の前の三角形が崩れず、坐骨の位置も変わりません。

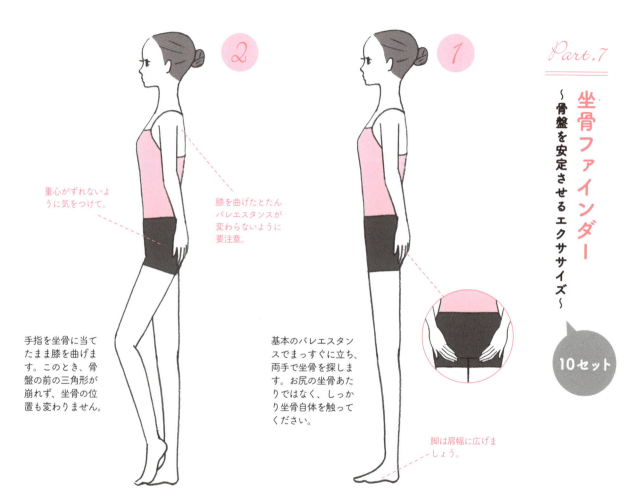

Point

坐骨を感じることができない人、場所がイマイチわからない人はあぐらをかいて、固い床の上に座ってみましょう。床に接するお尻にごりごりしている左右2つの骨を見つけることができるはずです。この骨をしっかりと手で触って、感覚を覚えましょう。

①で坐骨に手を当てるとき、肩は丸まったりせず、肋骨の位置にも気をつけて。胸椎のカーブが変わってしまうと、腰椎のカーブも影響を受け、腰椎の後ろにある骨盤もずれてしまう可能性があります。

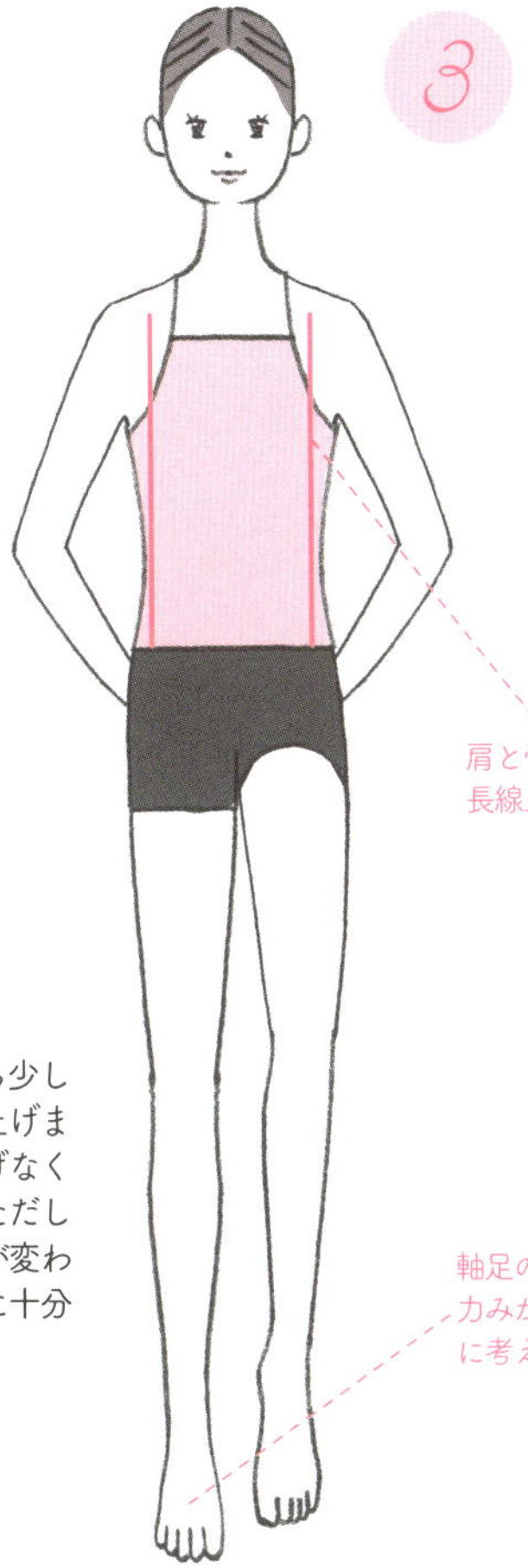
3
肩と骨盤は常に延長線上にあります。
軸足の指や足首に力みがないかを常に考えて。

片脚を床から少し浮く程度に上げます。高く上げなくて大丈夫。ただし坐骨の位置が変わらないように十分気をつけて。

4

反対も繰り返した後、膝を伸ばしてバレエスタンスに戻ってきます。

片脚で立ったらグラグラしてしまい、坐骨の向きや骨盤のプレースメントを考える余裕がなくなってしまう人はは脚を持ち上げるのではなく、床に脚を置いたままで、重心だけ片脚に移動させてみましょう。ここでも坐骨の高さが変わることはありません。

③と④を繰り返しながら歩いてみましょう。前だけでなく、横や後ろなどにも歩いてみます。重心が移動しても坐骨を同じ高さに保ち、骨盤の前の三角形を探すことができるようになるのがゴールです。このエクササイズは、特にセンターやアレグロで骨盤の感覚がなくなってしまう人にお勧めです。

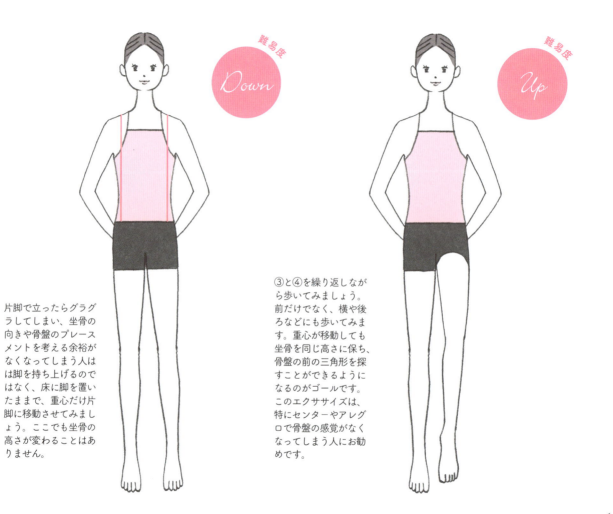

Exercise

# 柔軟な背中をつくる

胸椎は人間の背骨の中で一番動きにくいエリアですが、ダンサーにとってこの部分の柔軟性は非常に大事です。肋骨回りの筋肉が硬いと、その部分を補うために、腰（腰椎）や首（頸椎）を過剰に動かさなければなりません。それらを過剰に動かすとどうなるか？　その部分のケガのリスクが増え、ほかの関節への負担も大きくなってしまいます。もちろんバレエスタンスをキープするのも難しくなりますから、テクニックの上達を妨げたり、ステップのラインが完成しづらくなってしまいます。

体の柔らかいダンサーでも、肋骨回りは硬くなっていることがあるので、意識的にしっかりと動かす練習を続けてください。特に幼い子は自分の体が見えない横向きのエクササイズは、ただまっすぐに寝転がるだけでも難しい場合があります。大人に上から見てもらい、肋骨が飛びだしていたり、お尻が引けていないか、頭から骨盤までが一直線になっているかを確認してもらいましょう。

ここで紹介している胸椎のエクササイズは、腰痛の人も行ってかまいませんが、痛みが出ない範囲で行うようにしましょう。ただし、正しく行わないと腰椎への負担が増えますから十分に気をつけて。

また、背中については、「後ろから見たバレエスタンス」（P35〜39）の内容をしっかりと頭に入れておいてくださいね。

P40のお悩み相談、「肋骨が開いてしまい、注意されます」でも肋骨と背骨の関係を説明していますので、復習してください。

Chapter.3

Part.8

# ブックオープナー

## ～背骨をひねって肋骨回りを柔軟にするストレッチ～

5～6セット（苦手な人は＋2～3回）

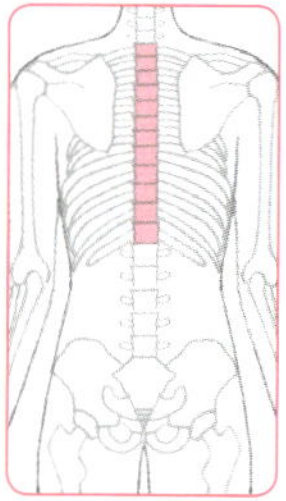

1

横向きに寝転がります。背骨はまっすぐのままです。下になった手で枕をするようにし、手のひらに側頭部をのせます。上の腕も同じように曲げ、頭を覆うように左右のひじをくっつけます。脚は軽く曲げ、両膝をしっかりとつけておきましょう。

2

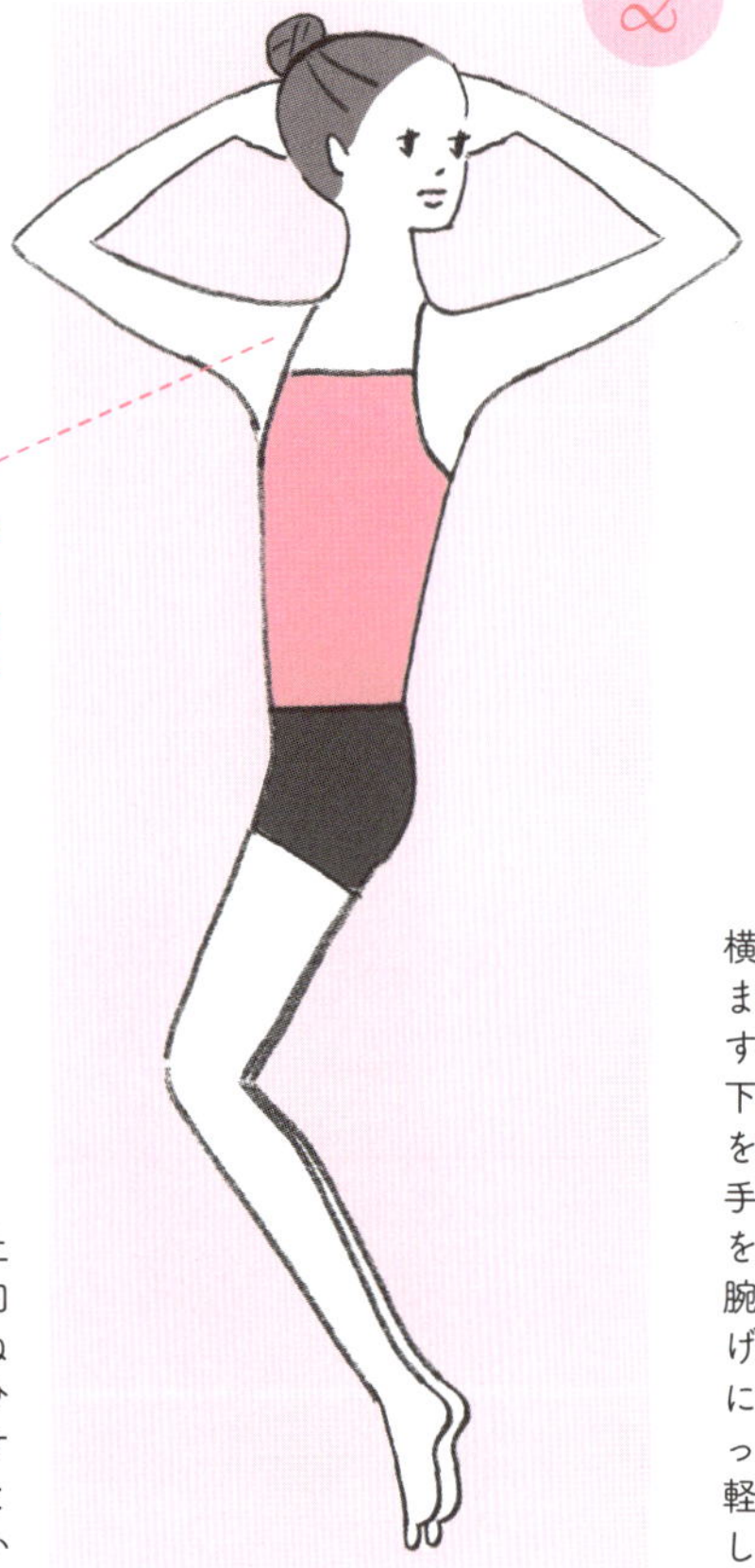

両方の肩甲骨が床につくのを目指しますが、つかなくても胸の前を広げる意識があればストレッチになります。

本を開くように上のひじを反対方向に開き、体をひねります。目線はひじを追うようにすることで、胸椎と頸椎を一緒に動かすことができます。

## 気をつけて！よくない例

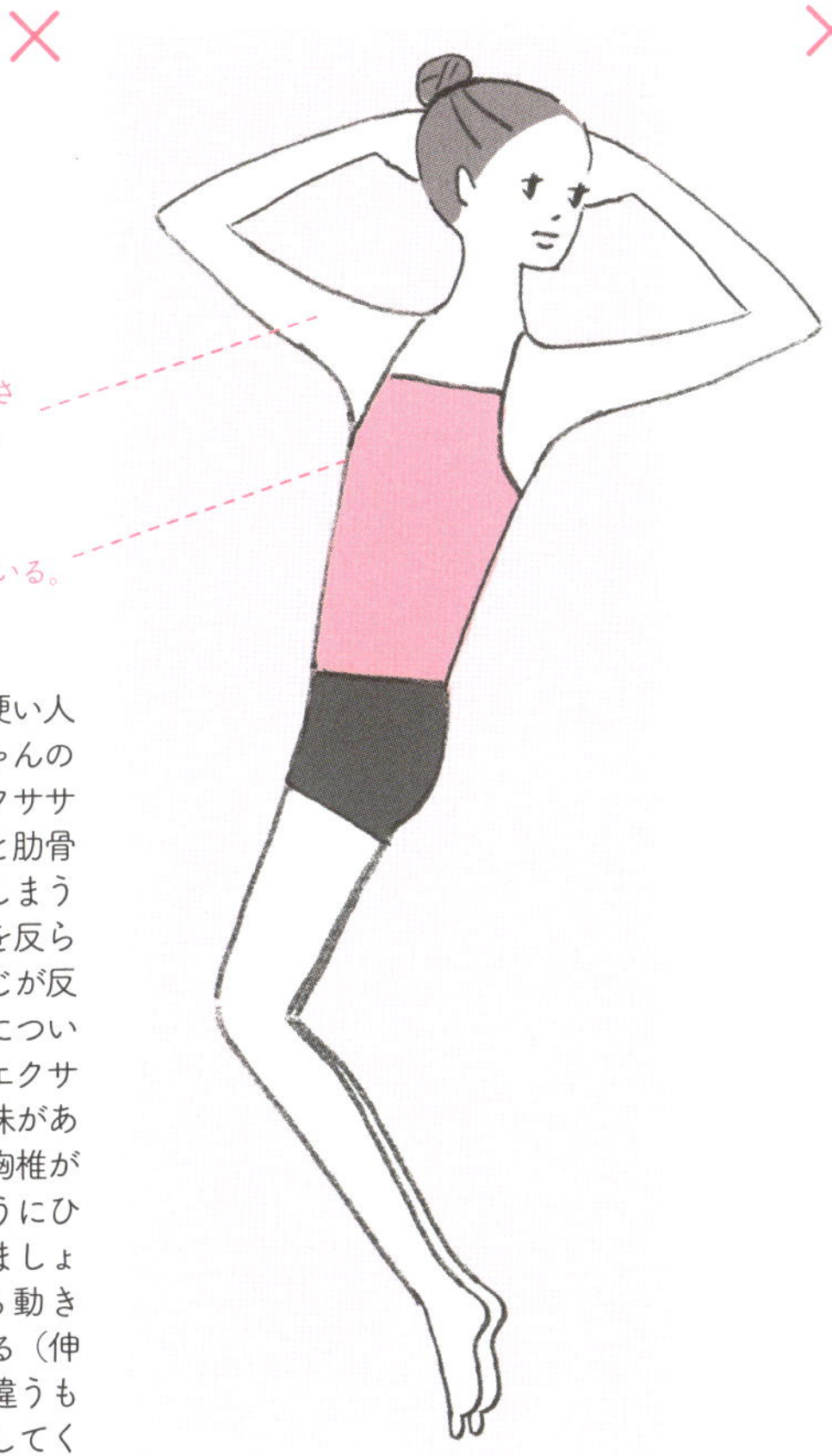
×
左右の肩の高さが違っている。
肋骨を反っている。

肋骨回りが硬い人やダックちゃんの人はこのエクササイズをすると肋骨を反らしてしまうことも。胸を反らしたままひじが反対方向の床についても、このエクササイズの意味がありません。胸椎が床につくようにひねっていきましょう。 ひねる動き（回旋）と反る（伸展）動きは違うものだと理解してください。

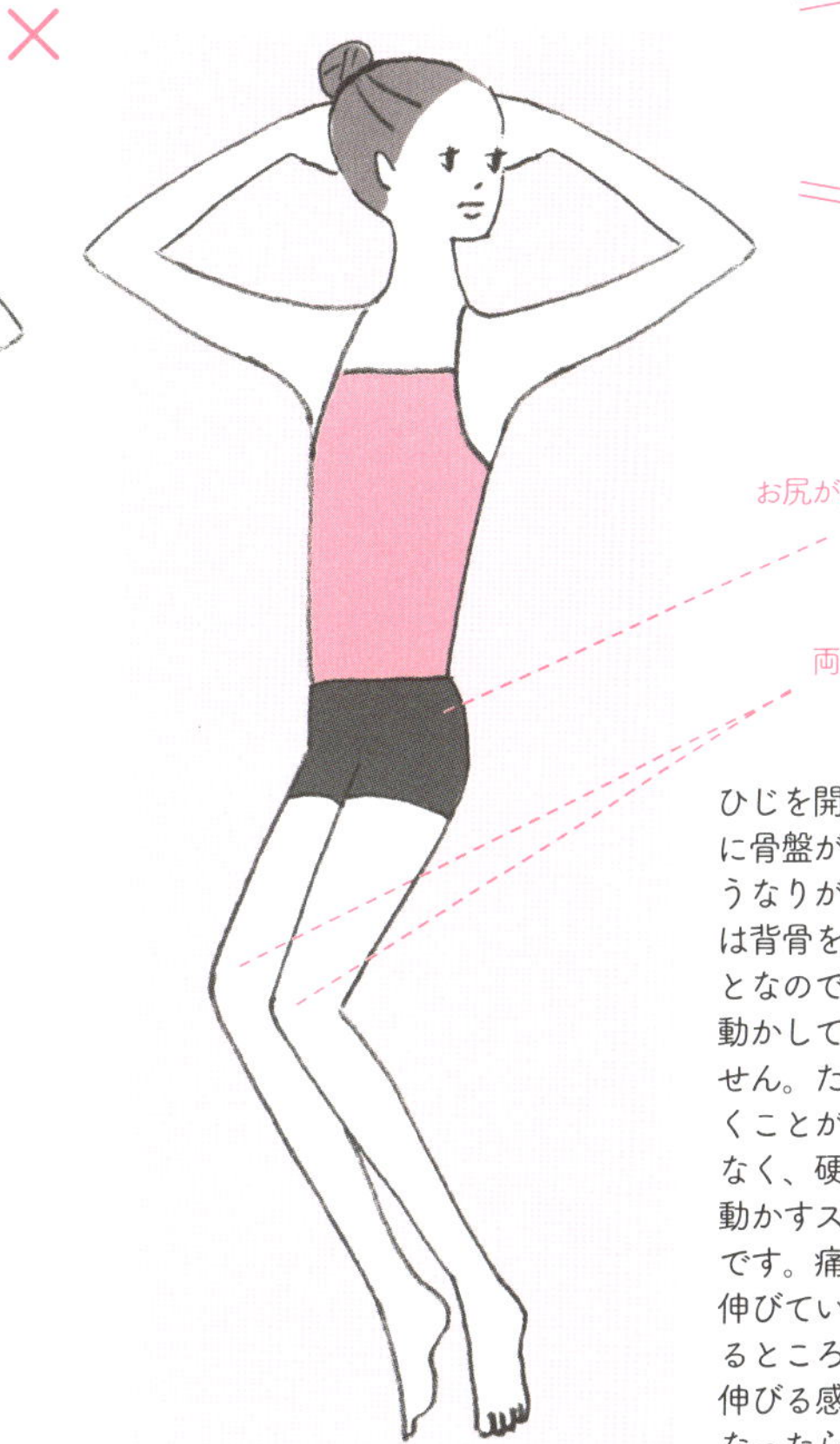
×
お尻が逃げている。
両膝が開いている。

ひじを開いたときに骨盤が動くとこうなりがち。目的は背骨をひねることなので、骨盤を動かしてはいけません。たくさん開くことが目的ではなく、硬い部分を動かすストレッチです。痛みがなく伸びていると感じるところから始め、伸びる感覚がなくなったらより大きく開きましょう。

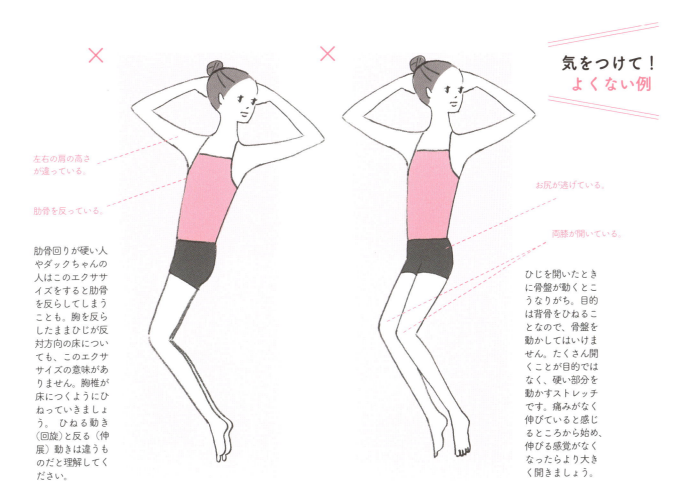

Part.9

# 弓と矢

## ～腕の重さを利用して肋骨回りを柔軟にするストレッチ～

5～6セット
（苦手な人は
＋2～3回）

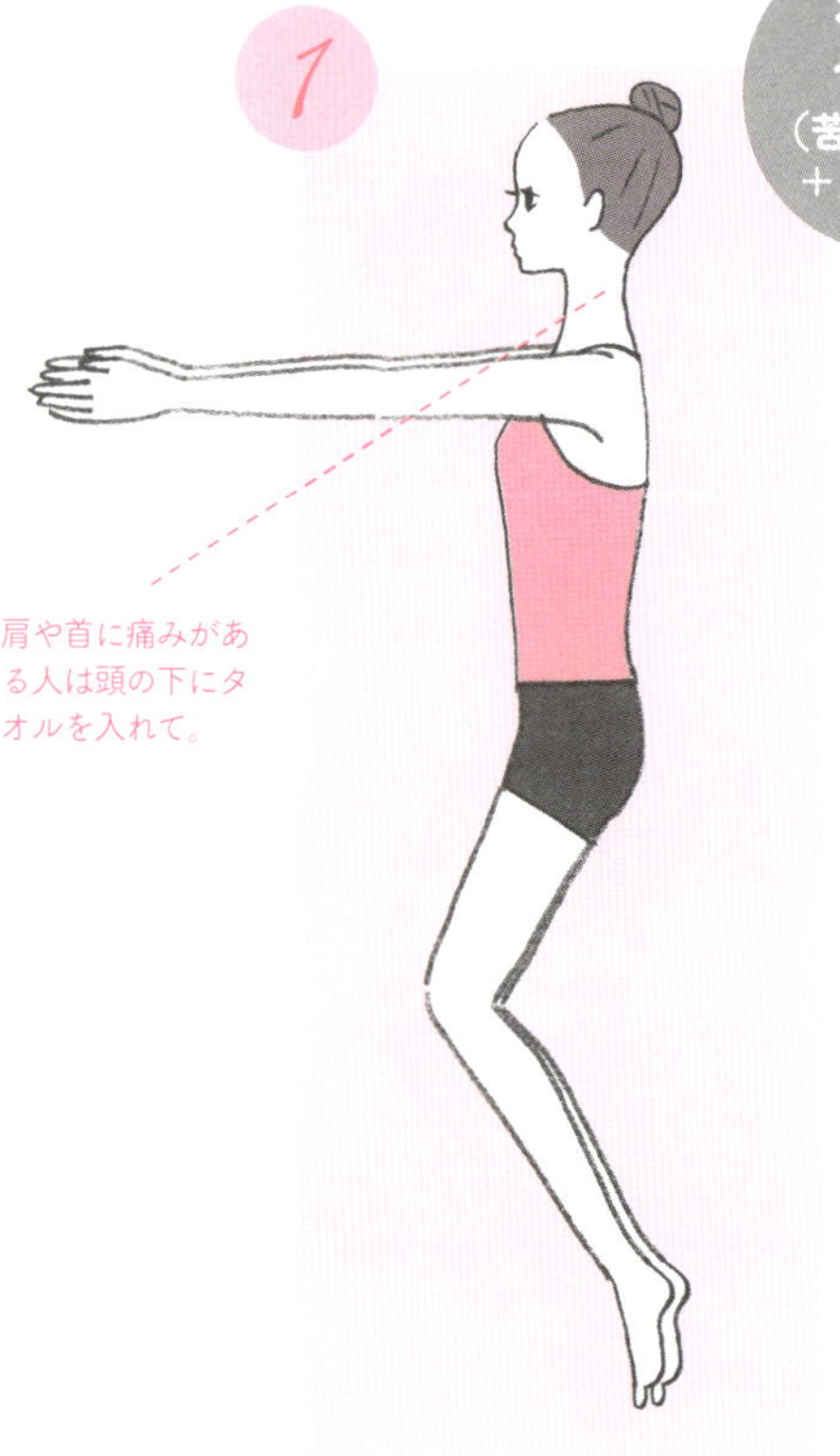
1
肩や首に痛みがある人は頭の下にタオルを入れて。

横向きに寝転がり、両腕を肩の前に伸ばします。脚はブックオープナーの①と同じように、膝とかかとをくっつけて、揃えておきましょう。

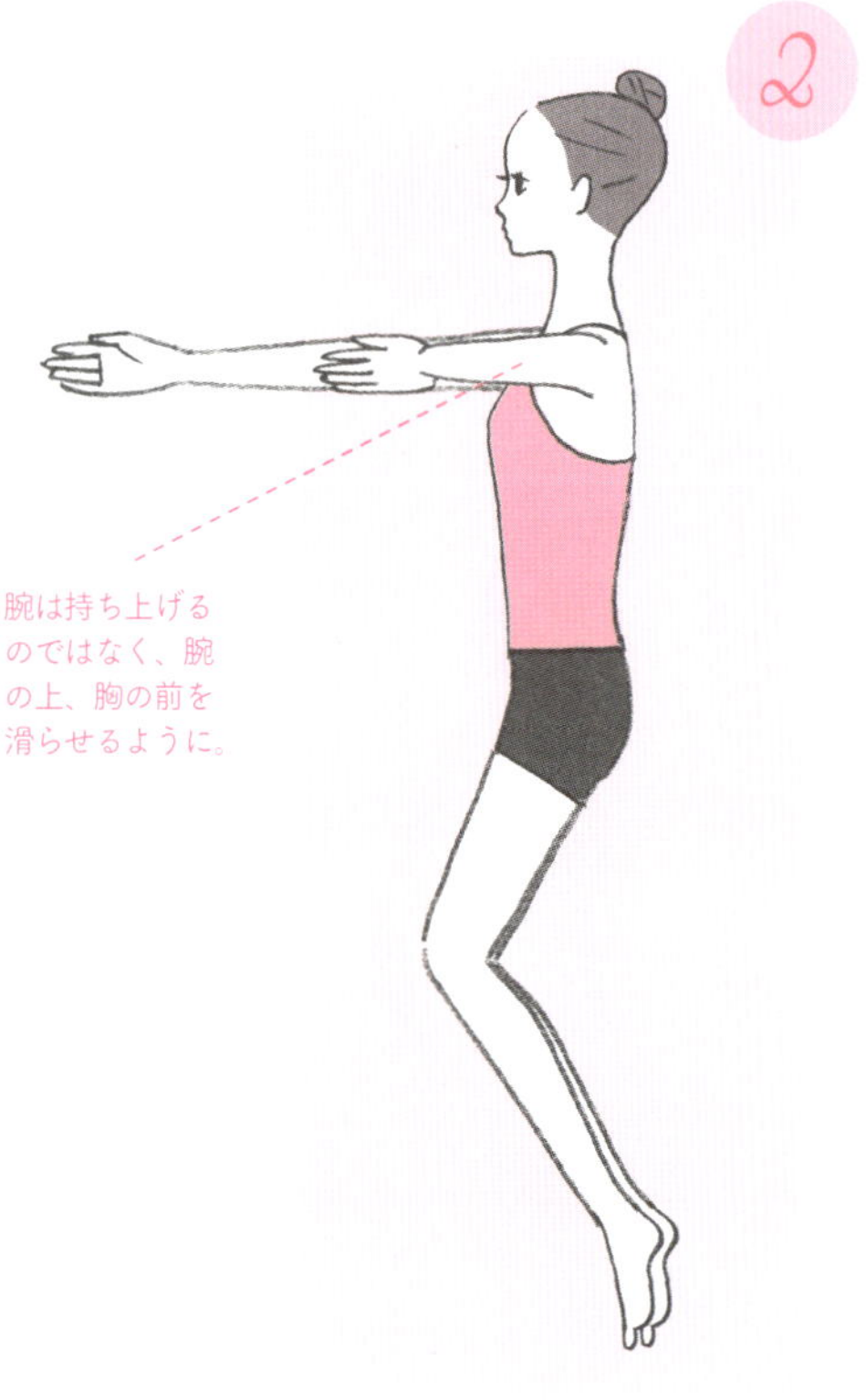
2
腕は持ち上げるのではなく、腕の上、胸の前を滑らせるように。

上の手で、下の腕、肩、胸の前をすべるように一直線に触りながら、反対側へ体をひねっていきます。

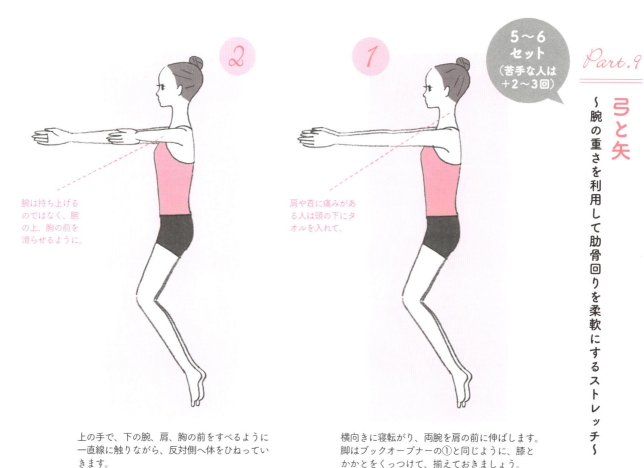

3
目線はひじのほうへ。
呼吸を忘れずに。

腕を持ち上げるのではなく、腕の重みを感じながら体の背面が床にしっかり触れていく感覚で動きましょう。この時点で両方の肩は完全に開ききっています。

4
肋骨を広げることで
腕を遠くに伸ばすの
ではありません。

指先をさらに遠くに引っ張り、胸椎の回旋を増やします。同じ道のりを通ってスタートポジションに戻ってきます。

Point

肩は水平に開く、閉じるという動きを繰り返すだけ。肩が上がったり、脇腹が縮まないように気をつけて。右肩から肩甲骨、背骨、左肩まですべて床につくのが目標です。痛みがない範囲で行い、繰り返すことで、次第に可動域も広くなります。

# 悩み別エクササイズ&ストレッチ

ダンサーが抱えやすい悩みに効果的なエクササイズ&ストレッチを紹介します。

| | | | | | | |
|---|---|---|---|---|---|---|
| 悩み | 猫背 | | 外反母趾 | | | ストレートネック |
| エクササイズ&ストレッチ | Part.1<br>タオルストレッチ<br>▶116ページ<br>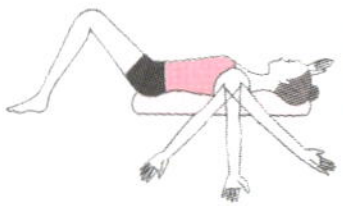 | Part.2<br>菱形筋エクササイズ<br>▶118ページ<br>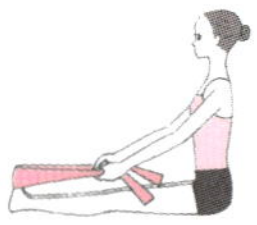 | Part.3<br>親指リリース<br>▶122ページ<br> | Part.4<br>親指エクササイズその1<br>▶123ページ<br>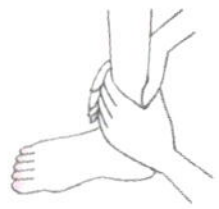 | Part.5<br>親指エクササイズその2<br>▶124ページ<br>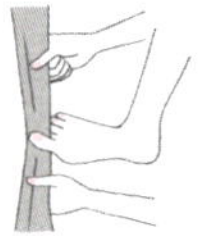 | Part.6<br>タオルリリース各種<br>▶125〜127ページ<br>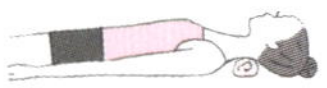 |
| エリア | 大胸筋<br>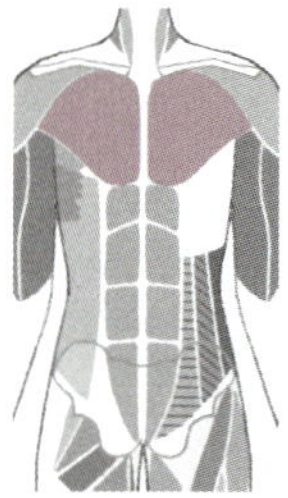 | 菱形筋<br>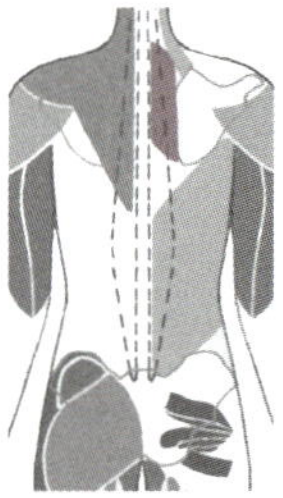 | 足の親指<br>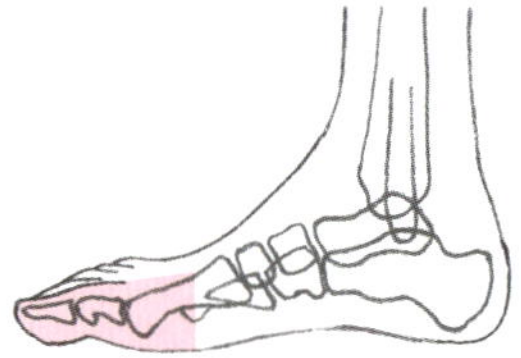 | | | 頸椎<br>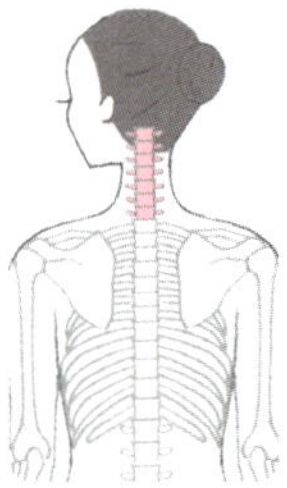 |
| ゴール | 肩を開く | | 強いルルベをつくる | | | 表現力豊かなエポールマンをつくる |

| 膝が伸びない | 外ももばかり使ってしまう | | | 側彎症 | | ストレートネック |
|---|---|---|---|---|---|---|
| Part.13<br>膝フォーカスの長座<br>▶139ページ<br> | Part.12<br>内転筋エクササイズ<br>▶137ページ<br> | Part.11<br>外ももストレッチ<br>▶136ページ<br>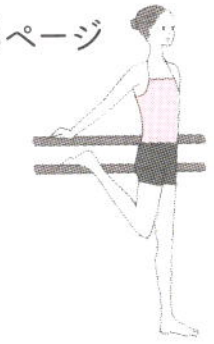 | Part.10<br>外ももリリース<br>▶135ページ<br> | Part.9<br>左右のバランスを整えるエクササイズその2<br>▶133ページ<br> | Part.8<br>左右のバランスを整えるエクササイズその1<br>▶130ページ<br> | Part.7<br>ちっちゃいコブラ<br>▶128ページ<br> |
| 膝 | 内転筋 | 外もも | | 全身 | 脊柱 | 頸椎・胸椎 |
| 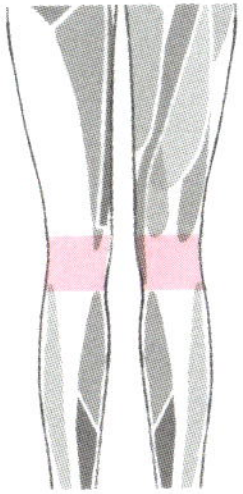 | 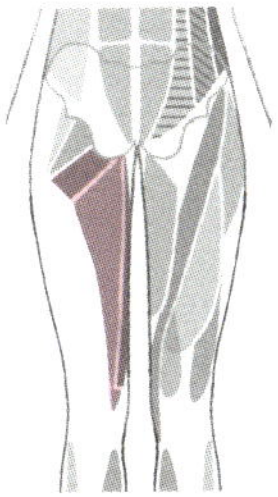 | 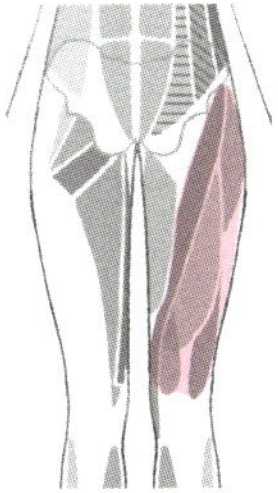 | | 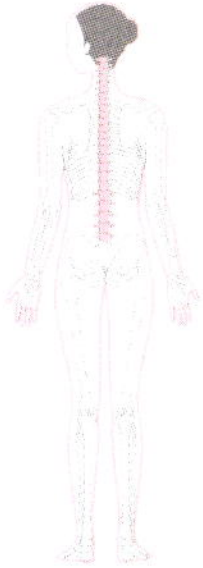 | | 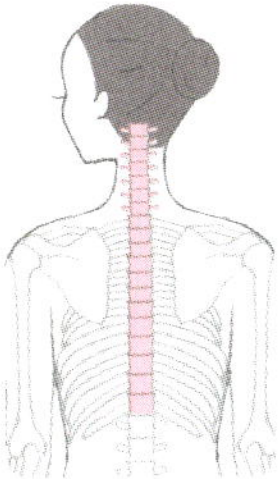 |
| 正しく膝を伸ばす | 脚のラインを整える | | | 左右のバランスを整える | | 表現力豊かなエポールマンをつくる |

Exercise

# 猫背用ストレッチ＆エクササイズ

猫背はバレエスタンスの大敵。ダンサーらしい強く、しなやかな背中をつくるためには肩を開き、堂々とした身のこなしが必要です。万年猫背さんはストレッチとエクササイズの両方を行ってください。

特に幼い子供に見られますが、筋力不足で姿勢を保つことができなかったり、長時間立っている（もしくは座っている）と猫背になる人は次の菱形筋エクササイズを行いましょう。

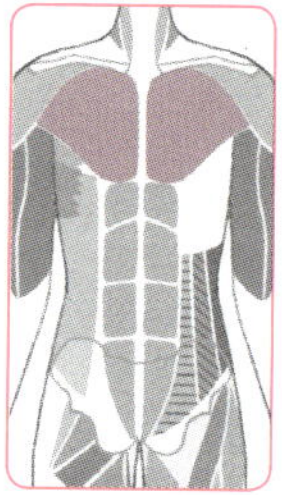

## Part.1

## タオルストレッチ

**～大胸筋をストレッチして胸を開く～**

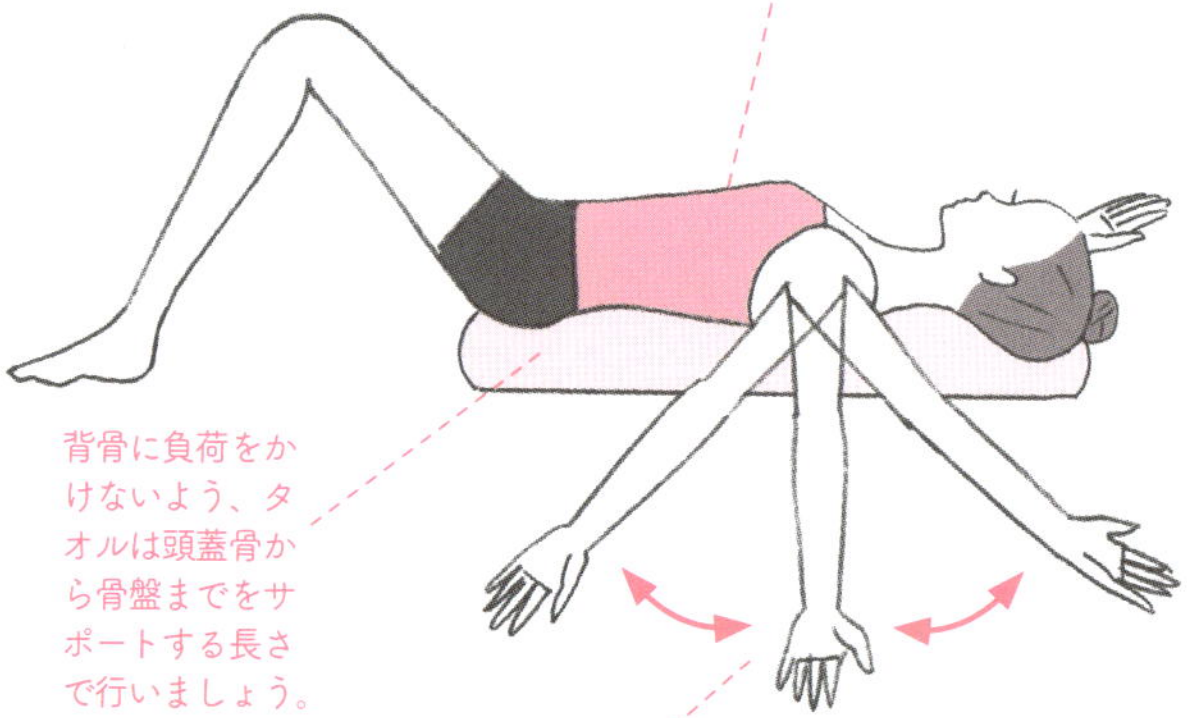

肋骨は開きすぎないように。
背骨に負荷をかけないよう、タオルは頭蓋骨から骨盤までをサポートする長さで行いましょう。
さまざまな方向に腕を動かし、胸の前の筋肉をまんべんなく伸ばして。


筒状に丸めたバスタオル（ヨガマットでも可）の上に仰向けになり、左右に手を広げます。手は持ち上げず、床を滑らせながら、上げ下げします。ストレッチをより感じるエリアや手の高さがあったら、そこで一時停止して、深呼吸。胸の力を抜いて、呼吸をしても動かしても引っ張りがなくなるまでゆっくりと繰り返しましょう。

難易度
Down

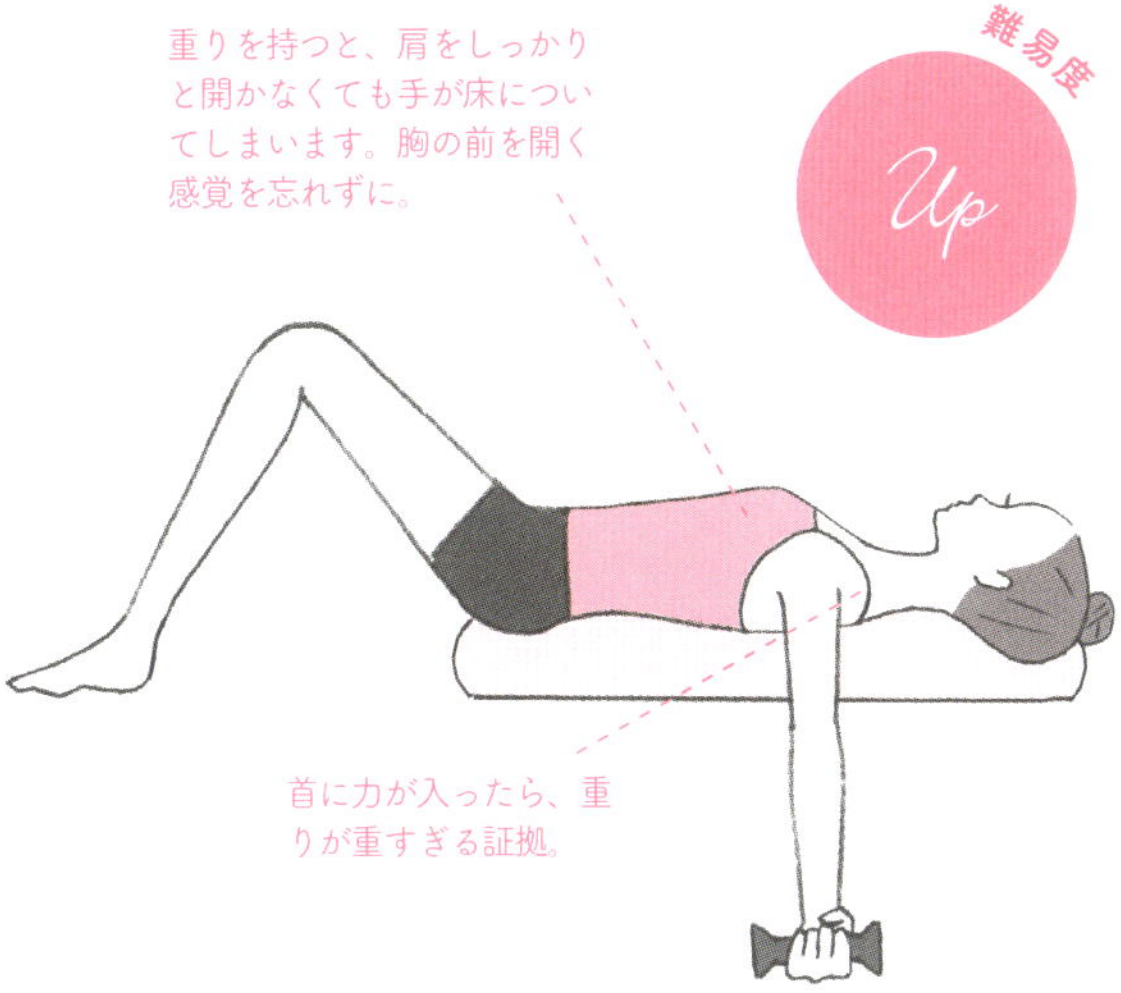
難易度
Up
重りを持つと、肩をしっかりと開かなくても手が床についてしまいます。胸の前を開く感覚を忘れずに。
首に力が入ったら、重りが重すぎる証拠。

ストレッチがきつすぎる人、肋骨や腰椎がどうしても曲がってしまう人は、タオルを低くしてチャレンジしてみましょう。

もっとストレッチしたい人は、タオルを厚めに丸め、手に重りを持ってみましょう。重力だけでなく、重りもストレッチを助けてくれます。

Part.2

# 菱形筋《りょうけい》エクササイズ

## ～肩甲骨を寄せて菱形筋を鍛える～

10～12
セット

1

背骨カーブを引き上げたまま長座します。足にエクササイズバンドをひっかけ、端を両手で持ちます。

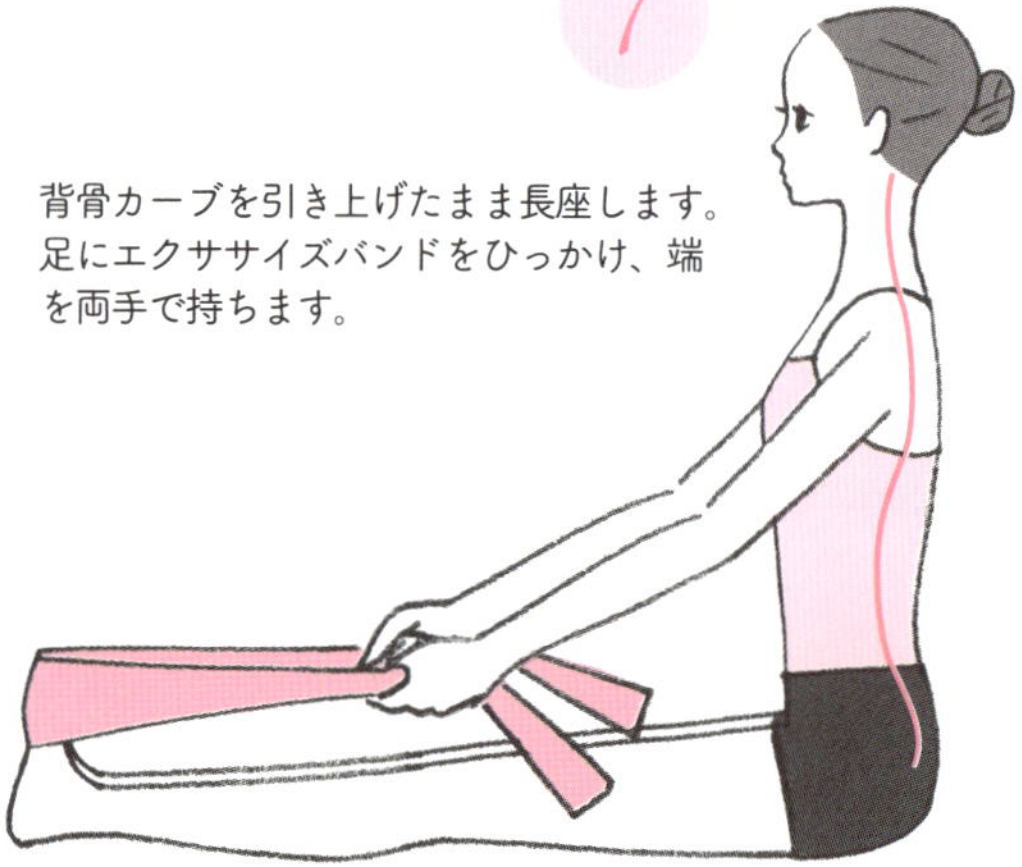

＊強すぎるバンドで間違った筋肉を育ててしまうと修正が大変ですから、最初は軽いエクササイズバンドで始めてください。

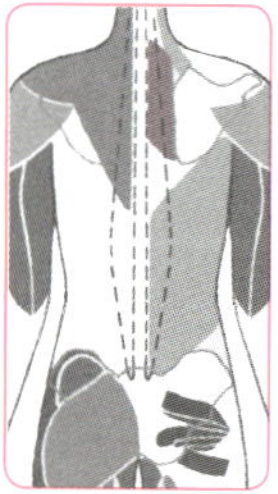

2

脇は締めたまま、エクササイズバンドを引っ張り肩甲骨を寄せていきましょう。５秒ほどホールド。ゆっくりと腕を元の位置に戻します。このときに肩が前に落ちないように気をつけて。

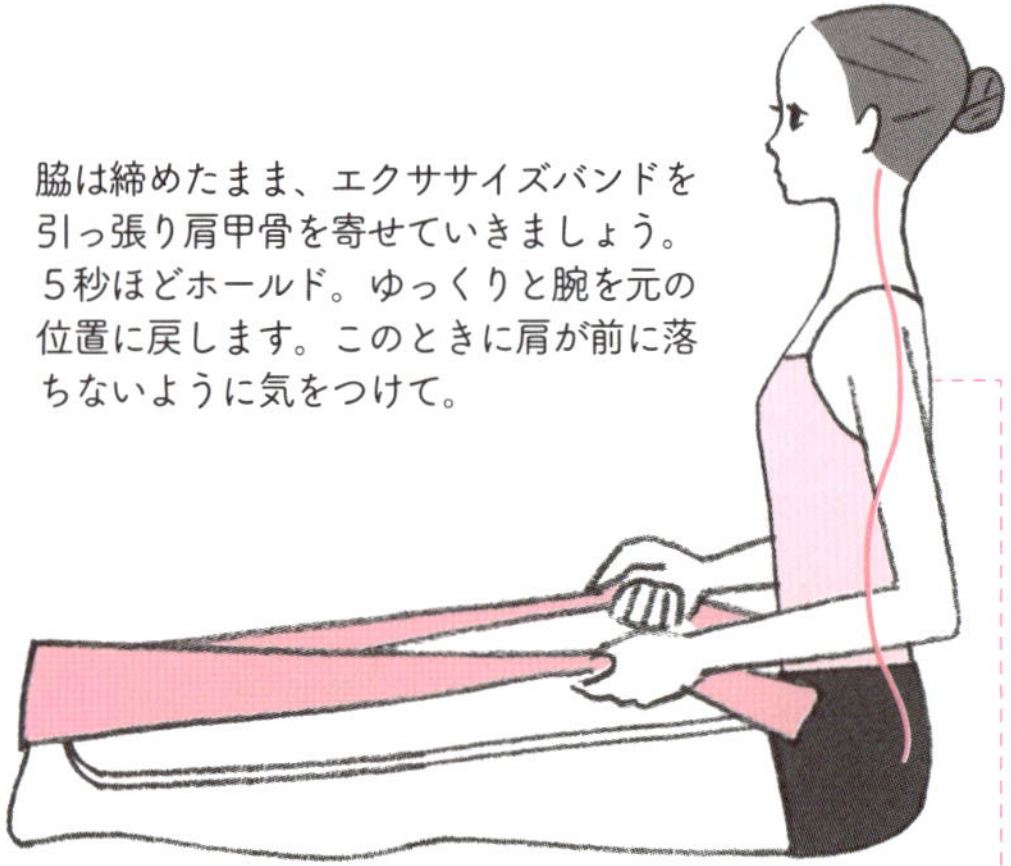

両方の肩甲骨が上下ともしっかりと寄っているのを意識して。

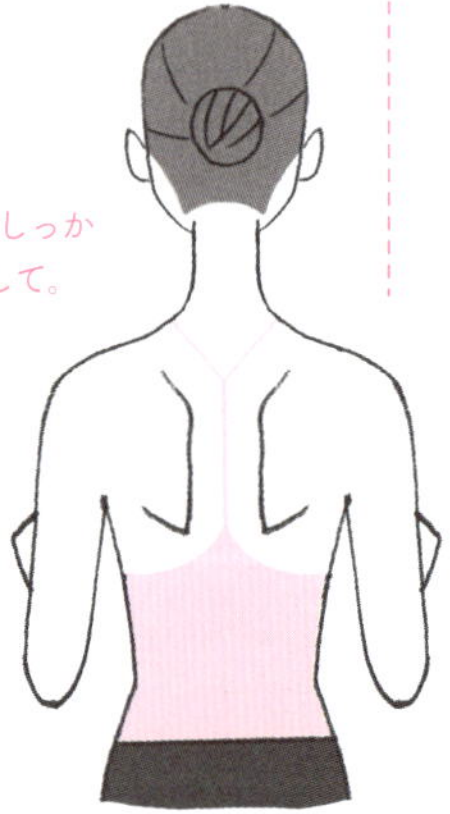

## ひじは水平に動かす……

腕を動かすとき、ひじが水平に移動するように意識して。ダンサーは肩を下げすぎると肋骨を押し出してしまう傾向があるので、最初は鏡を見ながら感覚を覚えて。一緒に、ダンサーらしい背中をつくるエクササイズ(P97)も行うと、より強い姿勢をつくることができます。ポーデブラやカンブレをしたとき、バレエスタンスがどうしても崩れてしまうダンサーにもお勧め。

## 長座ができない人は……

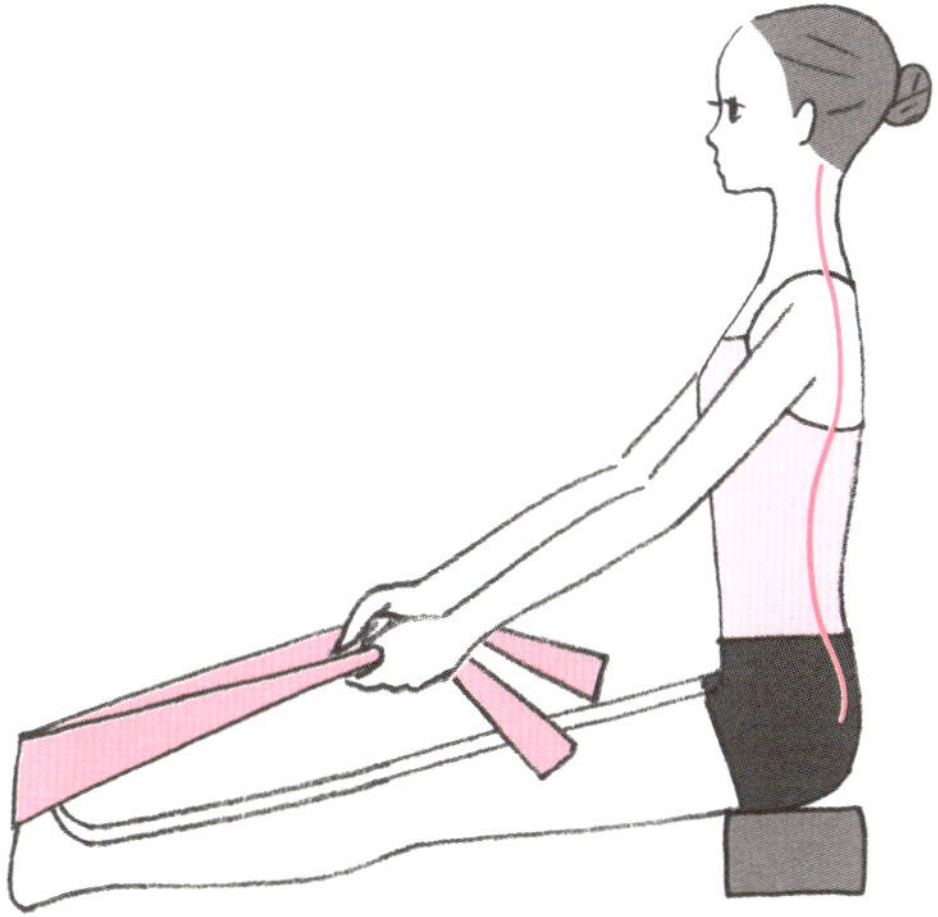

長座で腰椎が丸まってしまったり、肋骨が飛び出してしまったらバレエスタンスがキープできていない証拠。椅子に座る、膝を曲げる、お尻の下に丸めたマットやヨガブロックなどを入れるなどして、まっすぐな背中が保てるポジションを探しましょう。

「背中がつっちゃう！」「姿勢をキープしておくことができない」という人はエクササイズバンドなしで腕の動きだけの練習を。負荷がなくても結構難しいものです。それに慣れたら、弱い強度のエクササイズバンドから始めてみて。

より強い背中を目指す人は、腕を体のほうに引く際に、ひじの高さを変えてみましょう。このとき、ひじを持ち上げるのであって、肩を持ち上げるのではありません。ある高さ以上になったら、コントロールが難しい！　となる場所があるはずです。その部分を重点的に練習しましょう。

# どこをストレッチしているのか、ちゃんと考えよう！

効率よく、そして安全に筋肉をストレッチする、つまり伸ばすためには、筋肉の始まりの点と終わりの点を考える必要があります。

たとえばみんなが知っているアキレス腱ストレッチ。これはアキレス腱の続きにあるふくらはぎの筋肉を伸ばしています。

ふくらはぎには、腓腹筋とヒラメ筋という2つの筋肉があります。この2つが集まり、アキレス腱となってかかとの骨についています。そして、腓腹筋とヒラメ筋のどちらを伸ばしたいかでストレッチの仕方は変わります。

P10〜11にある筋肉の図を見本に、自分に必要な筋肉の点と点をしっかりと意識しながらストレッチしてください。

「痛きもちいい」というところでホールドしつつ、呼吸への意識も忘れないようにしましょう。また、誰かに助けてもらいながら行うストレッチは絶対にダメ。ストレッチは自分の体と対話する時間だと思って、一人で集中して行ってください。

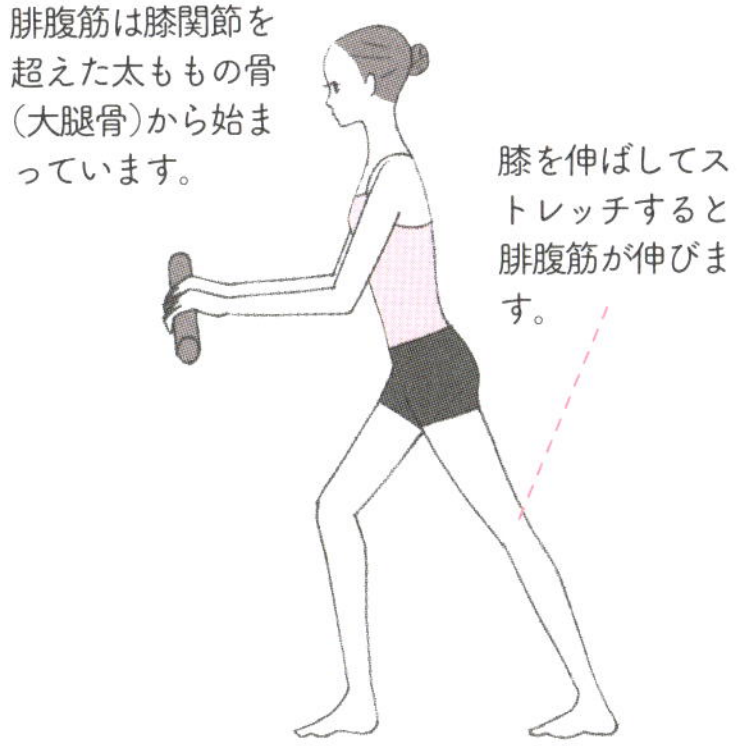
腓腹筋は膝関節を超えた太ももの骨（大腿骨）から始まっています。
膝を伸ばしてストレッチすると腓腹筋が伸びます。

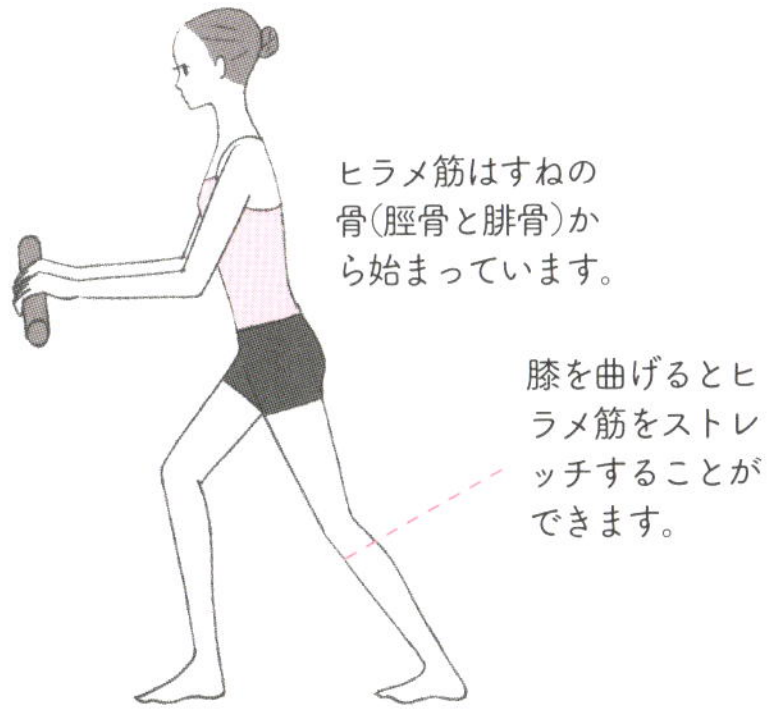
ヒラメ筋はすねの骨（脛骨と腓骨）から始まっています。
膝を曲げるとヒラメ筋をストレッチすることができます。

Exercise

# 外反母趾リリース＆エクササイズ

外反母趾の人は親指を下向きにまっすぐ曲げようとしても、人差し指の下のほうへ斜めに曲がってしまいます。つま先を伸ばし、さらにルルベなど親指の上に重心をのせなければいけないダンサーにとってこれは致命的。バレエスタンスのためにも、強いルルベバランスやポワントワークのためにも、コツコツとエクササイズを続けて改善しましょう。

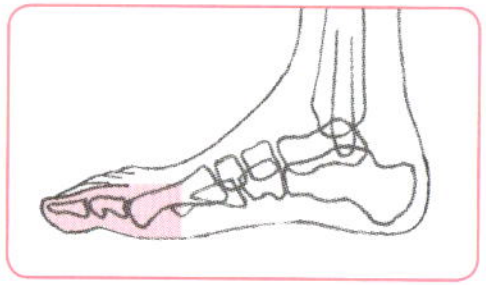

Part.3

## 親指リリース

～親指エクササイズの前に行いましょう～

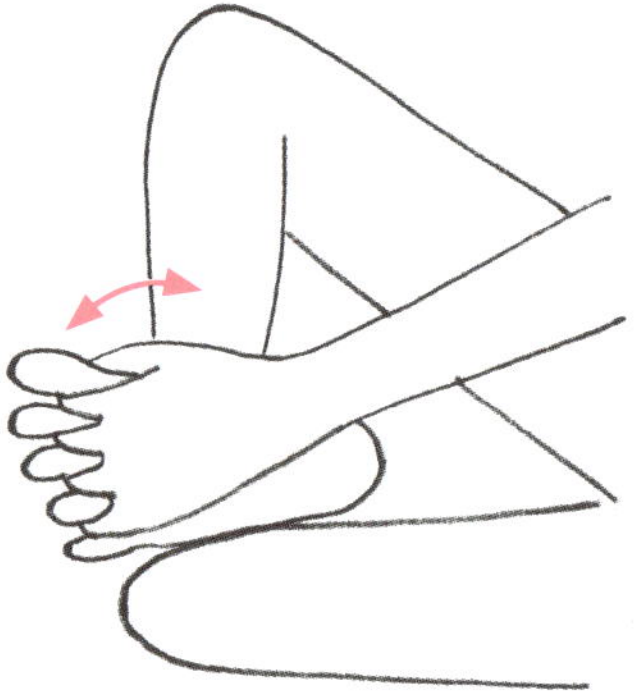

### 親指リリース

足指の間に手の指をはめ込み、足の指を開きます。足首を回したり足の指を上げ下げしてほぐしましょう。

### 中足骨マッサージ

中足骨の周りを手でマッサージします。足の裏が痛いときは、足の表も痛いんです！　親指が内側にぎゅっと押された形になっている外反母趾は、中足骨の間にある筋肉が膠着しがちです。しっかりとほぐしてあげましょう。

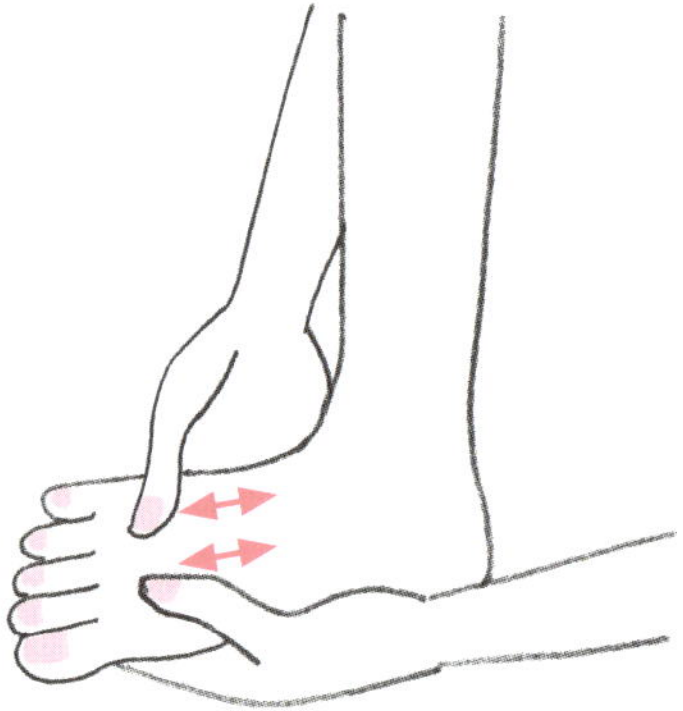

Part.4

# 親指エクササイズ その1

## ～親指の関節がまっすぐに動く感覚を覚える～

**10セット**

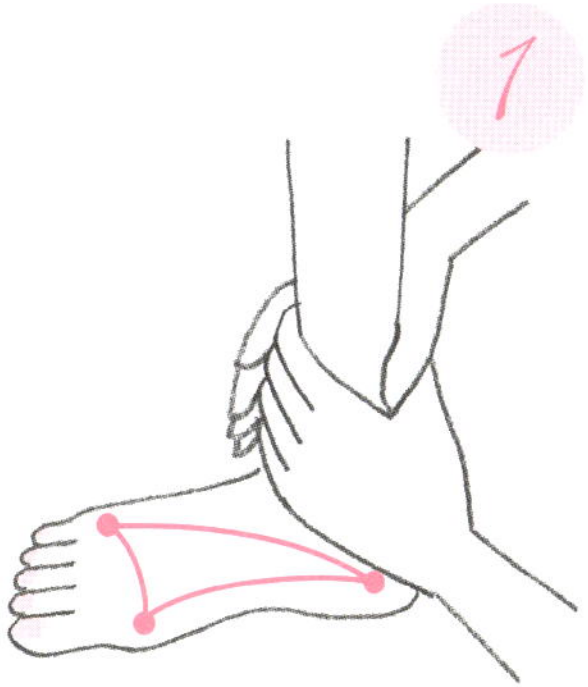

1 正しく足の３つのアーチ（P18）がつくられている足で、足首に力が入っていないのを確認してください。

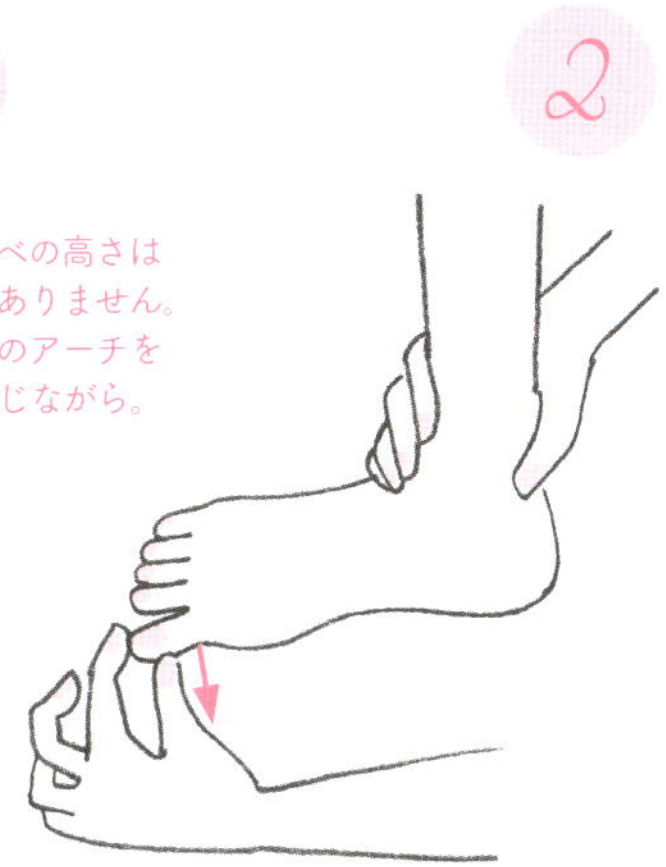

2 手の指を使って親指をできるかぎりまっすぐに戻していきます。最初はまっすぐにならなくてもＯＫ。痛みのない範囲で行います。

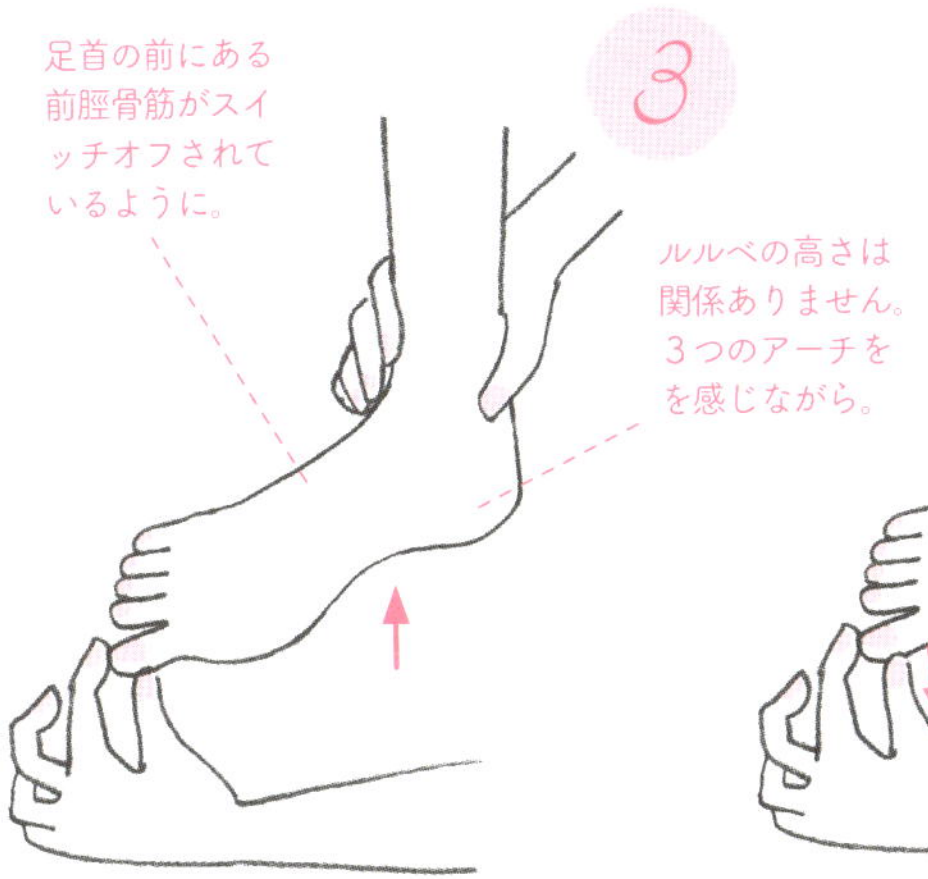
足首の前にある前脛骨筋がスイッチオフされているように。
ルルベの高さは関係ありません。３つのアーチをを感じながら。

3 ②の状態のまま手で軽く足首を支えながら、ゆっくりルルベに上がります。これをゆっくりと繰り返します。

*Part.5*

# 親指エクササイズ その2

## ～親指をまっすぐに動かすコントロール～

10～15セット

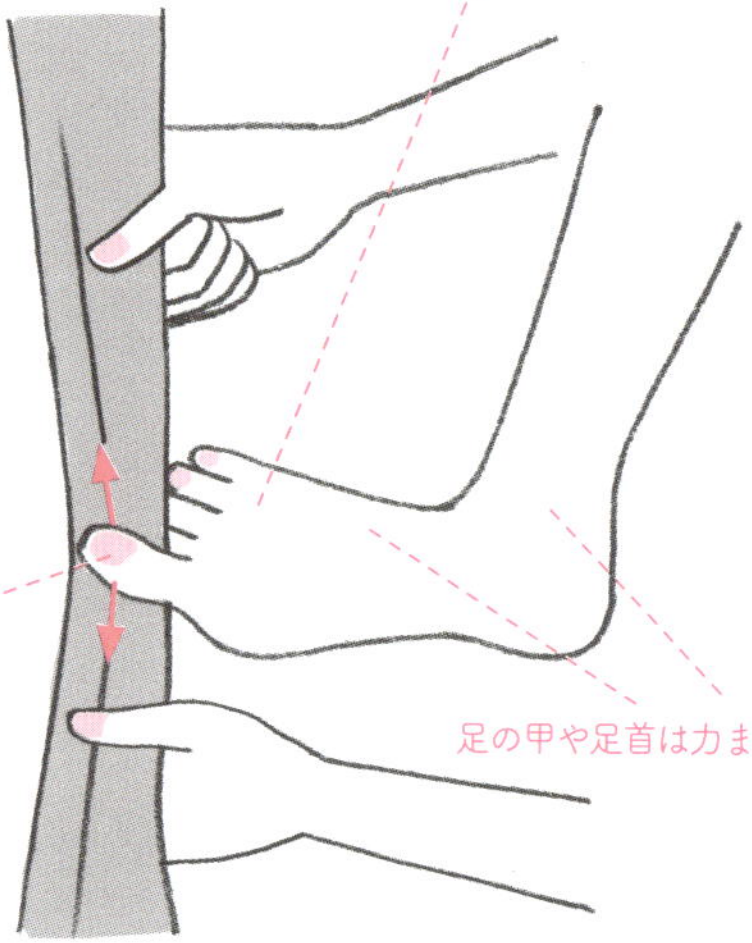
ほかの指は静かに床の上に置いてあるだけ。
親指はまっすぐ上下に動かすように意識して。
足の甲や足首は力まない

床に座りエクササイズバンドを親指の下にかけます。足指の力を抜いたまま、バンドを使って親指を少し床から持ち上げます。そこからゆっくりと親指でバンドを押しながら、床に戻します。

＊イラストのようにバンドを広げて指先が常に見えるようにしましょう。ここで使うエクササイズバンドは強度が弱いものを使って。なければ輪ゴムでも可。

### 気をつけて！よくない例

×

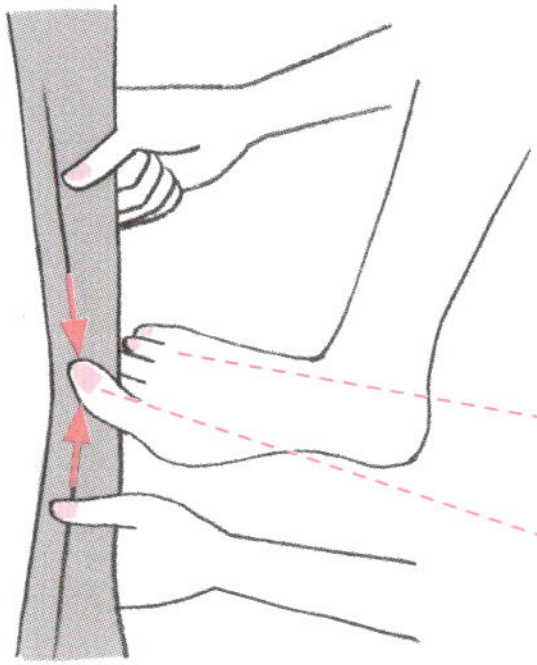
第4、第5の足指が力んでいる。
親指が人差し指のほうによっている。

×

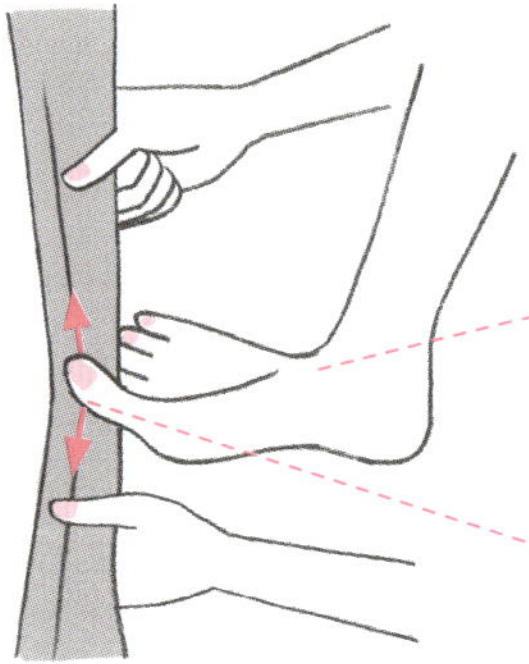
足首の前が緊張して力が入っている。
親指を持ち上げすぎていて、足の甲に腱が出ている。

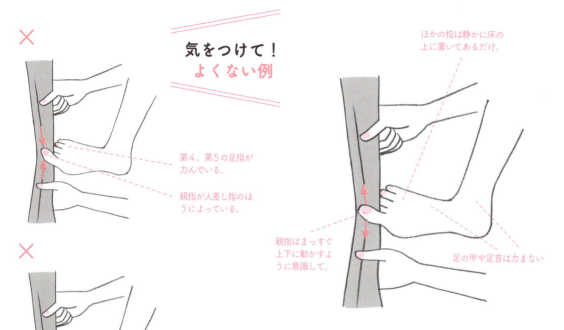

*Exercise*

# ストレートネック改善エクササイズ

このエクササイズは、ストレートネックの人はもちろん、踊っているときに首が緊張してしまう人、首がふらふらと定まらない子供たちにも役立ちます。優雅なポーデブラやエポールマンのためにも練習してみましょう。

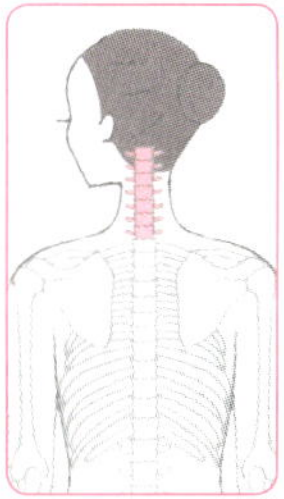

*Part.6*

## タオルリリース
### ～首の緊張をとる～

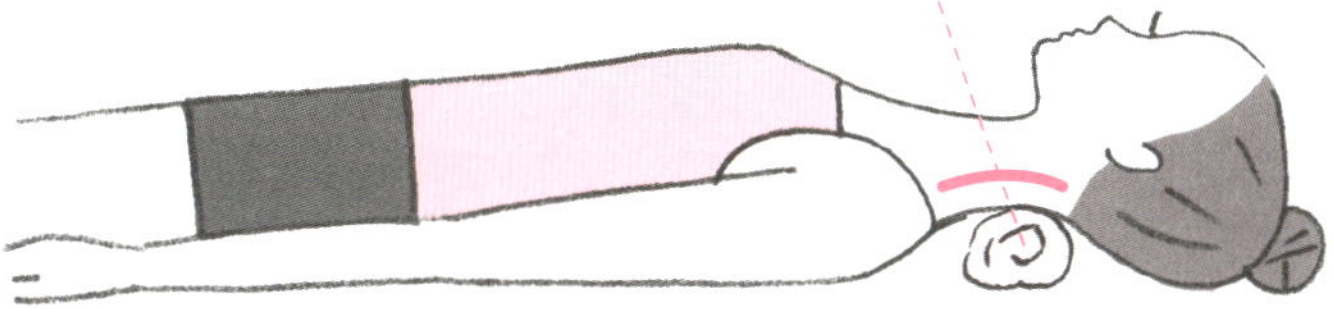
タオルの高さは、後頭部が床にしっかりとつき、顎が床と垂直になるように調節してください。

タオルを丸めて首の下に入れ、仰向けになります。これだけでも首周りの筋肉、そして顎や表情筋がリラックスするのを感じられるはずです。

Part.6-2

# 上向きポーデブラ

~ポーデブラをすると首が緊張してしまう人向け~

5～10セット

1

タオルを首の下に入れた状態で、腕を2番ポジションに広げます。2番ポジションが体の後ろに行くことはありませんから、腕やひじは床に触れません。

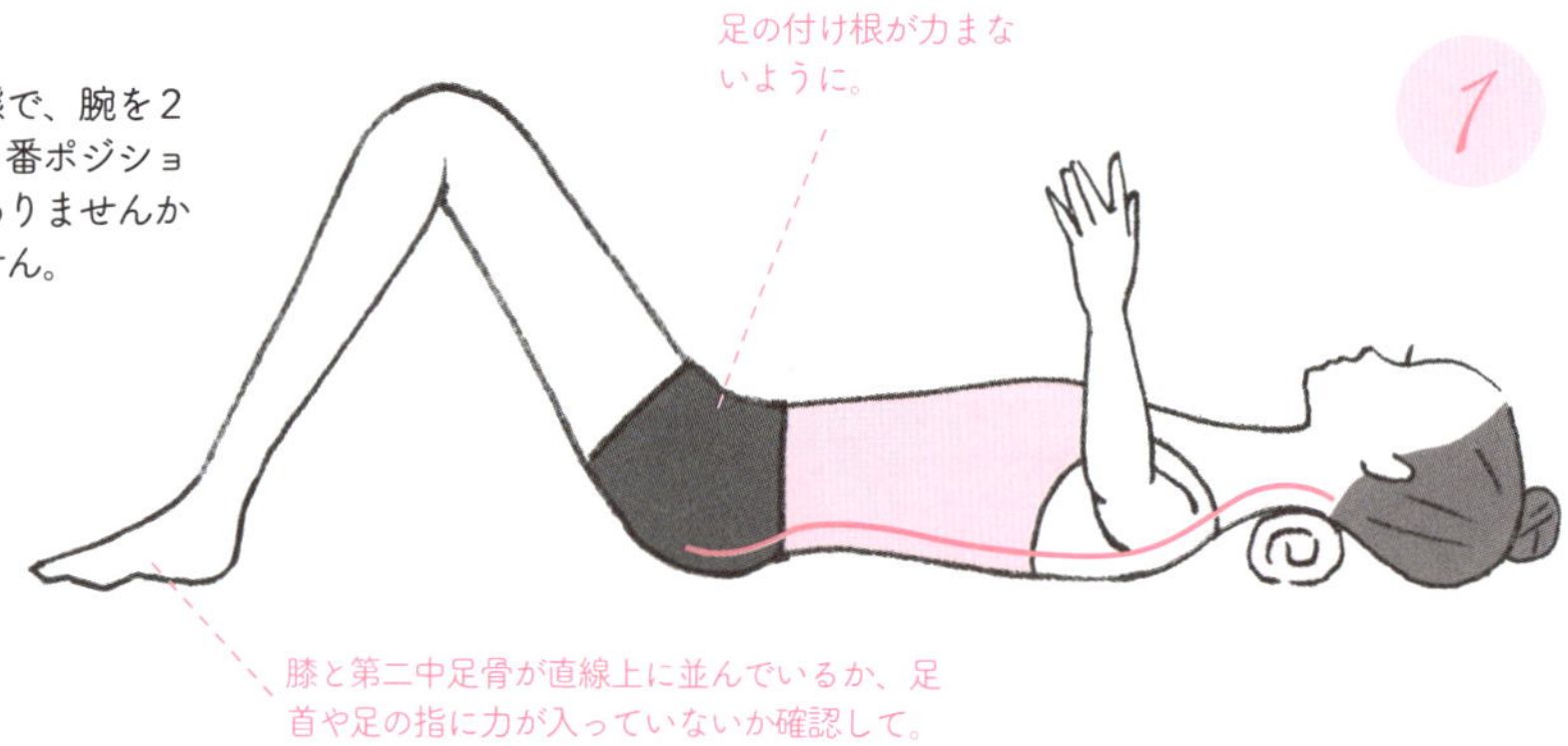
足の付け根が力まないように。
膝と第二中足骨が直線上に並んでいるか、足首や足の指に力が入っていないか確認して。

2

1番ポジションに腕を持ち上げます。首はもちろん、肩が床から持ち上がったり、胸椎の部分が反り返ったりしないように気をつけて。難易度を上げたい人は、腕に重りを持って行いましょう。呼吸に気をつけながら行ってみて。

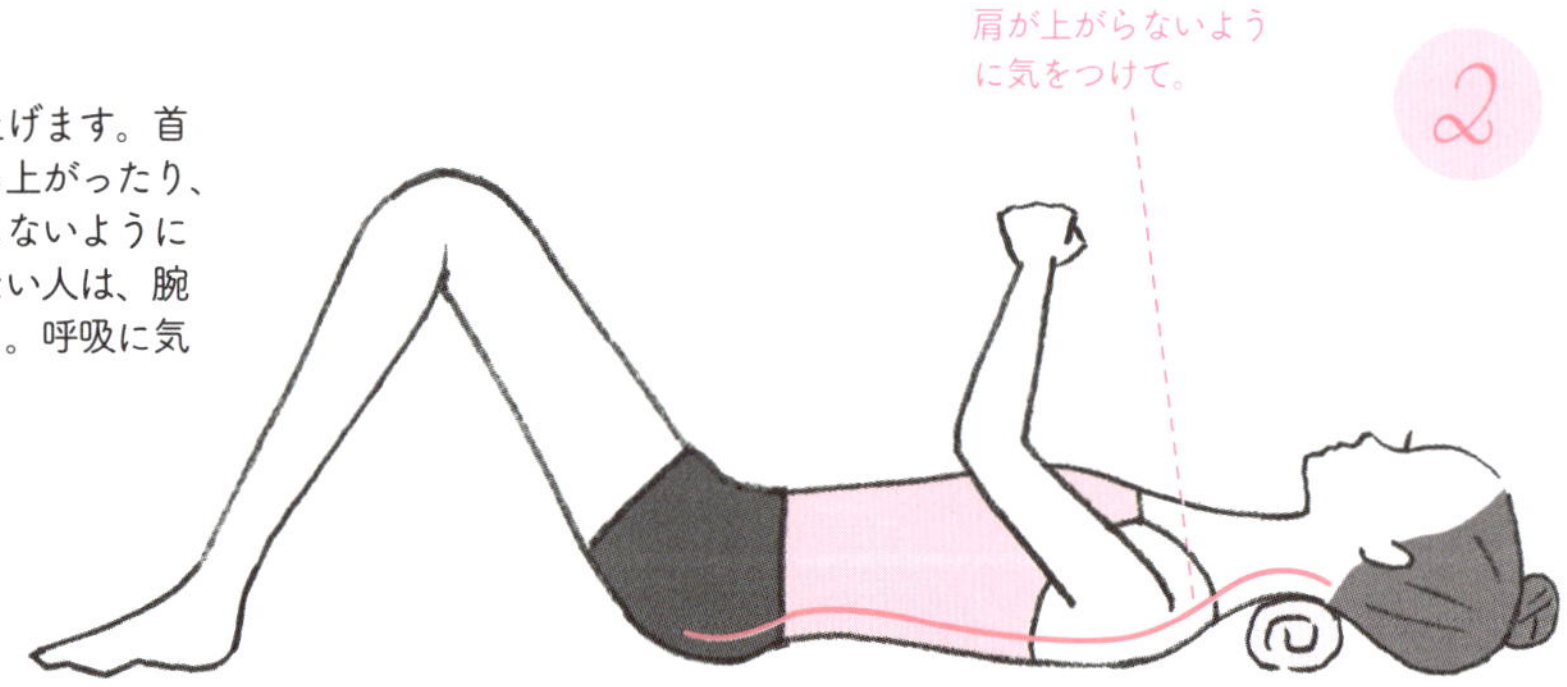
肩が上がらないように気をつけて。

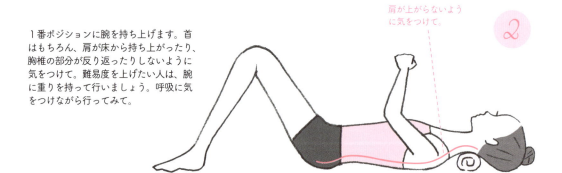

Part.6-3

# 鼻サークル

~エポールマンをつけると頸椎のアライメントが崩れてしまう人向け~

5~6セット（苦手な人は+2~3回）

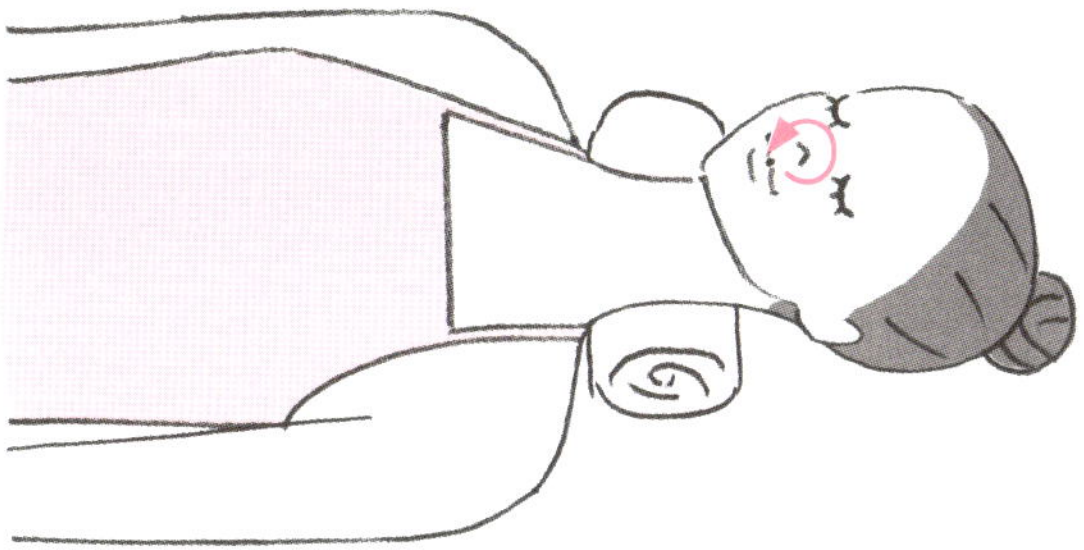

タオルを首の下に入れた状態から鼻で円を描くように小さく頭蓋骨を動かします。できるようになるまで何度か繰り返して。

## 気をつけて！ よくない例

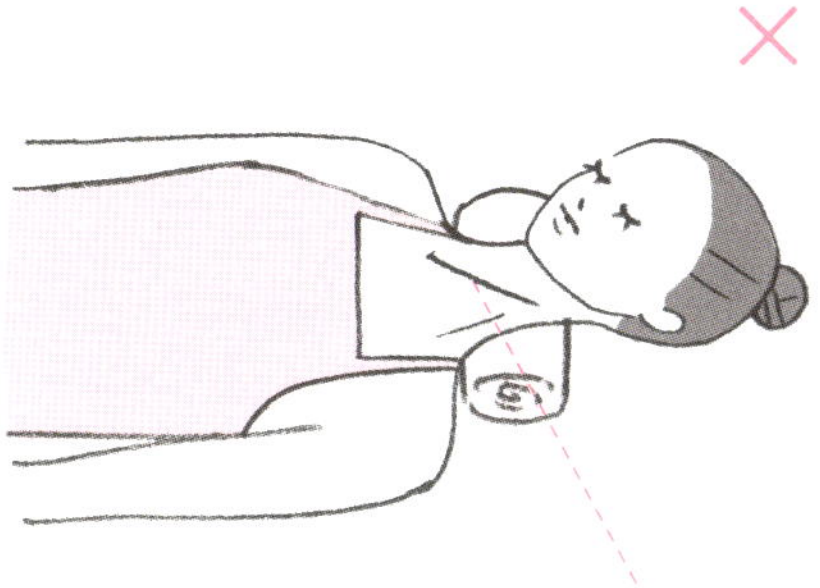


首の前にある大きな筋肉、胸鎖乳突筋を使っている。

頭蓋骨を持ち上げたり、首、肩が力むことなく首の深いところにある筋肉を感じるのがゴールです。この感覚はわかりにくいので、最初は手を首の前に当て、首の表面にある筋肉がしっかりとスイッチオフされているか確認を。

# ちっちゃいコブラ
## ～頸椎のアーチをつくる～

5～10セット

1

肩が丸まってしまう人、肩甲骨が飛び出てしまう人は腕を少し広めに床に置いてください。

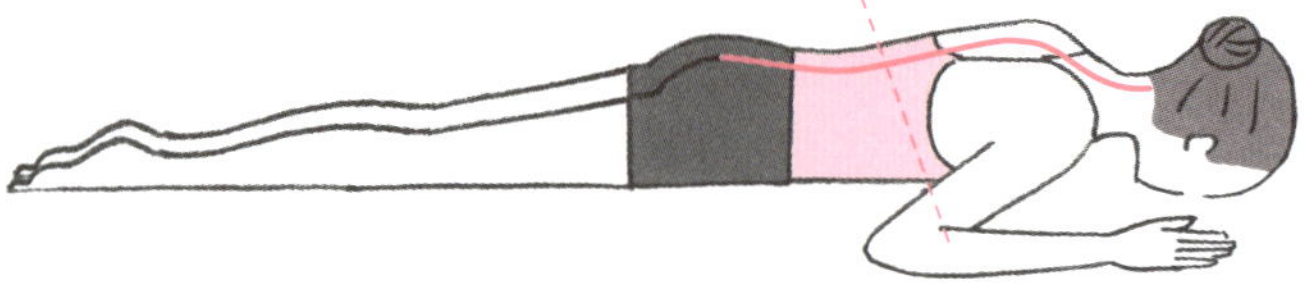

うつ伏せになり、両手を顔の横に置きます。このとき内転筋を感じるために親指の付け根とかかとの内側をしっかりとつけておきましょう。

2

坐骨は常にかかとのほうを向いているように。

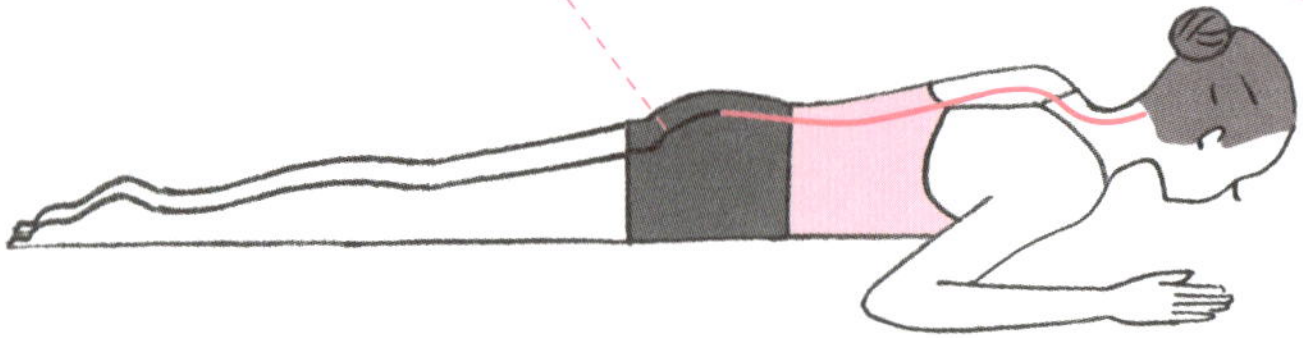

下向き腹筋（P95）のようにおへそを背骨のほうに持ち上げておきながら、両手で床を押して背骨の一番上から少しずつアーチをつくっていきます。

3

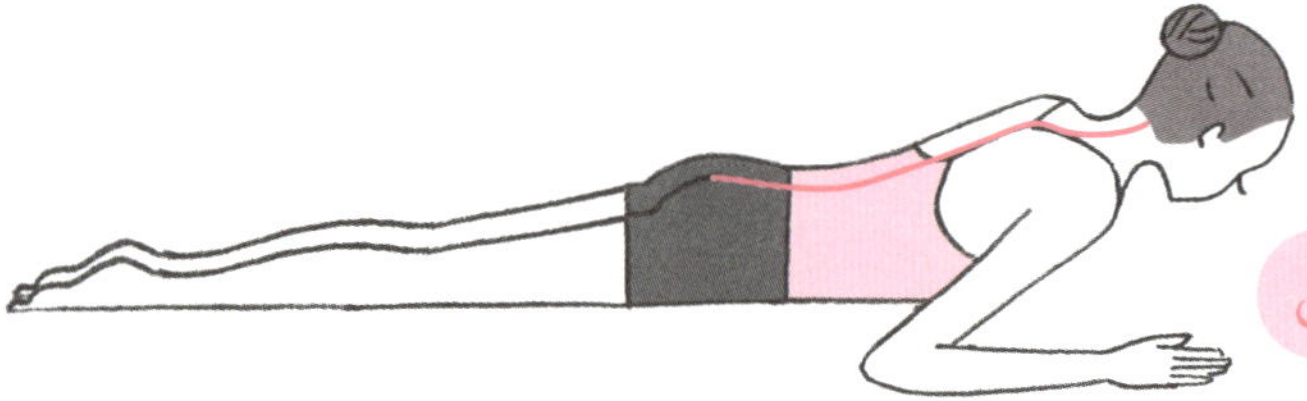

胸骨の先が床から浮くか浮かないかくらいの高さまで持ち上げたら、同じように胸椎を1つずつ床に戻していきます。

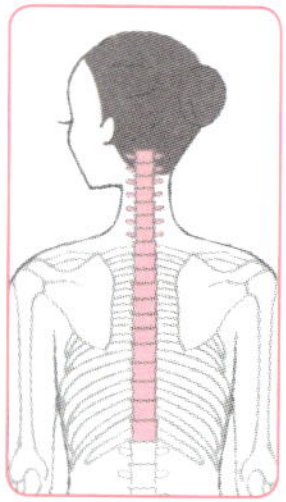

首をまっすぐにしたまま、体を持ち上げるのではなく、頭蓋骨、頸椎の一番上からじょじょに持ち上げましょう。

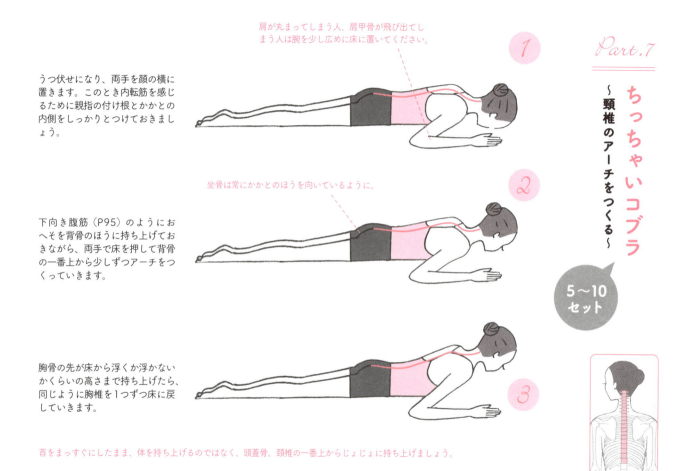

難易度

Down

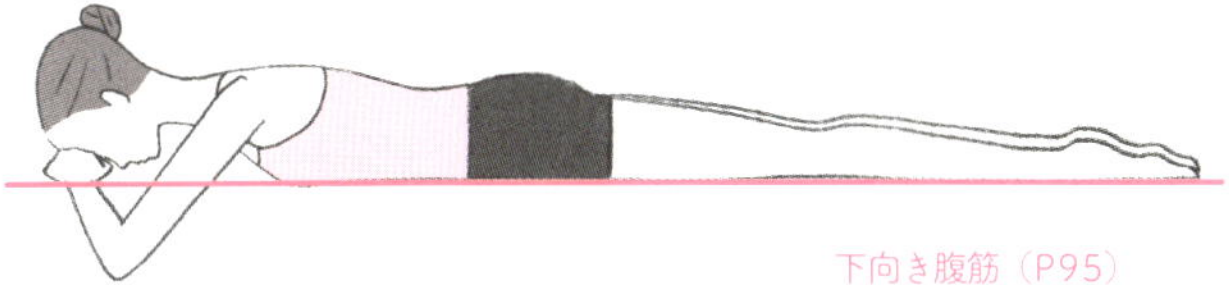

下向き腹筋（P95）

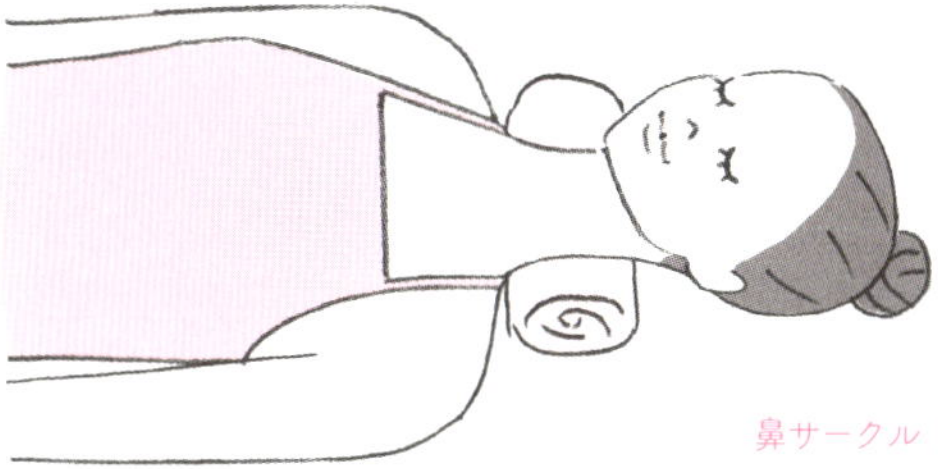

鼻サークル（P127）

このエクササイズは上記２つを混ぜた応用編です。この２つを別々に練習してからトライしましょう。

気をつけて！
よくない例

×

肩が耳のほうへ持ち上がったりしないように、ひじを後ろ側に引っ張っておきましょう。ただ反り返ることが目的ではありません。高く上がることがゴールではなく、頸椎と胸椎の上のほうのみを動かす練習です。

難易度

Up

同じ動きを手を使わずに行います。両手を軽く床につけてエクササイズをスタートし、上半身が持ち上がると同時に床から手を浮かせます。支えがなくなっても、自分の筋肉でポジションをホールドし続けることができるように練習をしましょう。

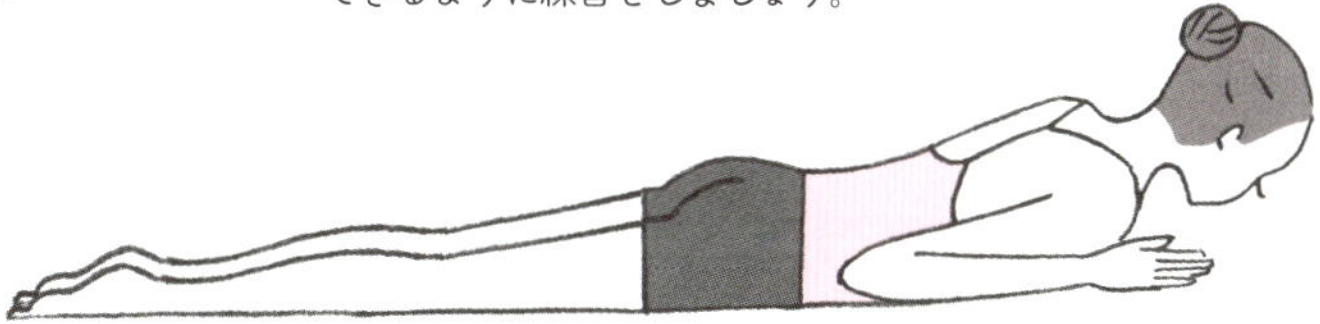

# 側彎用エクササイズ

ここで紹介するエクササイズは側彎症を完全に治療するためのものではありませんが、体の左右バランスを整えるためにとても大切です。

側彎症ではなくても、片方の脚が上がりにくい人や、肩や骨盤の高さがずれているという人、発表会などのために同じ振り付けを何度も練習している人は体のバランスが崩れがちです。

ここで紹介するエクササイズだけでなく、「みんながやっておきたいエクササイズ&ストレッチ」で紹介したものは、どれも側彎症にとても効果があります。左右で筋肉の強さや感覚、エクササイズのやりやすさが違うことがあるはずです。その場合、苦手なほうを多く行うようにしてくださいね。

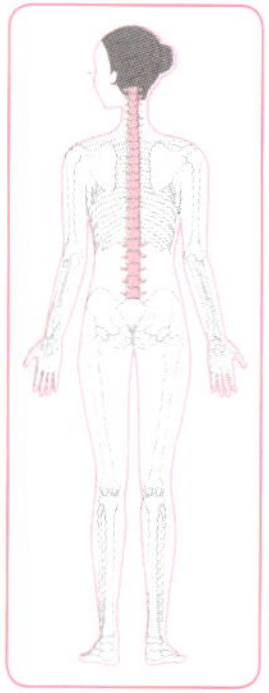

Part.8

## 左右のバランスを整えるエクササイズ その1

~自分の筋肉で体幹をサポートする~

8~10セット

1

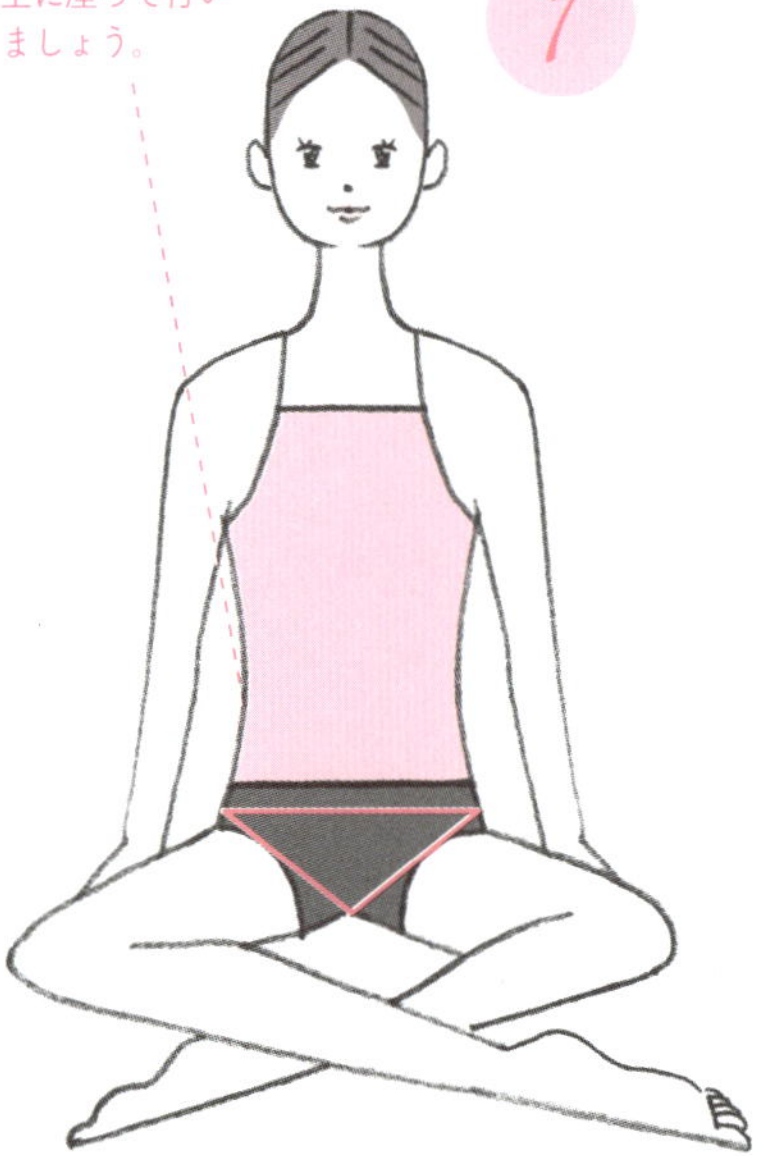

腰椎が丸まってしまう人はヨガブロックなどの上に座って行いましょう。

骨盤の前の三角形が正しく床と垂直に保たれている状態であぐらをかいて座ります。バレエスタンスをキープしたままで腕は体の横、指先は軽く床に触れます。

## Point

左右に動いているとき、重力に負けて体が落ちてしまわないよう気をつけて。また筋力不足を隠すために、肋骨を反対側に押し出して体を倒したり、上半身の重さに引っ張られて坐骨が持ち上がらないように。側彎症では、少量ですが頸椎にも側彎がある場合があります。首の方向、曲がり具合などにも十分注意を。

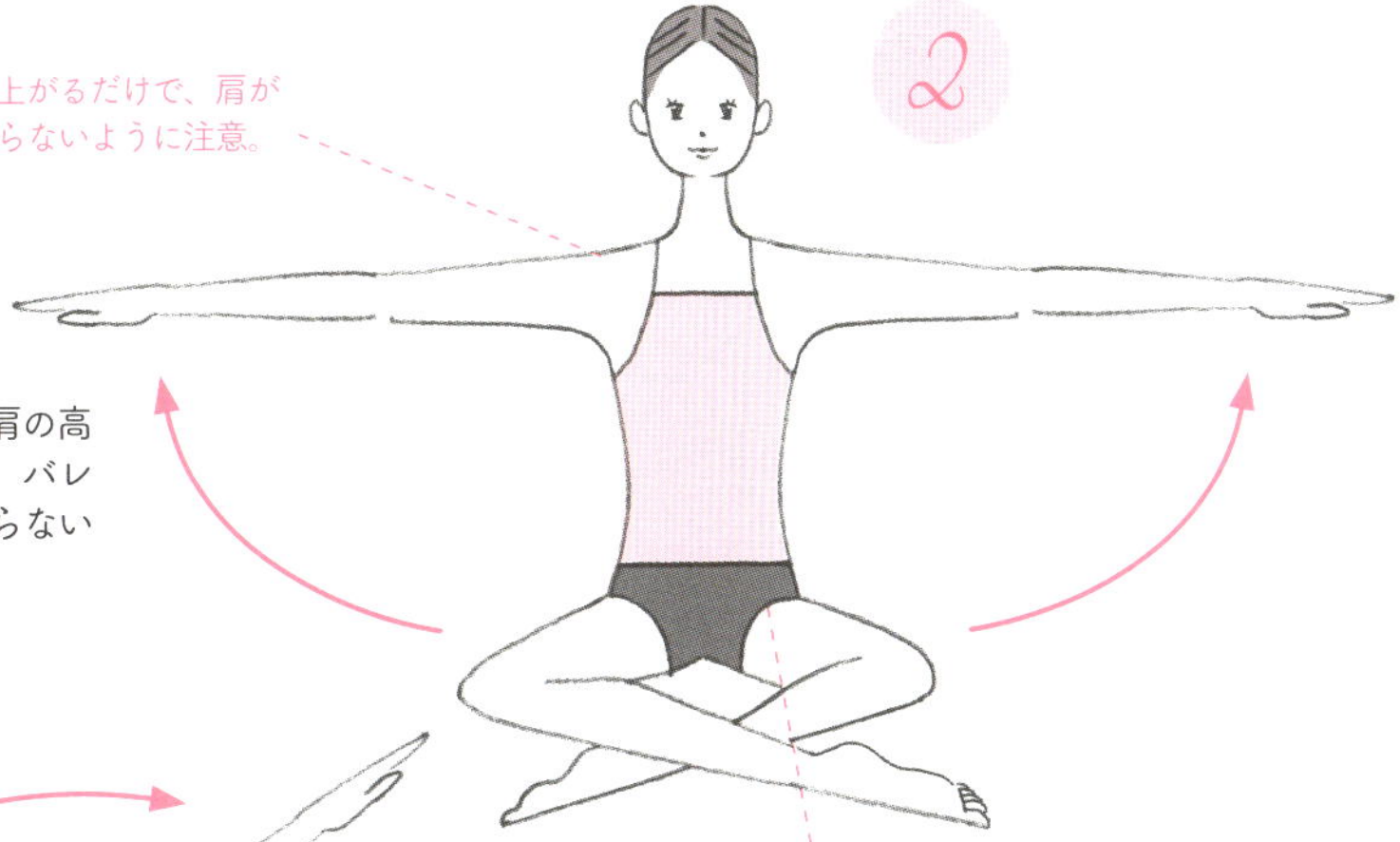

2
腕が上がるだけで、肩が上がらないように注意。
足の付け根が力まないように。


ゆっくりと両手を肩の高さに持ち上げます。バレエスタンスが変わらないように気をつけて。

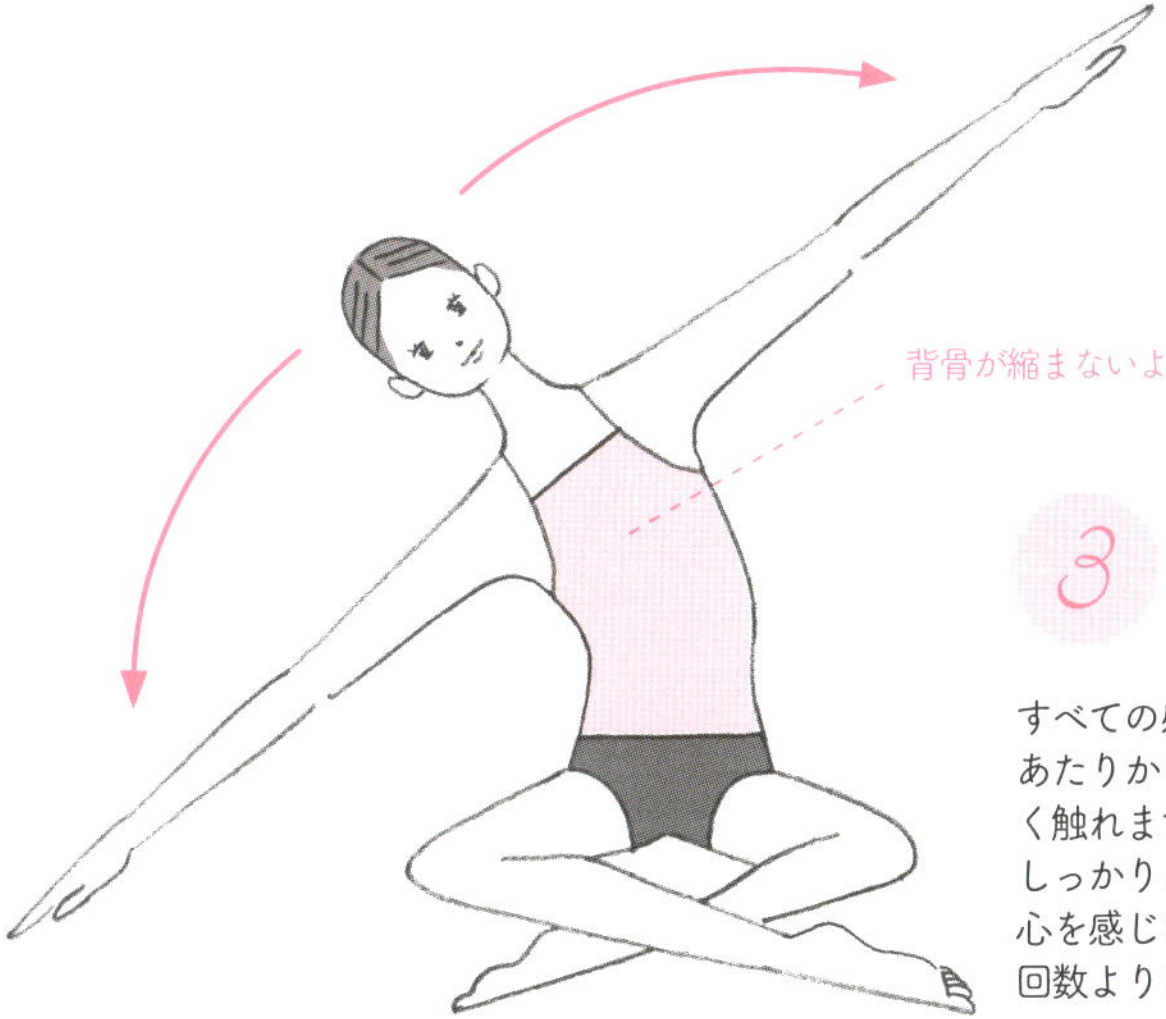

背骨が縮まないように気をつけて。
3


すべての感覚をキープしたまま、肋骨のあたりから体を横に傾け、指先は床に軽く触れます。このとき両方の坐骨は床にしっかりとつけておきましょう。体の中心を感じながら真ん中に戻り、反対側へ。回数よりも正確さに気をつけて行います。

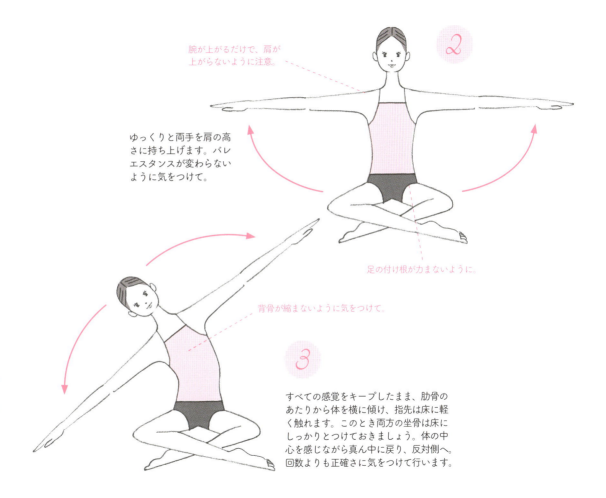

難易度
Down
ひじを両サイドに
引っ張り、肩を下
ろすように。

難易度
Up

②で手を横に広げる代わりに、親指と人差し指で肩と耳との距離を確認して。側彎症の人や、左右均等な感覚のない人は、頭を背骨の一番上に保ったまま動くことが苦手です。指で距離を測りながら左右に動くことで首をまっすぐに保つ感覚を育てましょう。

③のとき、指を床につけず、空中でキープさせます。中心に戻ってくるときに勢いで戻らず、ゆっくりとコントロールしながら戻ってきてください。また、下がっている腕が縮まないように気をつけて。

Part.9

# 左右のバランスを整えるエクササイズ その2

## ～全身の左右のバランスを養う～

5～10セット

＊左右のバランスを整えるエクササイズその1を立って行います。上半身だけでなく、脚のアライメントや骨盤のプレースメントを考えなければいけないため、難易度が上がります。

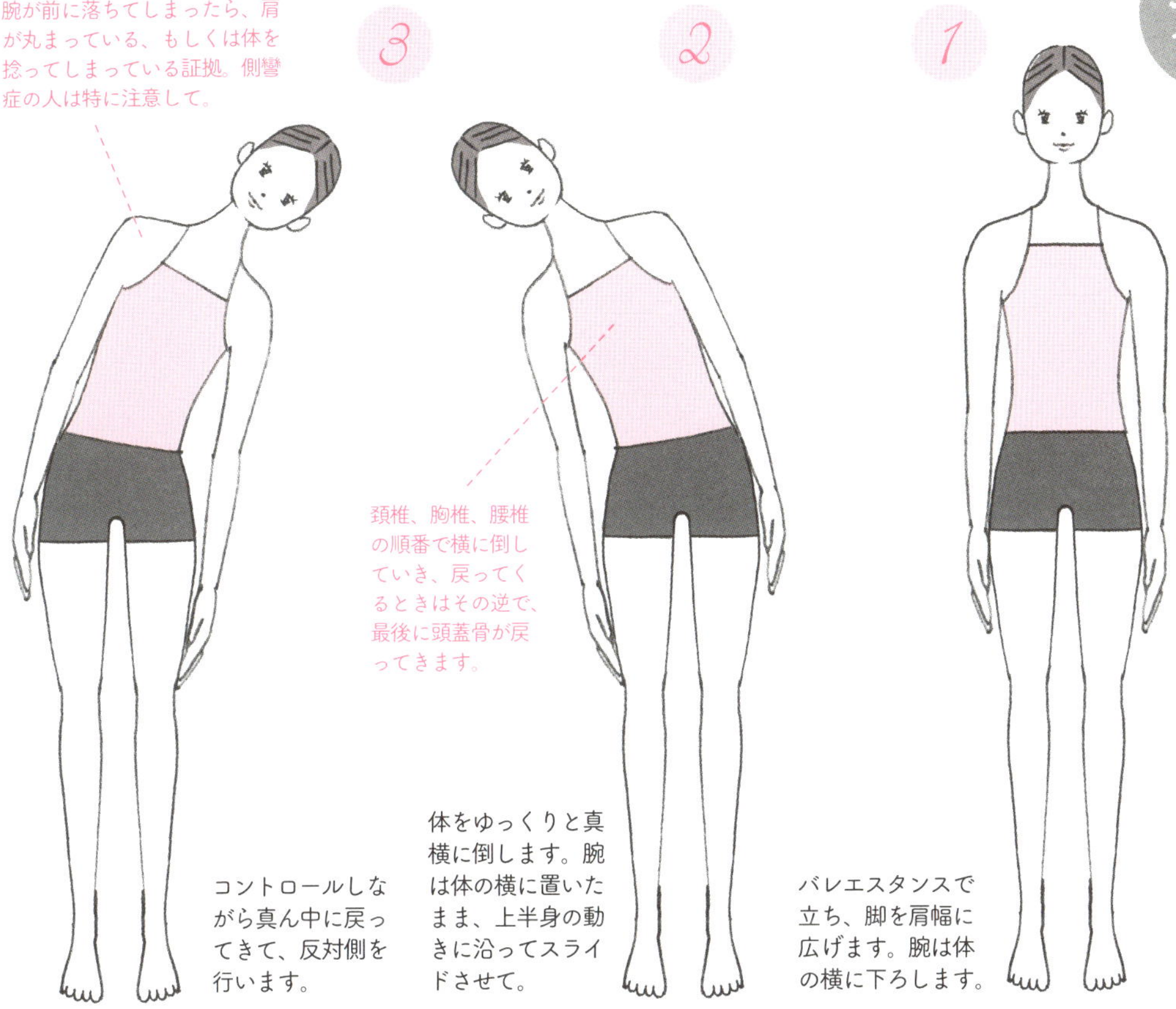

1
2
3
頸椎、胸椎、腰椎の順番で横に倒していき、戻ってくるときはその逆で、最後に頭蓋骨が戻ってきます。
腕が前に落ちてしまったら、肩が丸まっている、もしくは体を捻ってしまっている証拠。側彎症の人は特に注意して。


1 バレエスタンスで立ち、脚を肩幅に広げます。腕は体の横に下ろします。

2 体をゆっくりと真横に倒します。腕は体の横に置いたまま、上半身の動きに沿ってスライドさせて。

3 コントロールしながら真ん中に戻ってきて、反対側を行います。

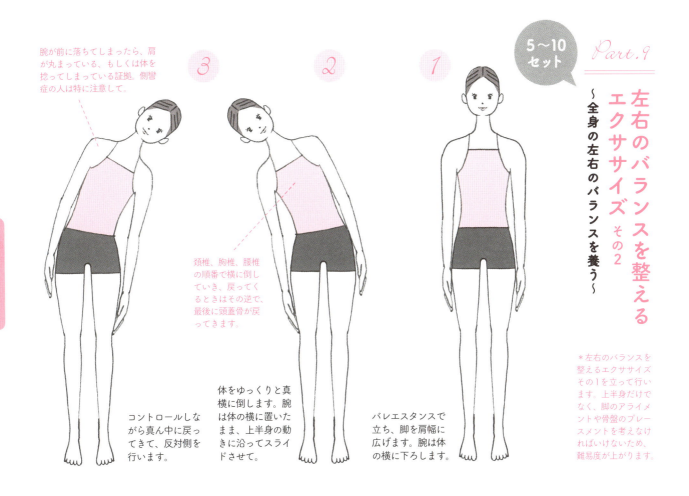

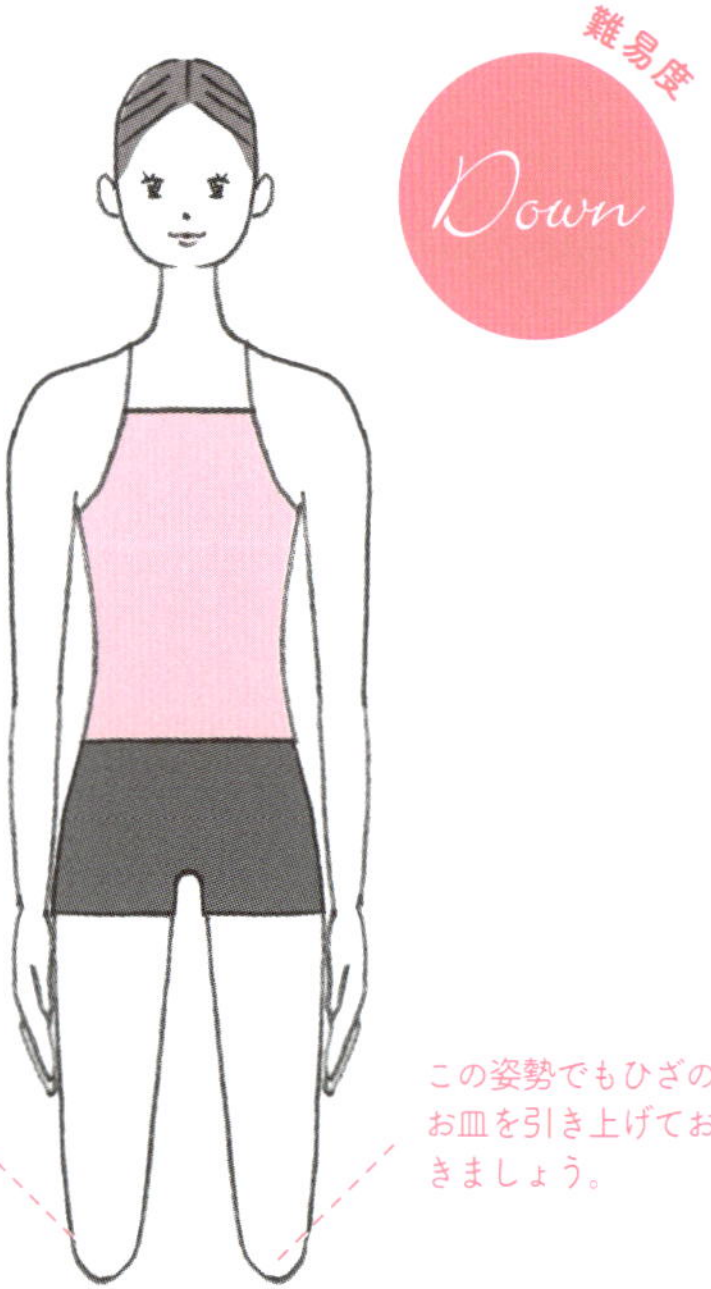
難易度
Down
すねの骨を平行に保ち、足首や足の指でバランスをとらないよう気をつけて。
この姿勢でもひざのお皿を引き上げておきましょう。

足指や足首をコントロールしながら立つことがまだできない人、ケガをしている人は、膝立ちで行ってみましょう。膝を肩幅に開き、上半身は同じ動きを行います。膝が痛くなってしまう人は、エクササイズマットを折りたたんで入れてあげましょう。

難易度を上げたい人はこのエクササイズをバランスパッドの上で行ってみましょう。バランスパットがない人はヨガマットを折りたたんだものや枕でも可。足元を少し不安定にすることで、体幹の強さがより求められます。

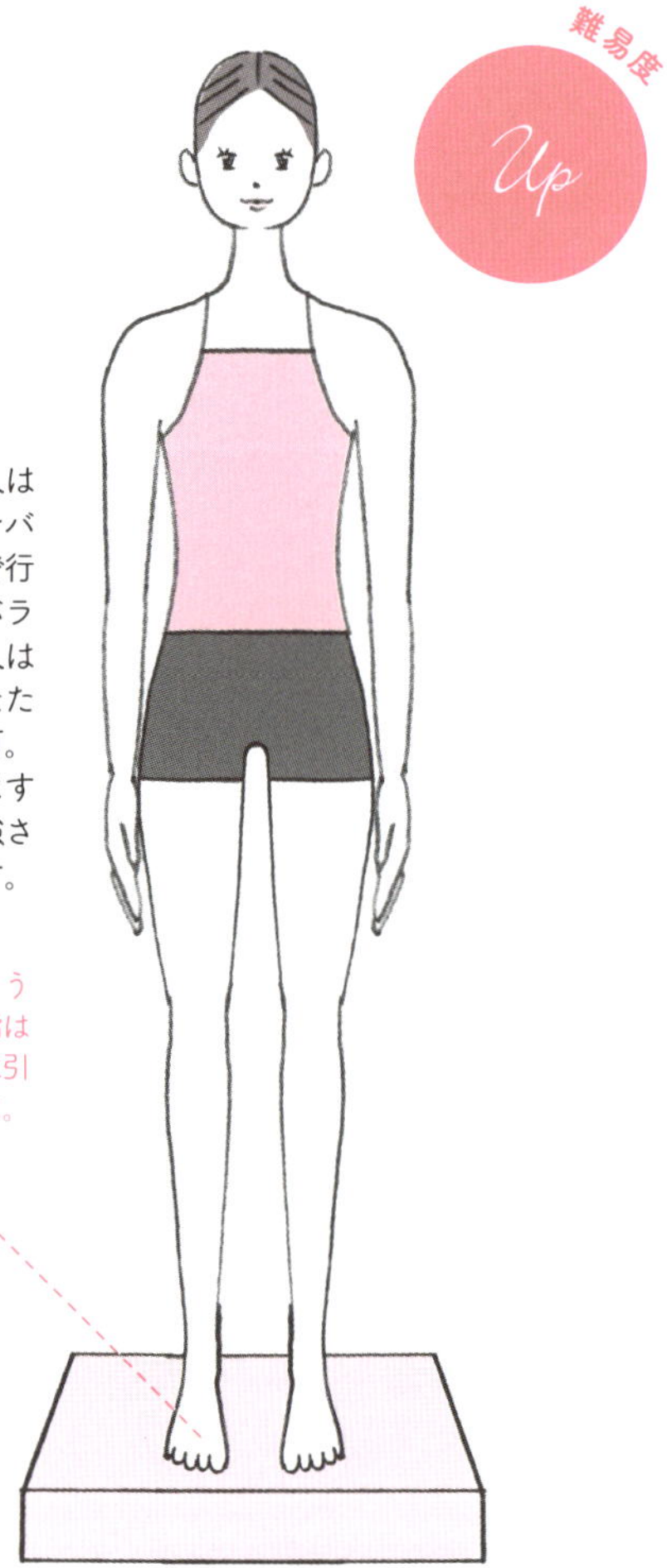
難易度
Up
足の指が丸まらないように気をつけて。足の指はリラックス、アーチは引き上がっているように。

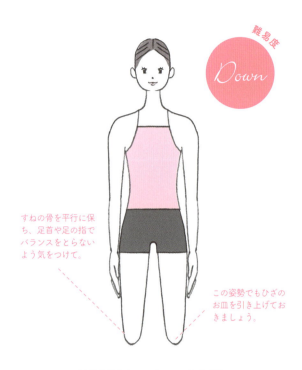

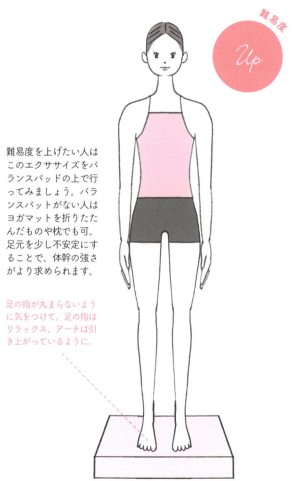

Exercise

# 外ももばかり使ってしまう人へのリリース&ストレッチ

「外モモばっかり使っちゃう」という悩みを持っているダンサーは多いもの。その理由の大半はバレエスタンスができていないため、正しい筋肉が育っておらず、外モモだけのパワーで踊ってしまうからです。リリースやストレッチだけでなく、バレエスタンスを強化することもお忘れなく。「みんながやっておきたいエクササイズ」はしっかりとこなしてくださいね。

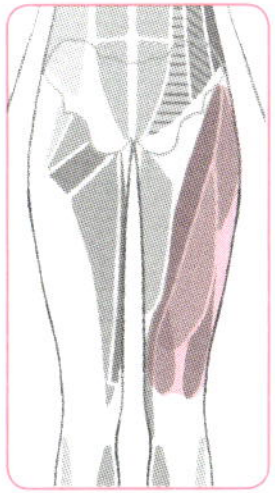

Part.10

## 外ももリリース

～マッサージでほぐす～

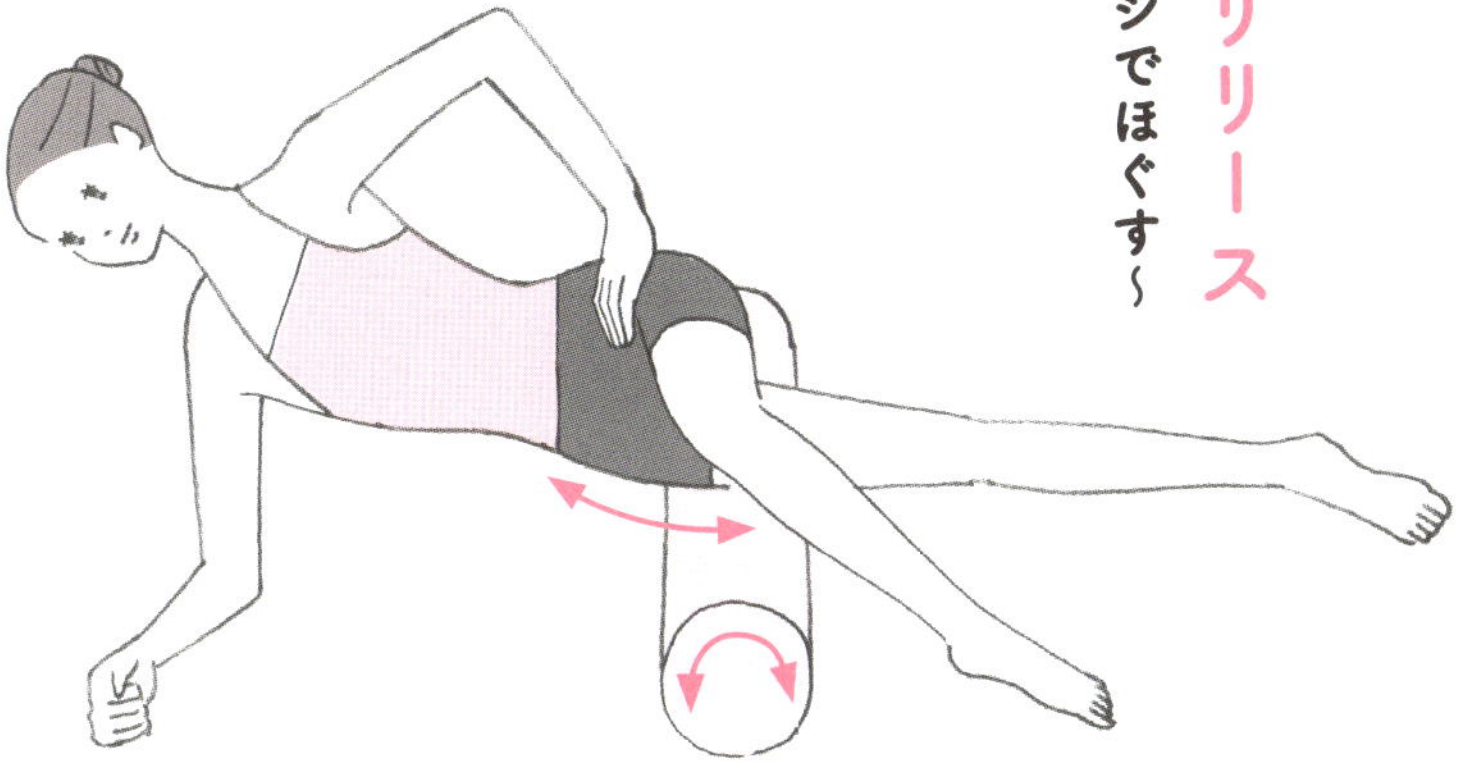

フォームローラーを使って外モモを優しくマッサージしていきます。痛きもちいい強さでじっくりと股関節の少し下から膝のお皿の近くまでしっかりとカバーしましょう。いっぺんに行うのが難しい人は、部分的に行ってもOK。何度かほぐしたら立ち上がってみて、まだ足りないなと感じたら、もう少し。ただし、やりすぎないように注意！

Part.11

# 外ももストレッチ

## ～外ももの筋肉を伸ばす～

1

バーに背を向けて立ち、片脚を下のバーにひっかけます。このとき脚を少しだけターンアウトにしてかかとを逃がしてあげましょう。

2

ストレッチの度合いに合わせて体をバーのほうに倒していきます。曲げている脚が外側にずれないように気をつけて。深呼吸をして筋肉が伸びるイメージをしながら、始めたときの感覚が変わっていくのを感じて。

Point

### 太ももが固い人は……

太ももが固い、もしくは腰が痛くなってしまう場合、低いバーを使うか、椅子を使って脚を低くしてストレッチしましょう。大事なのは外ももの筋肉を伸ばすこと。バーの高さは関係ありません。

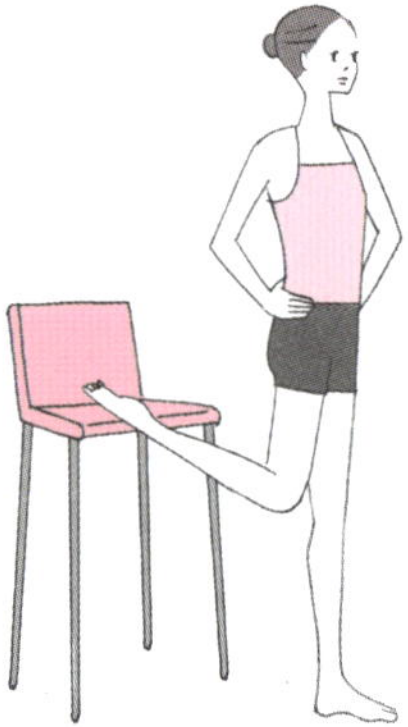

### 膝が痛くなる人は……

膝が痛くなってしまう人は、まず外ももリリースで膝周りをリリースしてからこのストレッチを行いましょう。体をバーのほうに倒さず、その状態でキープして痛みのない場所で行いましょう。

Part.12

# 内転筋エクササイズ
## ～外ももを使わず、内ももを働かせる～

10セット

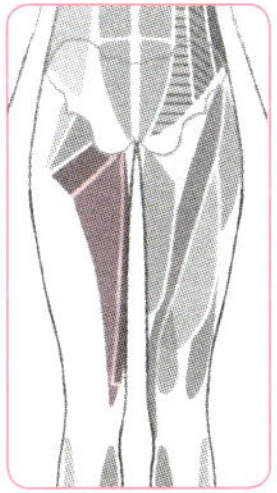

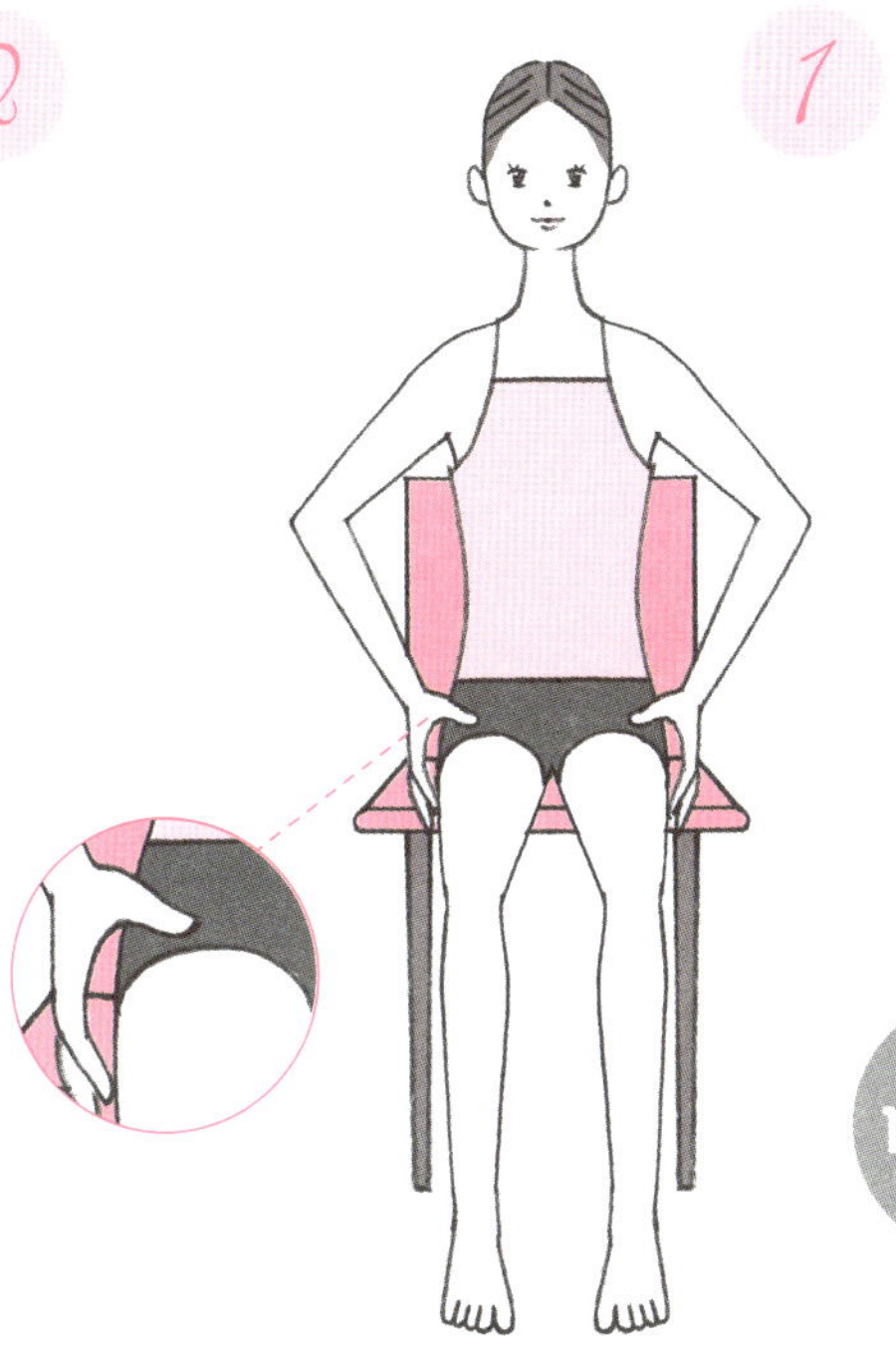

1

姿勢を正して椅子に座ります。手は図のように大腿骨の付け根に置き、力が抜けていることを確認しましょう。

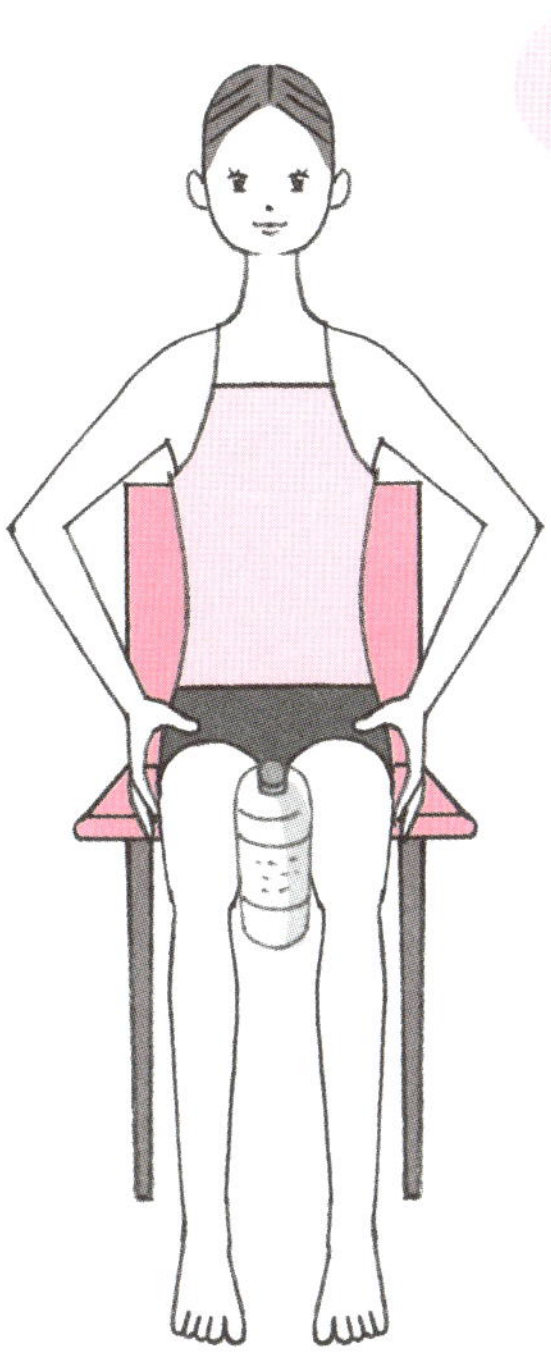

2

太ももの間にペットボトルなどをしっかりと挟み、力加減を変えないまま20秒ほどホールドします。このとき、太ももの付け根に力が入らないように気をつけて。5～10秒ほどの休憩を入れながら繰り返してください。

Point

外ももを使っていないか確認するために、太ももの付け根から確実に力が抜けていることを確認しながらやってみましょう。最初はできていても、長時間キープしているうちに、どんどん力が入ってきてしまうなんてことにならないように。また、大腿骨を真ん中に寄せる＝内転です。両方の坐骨を寄せて、大腿骨の上部から閉じる感覚を常に意識しましょう。

挟むものを少し大きめ、軽めにするだけで難易度を減らすことができます。たとえばクッションを半分に折りペットボトルの代わりに使う、ヨガブロックを使うなど。じょじょにホールドする時間を伸ばしていきましょう。

ただホールドするのではなく、力加減を変化させてみましょう。最初の10秒は普通に、次の20秒はできるだけ力を入れて、その次はペットボトルが落ちないギリギリの力で。これを1セットとして10セットほど繰り返します。

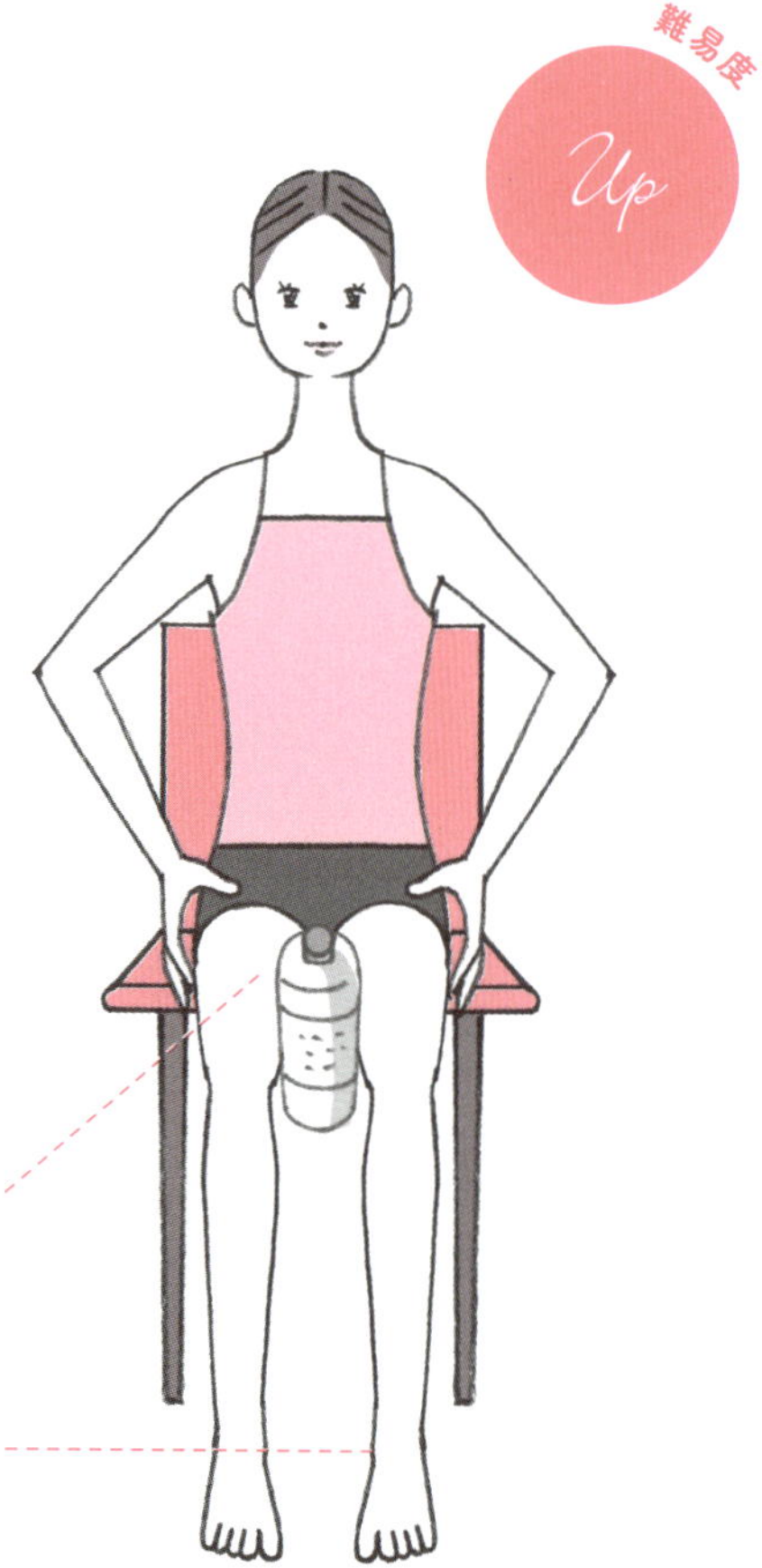


踊りの中で使える内転筋はぎゅっとしているだけではないので、さまざまな力加減、スピードでもコントロールできるように。

脚を寄せるときに内踝を落とさないように注意。

Exercise

# 膝が伸びずらい人へのエクササイズ

このエクササイズは膝がしっかり伸びない人向けです。両脚で立っているときは膝が伸びているのに、片足で立つと膝がゆるんでしまう人には効果的ではありません。そのような人は膝を伸ばしておく筋肉が弱いため、ストレッチは逆効果。体幹をキープするエクササイズで強い胴体をつくり、坐骨ファインダーで軸足の膝がゆるまないように立つ練習を続けましょう。

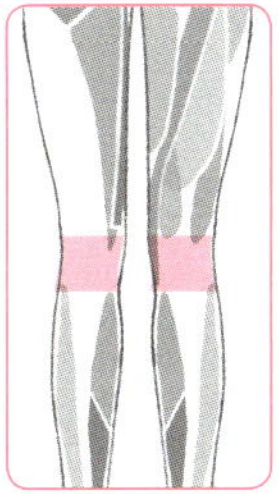

＊反張膝の人はより反張がひどくなってしまう危険性がありますから避けてください。

Part.11

## 膝フォーカスの長座

~正しく、確実に膝を伸ばす~

3～4セット

1

バレエスタンスの上半身を意識しながら両脚をそろえて床に座ります。

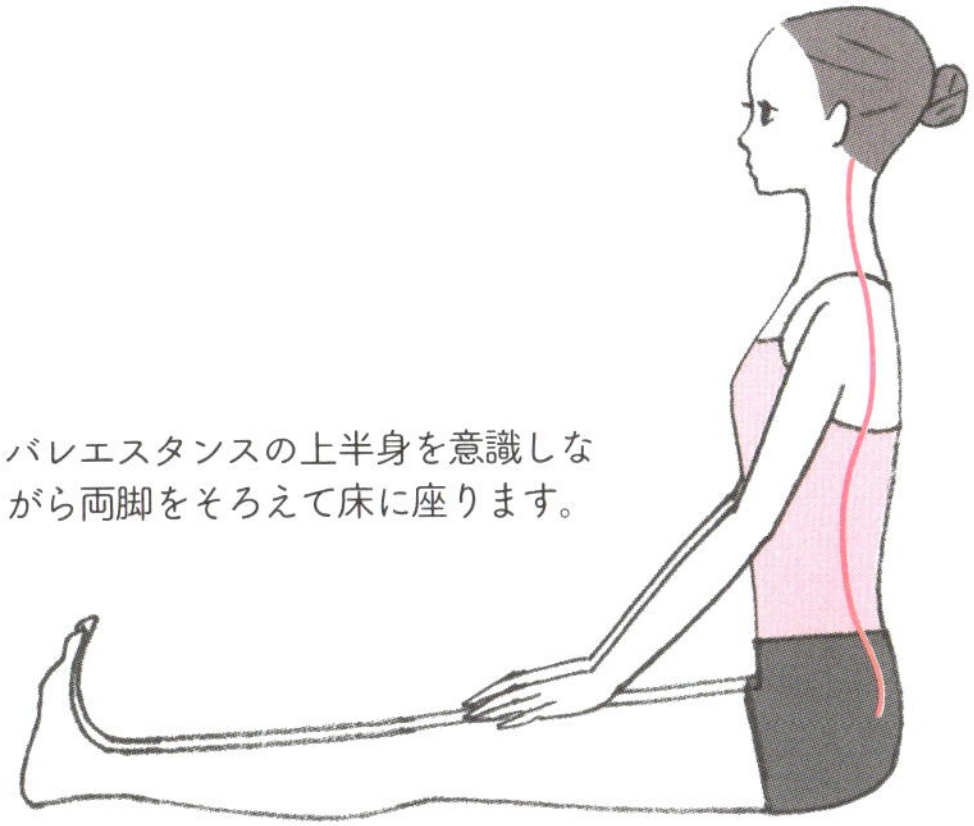

Point

この時点で腰椎が丸まってしまう人、骨盤がタックになってしまう人（坐骨が前に逃げてしまう人）、膝が曲がってしまう人はお尻の下にヨガブロック、もしくは分厚い本などを入れて腰を持ち上げてください。

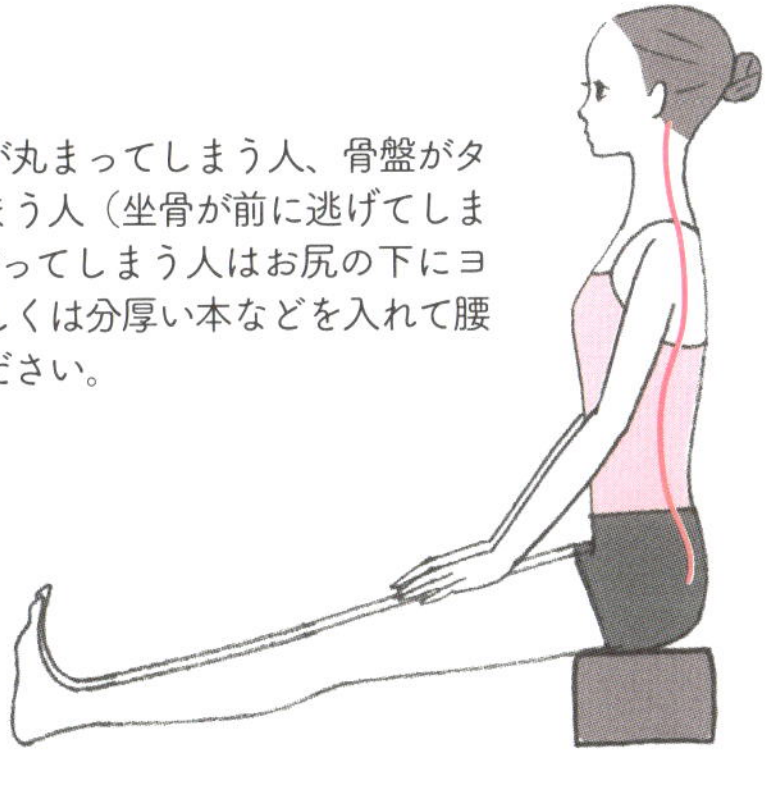

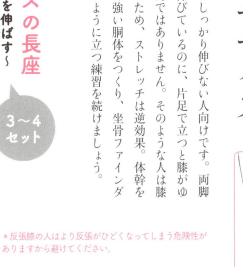

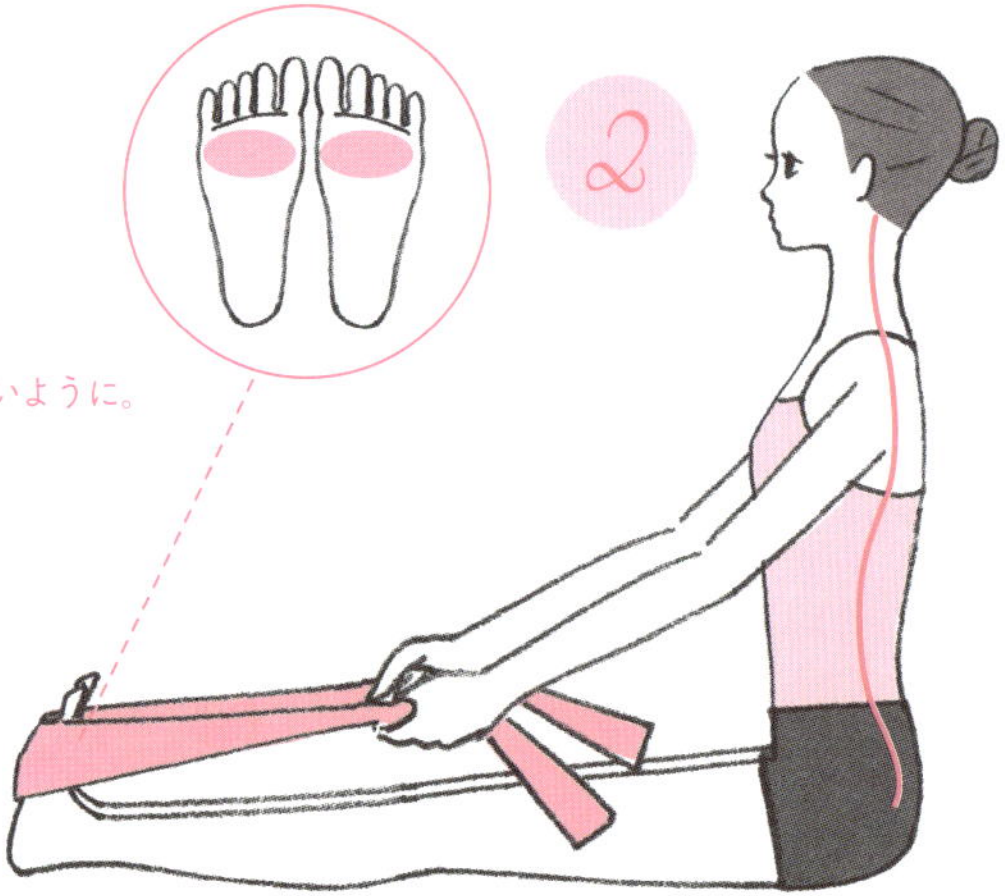
2

足首をフレックスさせ、タオル、エクササイズバンド、もしくはヨガストラップを足のボールの部分（ルルベをすると床につくエリア）にひっかけて、両手で持ちます。背中はまっすぐなままをキープして、膝のお皿を骨盤のほうへ引き上げます。

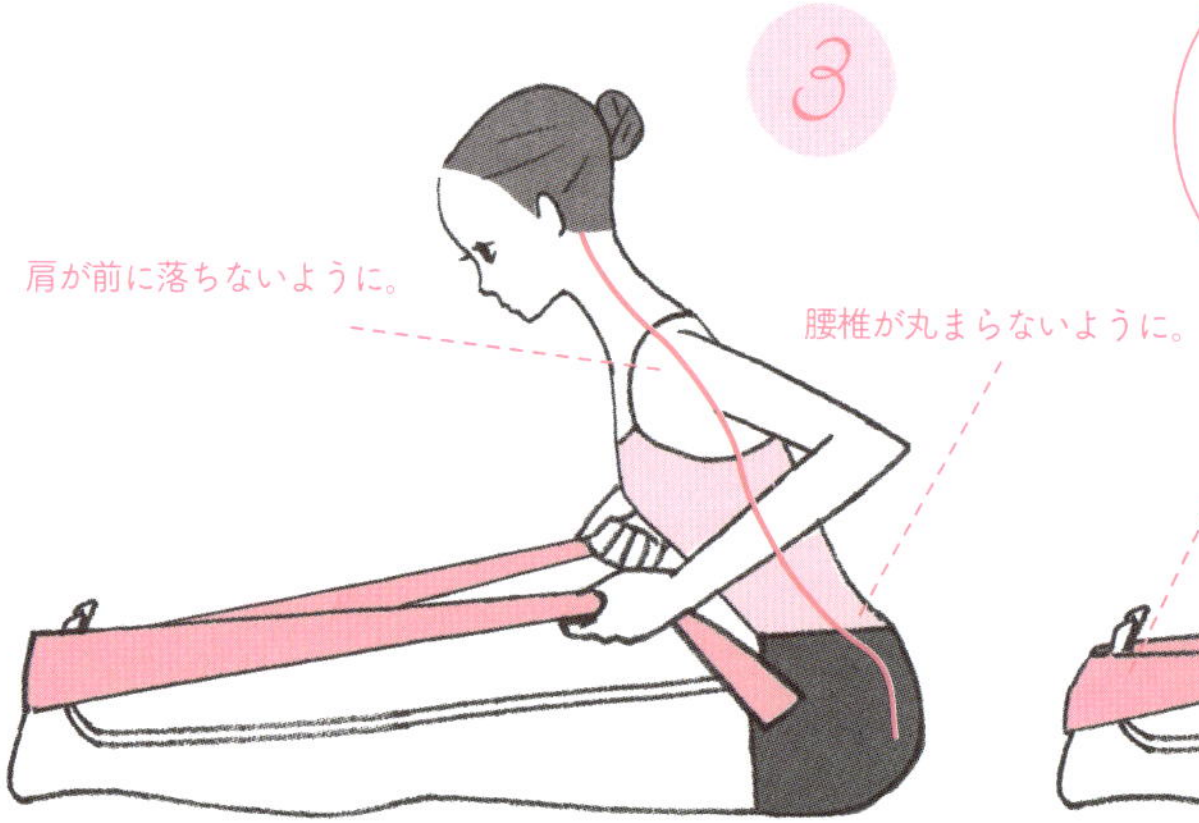
3
肩が前に落ちないように。
腰椎が丸まらないように。

バンドがゆるまないようにピン！と張ったままでひじをゆっくりと曲げながら体を前に倒していきます。痛きもちいいところで深呼吸を５回ほど行ったら、体を起こします。

### Point

形よく長座をすることや、胸をペタッと脚につけるのが目的ではなく、膝を伸ばすことがここでのゴールです。足首のフレックスができていないと、このストレッチの効果はありません。人によっては膝裏ではなく、ハムストリングが伸びる感じがしたり、ふくらはぎが伸びる感覚があるかもしれませんが、それは両方とも正解！これらの筋肉は膝関節の伸びに関与します。

首が前に落ちやすいので気をつけて。坐骨から頭の先までを長く保つこと。
難易度
Down

お尻の下に高さをつくってもやっぱり腰椎のカーブをキープするのが難しい！という人は、椅子に浅めに座ってやってみましょう。ストレッチは焦らないこと！　地道に続けていればじょじょにお尻を低くしていくことができます。一緒にデヴァンに上げる脚も高くなるのでウキウキしながら行ってくださいね。

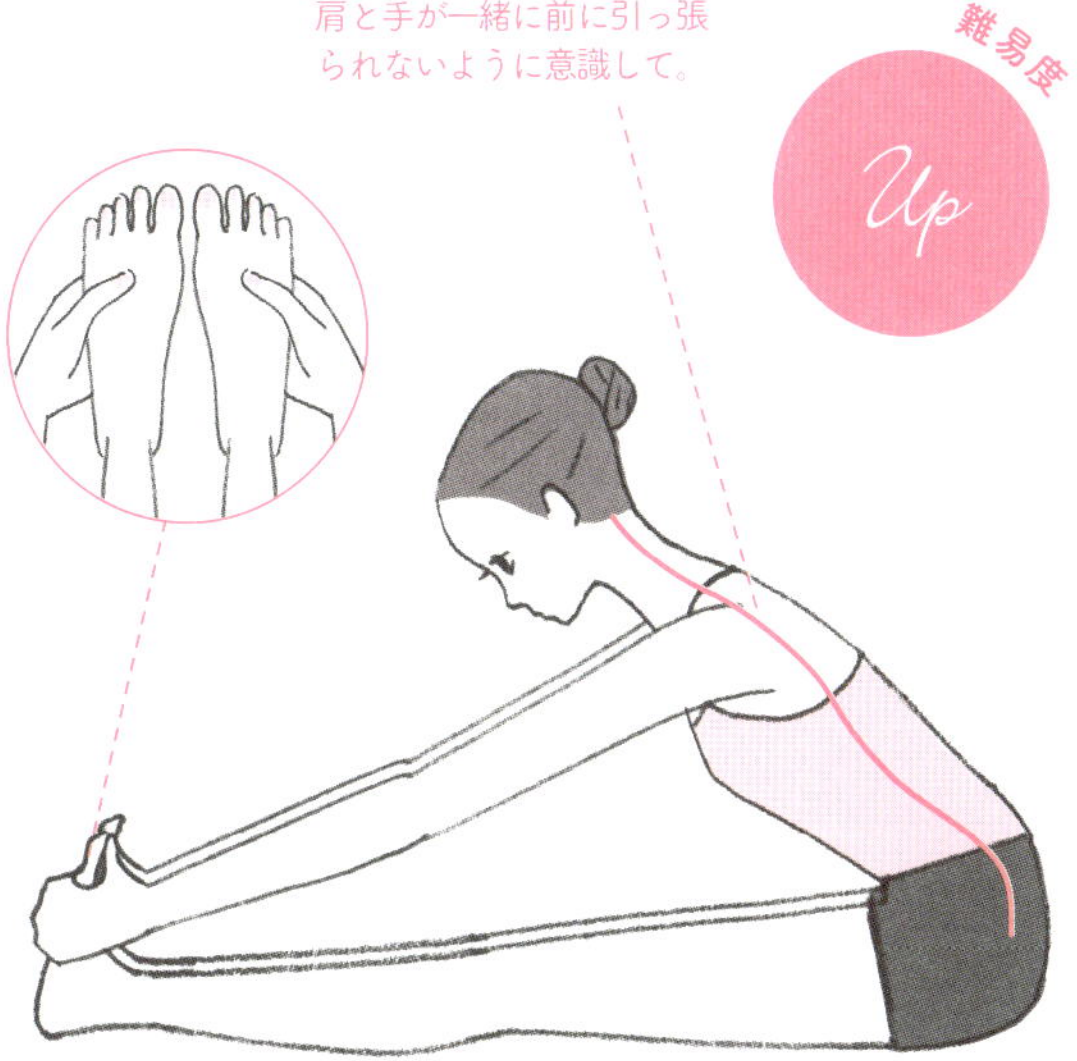
肩と手が一緒に前に引っ張られないように意識して。
難易度
Up

腰椎と膝蓋骨をキープしたままで、ひじが床につくくらい体を倒すことができる人は、バンドを使わず、自分の手で足の外側を持って行いましょう。このとき、足首のフレックスが甘くなってしまわないように気をつけて。

# 筋肉痛とエクササイズ

この本で紹介したエクササイズはそんなに激しい動きではないので筋肉痛にならない人もいると思います。だからといってエクササイズが効いていないわけではありません。

エクササイズを行っているときに呼吸を続けながらターゲットの筋肉を感じることができ、レッスンの中でもその筋肉を意識し、感じ、理解できるようになって初めて、エクササイズであるといえます。つまり、エクササイズで筋肉痛になるよりも、エクササイズを通じてレッスンで使うことができたから筋肉痛に、となってほしいですね。

筋肉痛になった場合、エクササイズ後数時間から1～2日後に痛みが出て、1週間程度で自然になくなるなら問題ありません。それ以上痛みが続く場合、または動けないほどの痛みが出たときは、エクササイズを正しく行っていないか、無理して形ばかり真似ている証拠です。注意事項やアライメントを考えて、体を感じながら行ってください。

人によっては、右側は大丈夫でも左側だけ筋肉痛になる人もいるかもしれません。人間の体は左右非対称ですから、いつも左右同じ回数を行う必要はありません。弱いほうを少し多めに行い、バランスを整えていきましょう。

エクササイズでターゲットの筋肉を感じることができない場合、注意事項を再確認して回数を増やしてください。2、3回ではわからなくても、5回から急にきつくなることもあるので、体の声をしっかりと聞いて行いましょう。

最後に、今ケガをしているダンサーは、診てもらっている専門家と相談し、ボリュームを決めて行ってください。

＊Chapter3のエクササイズをより正しく理解できるように動画バージョンもつくりました。イラストだけでは動きが分かりづらい人は、ぜひ参考にしてください。www.balletstance.comより、ID「balletstance」、パスワード「dokusyatokuten」を入力していただくとご覧になれます。

# おわりに

私がダンサーを目指していたころ、バレエスタンスをじっくりと考えることなんてありませんでした。もっと脚を高く上げたい！　難しいアンシェヌマンをこなしたい！　舞台で踊りたい‼　テクニックのことで頭がいっぱいで、基礎となる姿勢、立ち方なんて二の次でした。

正しい知識があれば、ケガの予防やリハビリはもちろん、回転や柔軟性などのテクニックも上達するということは、長期のケガに悩まされた末に踊りを諦めて、何年も体のことを勉強した後にようやく気がつきました。

この本が、より強く、美しく踊りたいと日々努力を続けている多くのダンサーへのサポートになれたら光栄です。そして解剖学は結構面白いんだなとか、ケガをして諦めかけていたけれど、もう一度頑張ろう！　という気持ちになってもらえたら本当に嬉しいです。

最後にDancer's Life Support.Comを常に応援してくれているDLSフォロアーさんたちの声があってこそ、この本を書き終えることができました。サイトには多くの解剖学やエクササイズ、そしてダンサーに起きやすいケガの説明もありますので、そちらもチェックしてみてくださいね。

「才能だけで成功することは出来ない。才能は神が与えてくれるけれど、努力はその人を天才に変えてくれる」

――アンナ・パブロワ

佐藤　愛

本気《ほんき》でうまくなりたい人《ひと》のためのダンス解剖学教室《かいぼうがくきょうしつ》

# バレエの立《た》ち方《かた》できてますか？

発行日　2017年8月3日　第1刷　発行
2022年12月19日　第6刷　発行

著者　佐藤 愛《さとう あい》

編集協力　林 美穂
デザイン　中山詳子
イラスト　杉山美奈子

発行者　田辺修三
発行所　東洋出版株式会社
〒112-0014 東京都文京区関口1-23-6
電話 03-5261-1004(代) 振替 00110-2-175030
http://www.toyo-shuppan.com/
担当　秋元麻希

印刷　日本ハイコム株式会社
製本　加藤製本株式会社


ISBN 978-4-8096-7876-9　C0073

著者紹介

佐藤 愛 *Ai Sato*

6歳よりバレエを始めThe Australian Conservatoire of Ballet(ACB)卒業。怪我のためバレエを断念した経験からVictoria University にて本格的に解剖学、理学マッサージを学ぶ。ピラティスや教育資格取得、バレエ指導者用ACBシラバスを終了し、現在はACB専属セラピストのほか、解剖学とフィットネスの講師を担当。国際ダンス医科学学会(IADMS)、Massage& Myotherapy Australia (AAMT)会員。さらに豪州と日本各地でバレエダンサーや各種パフォーマー等の治療や教育を行っている。海外の大御所プロバレエカンパニーメンバーからの指名も多い。プロを目指すダンサーとバレエ教師の為の情報サイトDancer's Life Support.Com創立者。お問い合わせはhello@dancerslifesupport.com